U0487043

主　编｜刘　宇
副主编｜肖敬亮｜娄　峰｜邓祥征

全球贸易分析模型

理论与实践

（第3版）

GLOBAL TRADE ANALYSIS MODELING:
THEORY AND PRACTICE
(Third Edition)

社会科学文献出版社
SOCIAL SCIENCES ACADEMIC PRESS (CHINA)

编 委 会

主　　　　编　刘　宇

副　主　编　肖敬亮　娄　峰　邓祥征

参与编译人员　（按姓氏拼音排序）

陈博洋　胡晓虹　胡雨梦　姜　琛　李文婷
李欣蓓　李　蓥　梁　栋　柳雅文　吕郢康
裴　璇　温　心　羊凌玉　杨顺祥　张浩然
张金珠　张　静　张　硕　赵　静　周梅芳
朱能高

前　言

可计算一般均衡（CGE）模型是国际上广泛应用的政策模拟工具，主要被用于定量模拟分析政策变化或其他外生冲击对经济带来的系统性影响，为政策制定者提供决策参考。例如在国际贸易中，各国就普遍利用 CGE 模型对不同贸易措施带来的经济和社会影响进行模拟，以帮助其制定对本国有利的贸易政策。同时，CGE 模型也是学术研究中的重要量化工具之一，一直都被广泛用于众多经济问题的模拟和分析。

自 20 世纪 60 年代第一个 CGE 模型被提出，CGE 模型开始得到发展和应用，而由美国普渡大学开发的 GTAP 模型正是其中的代表之一。GTAP 模型适用于全球贸易分析，通过构建单个国家或地区的生产、消费、政府支出等行为作为子模型，然后通过国际商品贸易之间的关系，将各个子模型连接成一个多国多部门的一般均衡模型。通过几十年的不断改进与发展，GTAP 模型已被用于众多研究领域并取得重要研究成果，是世界贸易组织、世界银行、国际货币基金组织等国际经济组织的重要分析工具之一。随着中国与世界各国国际贸易往来的日益密切，深入了解 GTAP 模型，将其与中国的经济贸易政策相结合，从而推动中国经贸政策定量化分析同样具有重要意义。如今 GTAP 模型已被引入国内关税、非关税壁垒、服务贸易、交通基础设施投资、国家风险等方面的研究中。

本书以 GTAP 模型为主要内容，详细全面地介绍了 GTAP 模型的研究特点，为读者呈现了一个完整的研究框架。作者从 GTAP 模型的动态、静态两个特点切入，在介绍 GTAP 数据库及其构建、模型整体逻辑框架的基础上，深入分析各经济主体间的行为关系以及方程构建思路，在此基础上设定平衡条件，确定模型闭合的设定。在此基础上对GTAP模型中涉及的重要方程以及基本GEMPACK语言进行解释，并向读者介绍GTAP模型的运行软件RunDynam的使用方法。最后给出关于GTAP模型的基准情景和实际运用文章，通过理论与运用的结合，加深读者对GTAP模型的理解。总体而言，本书为广大读者提供了一套丰富易懂的GTAP模型应用手册，从而方便读者更加深入地理解GTAP模型的特点并加以运用。

如今正值CGE模型在中国快速发展之际，希望本书不仅能够对我国在相关领域的研究起到推进作用，也能为有志于学习和应用GTAP模型的政策制定者和专家学者提供方法库和知识源。

刘　宇

2018年3月19日

目　录

第 1 章　静态 GTAP 理论

1.1　前言

本章的目的是介绍全球贸易分析模型 GTAP 的基本概念、方程和直观理解。构建 GTAP 基本模型的计算机程序为 GTAP. TAB，其电子资源可以在 GTAP 网站上下载。它提供了模型的完整理论，通过 GEMPACK 软件组（Harrison and Pearson，1996）将其转换为可执行文件后，就可以得到本书第 3 章介绍的可执行的 GTAP 模型。

本章的结构如下。首先是 GTAP 模型的概述。然后，我们在数据和模型的基础上建立基本的会计核算关系。其中包括通过全球数据库，跟踪从生产和销售到中间商和最终需求的价值流（Value Flows），特别关注了不同价值流的不同价格水平，以及市场的扭曲因素（关税及补贴），并将这些会计核算关系与均衡条件相联系。由于 GEMPACK 语言是通过不断更新和再线性化（Re-linearization）求解非线性化的均衡问题，因此 GEMPACK 语言中的方程大都是以线性形式给出的。本章接下来将介绍这些关系的线性表达。

本章第六节关注的是模型中的行为方程。我们将介绍生产、消费、全球储蓄和投资部分。在 GTAP 模型中还有一个关于宏观经济“闭合”（Closure）的特别讨论，这部分材料将在 1.7 节通过三个区域、三种商品的例子进行介绍。

1.2 模型概览

1.2.1 无税封闭经济

图1-1是简化形式的GTAP模型的经济行为概览，更多全面的、图表化的概述请参见Brockmeier（2001）的相关研究。

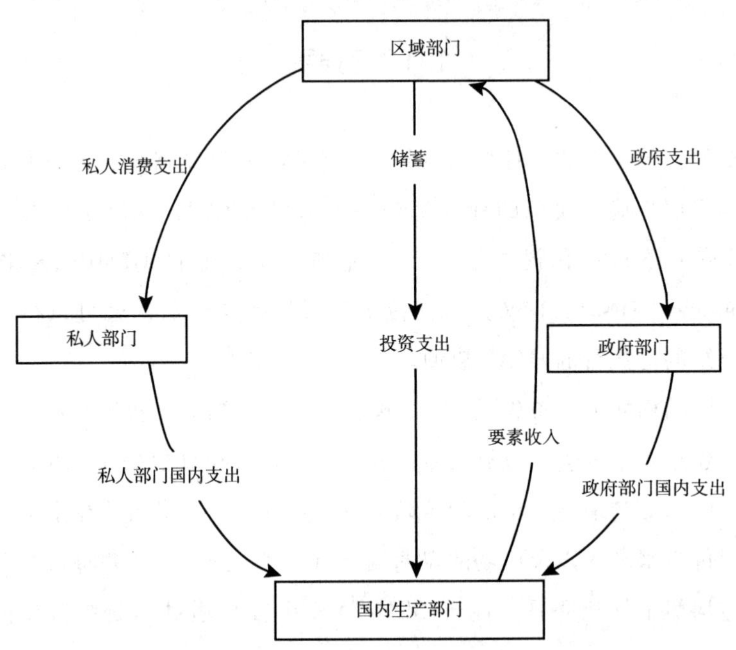

图1-1 简化形式的GTAP模型的经济行为

图1-1中只有一个区域，因此不存在国际贸易。除此之外，也没有折旧、关税和补贴。最上方是区域部门账户，其支出由一个总效用函数分配，有三个去向：私人消费支出、政府支出和储蓄。模型使用者可以自己决定在三类最终需求上的支出分配。在标准封闭模型中，区域账户的Cobb-Douglas效用函数（CD函数）确保每类支出有固定的份额。然而，

实际上，政府支出和储蓄可被当作外生变量（固定不变，或作为外生冲击）。在这种情况下，私人消费支出就会根据区域家庭预算约束进行相应调整。

区域消费的公式化有一些明显的优势，也有一些缺点。最重要的缺点可能就是未能将政府支出和税收收入联系起来。在 GTAP 模型中，税收减免绝不意味着政府支出的下降。事实上，在一定程度上，这些税收的减少将减轻超额负担，增加区域实际收入，因此实际政府支出也很可能会上升。这种财政完整性的缺失源于 GTAP 数据库未能完全覆盖所有税收环节，模型不能准确地预测总税收收入的变化。因此，研究政府支出的使用者需要在此基础上再做一些外部的假设。

图 1 - 1 展示的这种区域支出配置的最大优势在于，区域效用函数为衡量福利水平提供了一个确定指标。比如，在某个模拟中，储蓄和政府支出的相对价格较低，而私人消费价格更高，实际家庭消费下降，同时储蓄和政府支出上升，那么，这对整个区域而言是好事吗？如果没有区域的效用函数，我们就无法回答这个问题。

还可以通过固定实际储蓄和政府支出水平，然后单独研究私人消费并以此作为福利指标的方法，解决福利测定问题。然而，私人消费在一些区域只是略微高于最终需求的 50%。强行将所有区域经济的最终需求调整成私人消费似乎相当极端。我们认为从实证上来说，CD 函数中的固定支出份额的假设更容易被接受。也就是说，收入的提高意味着储蓄和政府支出以及私人消费的提高。

由于图 1 - 1 假设没有税收，因此区域账户居民收入的唯一来源是向厂商出售要素禀赋。*VOA* 代表收入流，指要素禀赋以经济主体面临的价格衡量的产品价值。厂商把这些要素禀赋和中间商品（*VDFA* = 厂商以经济主体面临的价格衡量的国内购买的价值）结合，为了满足最终需求而生产商品。其中包括私人消费（*VDPA* = 私人消费以经济主体面临的价格衡量的国内购买的价值）、政府支出（*VDGA* = 政府支出以经济主体面临的价格衡量的国内购买价值）和为满足区域账户的储蓄需求而销售的投资商品区域账户

(*REGINV*)。这样就完成了在无税收的封闭经济中的收入、支出和生产的圆形流。

1.2.2 无税开放经济

图1-2（Brockmeier，2001）展示了在图1-1的底部加入世界其他地区（Rest of World，ROW）之后的国际贸易情况。这个区域在组成上和国内经济相同，但是细节部分在图1-2中被省略了。它是区域经济的进口来源地，也是出口目的地（*VXMD* 是按目的地划分的以市场价格衡量的出口价值）。值得注意的是，在国内经济中，进口被追溯到具体的出口商，这就导致了私人消费（*VIPA*）、政府支出（*VIGA*）和厂商（*VIFA*）对于进口的不同支付。这个创新之处是从 SALTER 模型（Jomini et al.，1991）中提取出来的，它使得本模型与大部分全球贸易模型不同，当同一商品被用于不同用途，进口需求差别极大时，对区域贸易政策进行分析就尤为重要。

从封闭经济到开放经济，我们也会介绍两个全球机构，第一个在图1-2的中间部分显示出来了，即世界银行，它在全球储蓄和区域投资之间充当中间商。它聚集一系列区域投资产品组合，然后销售组合中的部分产品给区域账户居民以满足他们的储蓄需求，这些内容在本书后续部分有详细介绍。

第二个全球机构主要负责国际贸易和运输活动。它聚集区域出口贸易、交通运输和保险服务，也生产复合产品以促进区域间的商品贸易。这些服务的价值抵消了全球出口离岸价和全球进口到岸价之间的差价。

1.3 绝对量之间的核算关系

1.3.1 区域市场的销售分配

数据库或模型中最基本的相关关系，从一个流程图的上下关系中最容易看出来。

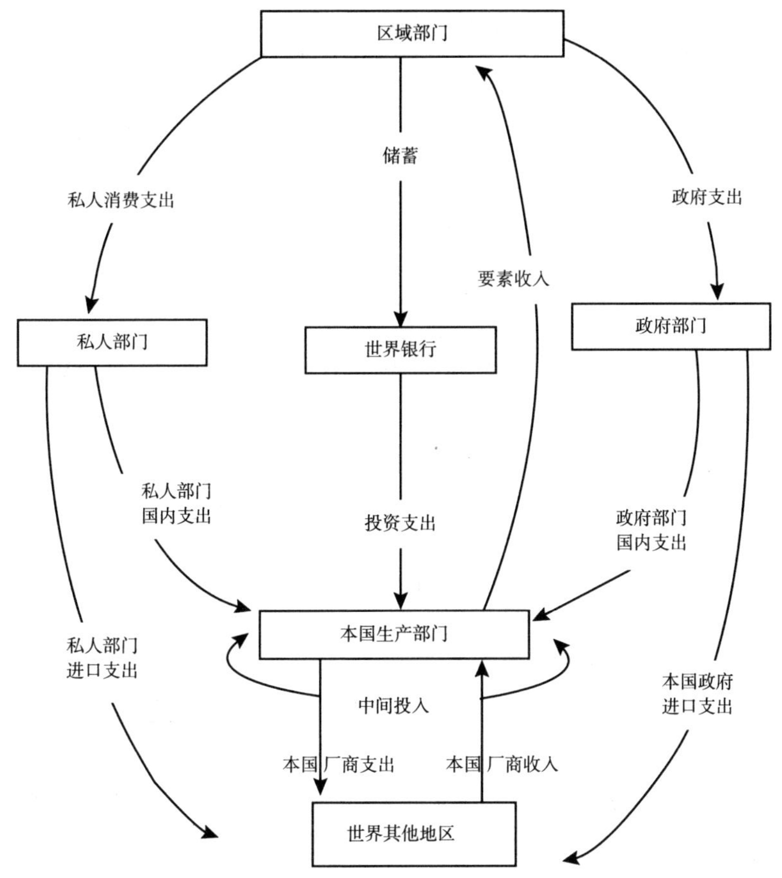

图 1－2　无政府干预下的多区域开放经济

例如，表 1－1 描绘出在全球数据库基础上机构收入的来源（在资料和模型中所有的部门只生产一种产品，所以生产部门和商品之间是一对一的关系）。在表的上部，*VOA*（*i*，*r*）指的是以经济主体面临的价格衡量的产品价值（这个符号的一般性解释如下：价值/交易类型/价格类型）。*VOA*（*i*，*r*）代表区域 *r* 的厂商 *i* 得到的支付。我们知道，在零利润的假设下，这些支付会恰好覆盖成本。在 *VOA* 右边的 *PS*（*i*，*r*）和 *QO*（*i*，*r*）代表组成 *VOA* 的价格指数和数量指数。相关详细介绍见本书后续部分。

表 1-1　区域市场的销售分配（$i \in TRAD$）

市场		价值	价格 × 数量
区域 r 国内市场		$VOA(i,r)$	$: PS(i,r) \times QO(i,r)$
		$+ PTAX(i,r)$	
		$= VOM(i,r)$	$: PM(i,r) \times QO(i,r)$
世界市场		$VDM(i,r)$	$VST(i,r)$
		$VXMD(i,r,s)$	$: PM(i,r) \times QXS(i,r,s)$
		$+ XTAX(i,r,s)$	
		$= VXWD(i,r,s)$	$: PFOB(i,r,s) \times QXS(i,r,s)$
		$+ VTWR(i,r,s)$	
		$= VIWS(i,r,s)$	$: PCIF(i,r,s) \times QXS(i,r,s)$
		$+ MTAX(i,r,s)$	
		$= VIMS(i,r,s)$	$: PMS(i,r,s) \times QXS(i,r,s)$
		$VIM(i,s)$	$: PIM(i,s) \times QIM(i,s)$
区域 s 国内市场	进口商品用途	$= VIPM(i,s)$	$: PIM(i,s) \times QPM(i,s)$
		$+ VIGM(i,s)$	$: PIM(i,s) \times QGM(i,s)$
		$+ \Sigma VIFM(i,j,s)$	$: PIM(i,s) \times QFM(i,j,s)$
	$VDM(i,r)$	$= VDPM(i,r)$	$: PM(i,r) \times QPD(i,r)$
		$+ VDGM(i,r)$	$: PM(i,r) \times QGD(i,r)$
		$+ \Sigma VDFM(i,j,r)$	$: PM(i,r) \times QFD(i,j,r)$

如果加回用 $PTAX$（i，r）表示的生产税（或者扣除补贴），我们就能得到以市场价格衡量的产品价值 VOM（i，r）。这可以被看作以市场价格衡量的国内销售价值 VDM（i，r）和到所有目的地的出口的总和。其中用 $VXMD$（i，r，s）代表用国内价格衡量的由位于区域 r 的企业 i 出口至区域 s 的出口额。除此之外，我们必须考虑对于国际运输部门的可能销售额，以 VST（i，r）代表，这部分销售额将覆盖国际运输利润。它们是以市场价格评估的，而且没有更多的关税。相似的，由于国内销售不经过边境，因此也没有关税。

为了把出口额转化为离岸价值，我们有必要加入以 $XTAX$（i，r，s）代表的出口关税。注意，这些关税是按照特定目的地分别记录下来的。数据库显示目的地/特殊要素贸易政策是在分散的区域和商品（随着政策介入的类型而变化）水平上衡量的，一旦数据库聚集在商品或者区域上，双边税率就会因为组成的不同而变化。因此，保持这些双边的细节在模型构架中是很重要的。一旦加入出口关税，我们就得到了按目的地划分的以世界价格衡量的出口价值 *VXWD*（*i*，*r*，*s*）。它和以到岸价为基础的按来源地划分的以世界价格衡量的进口价值 *VIWS*（*i*，*r*，*s*）之间的区别是国际运输利润 *VTWR*（*i*，*r*，*s*），即按路程计价的、以世界价格衡量的、将商品 *i* 从区域 *r* 海运至区域 *s* 的运输价值。

至此，我们已经把商品 *i* 从位于区域 *r* 的产地部门运输至位于区域 *s* 的出口目的地。为了估计该项交易以区域 *s* 的内部价格衡量的销售额，我们有必要加入进口关税 *MTAX*（*i*，*r*，*s*），以得到 *VIMS*（*i*，*r*，*s*）——按来源地划分的以市场价格衡量的进口价值。来自所有其他区域的对于商品 *i* 的进口可以被合并到一个单独的组合里，*VIM*（*i*，*s*）表示以市场价格衡量的进口商品 *i* 到区域 *s* 的价值。在 *r* 市场的销售额要分配至各个目的地区域。同理，区域 *s* 对于商品 *i* 的进口额在 *s* 市场上也必须分配至不同经济部门和居民。可能的进口商品用途有：*VIPM*（*i*，*s*）——以市场价格估计的私人消费的进口价值；*VIGM*（*i*，*s*）——以市场价格估计的政府支出的进口价值；*VIFM*（*i*，*j*，*s*）——以市场价格估计的行业 *j* 的厂商的进口价值。类似的，国内销售价值 *VDM*（*i*，*r*）必须分配至私人消费、政府和厂商使用，如表1-1下部所示。

1.3.2 居民消费的来源

前文讨论了在充分考虑税收和运输利润的情况下，在不同的市场进行销售分配的情况，这一部分将讨论居民和厂商在这些单独市场的购买行为。表1-2介绍了可贸易商品的居民购买的来源。表1-2的上半部分介绍了私人消费购买，以 *VPA*（*i*，*s*）表示，代表以经济主体面临的价格衡量的私人消费的购买价值。它代表国内生产的商品的消费——*VDPA*（*i*，*s*）和以经济主体面临的价格估计的进口组合——*VIPA*（*i*，*s*）之和。一旦私人消费商品税——*IPTAX*（*i*，*s*）被扣除，我们就得到以市场价格衡量的私人消费的进口价值——*VIPM*（*i*，*s*），

表 1－2　居民购买的来源（$i \in$ TRAD）

私人家庭			
$VPA(i,s)$			$:PP(i,s) \times QP(i,s)$
$VDPA(i,s)$ $-DPTAX(i,s)$ $=VDPM(i,s)$	$:PPD(i,s) \times QPD(i,s)$ $:PM(i,s) \times QPD(i,s)$	$VIPA(i,s)$ $-IPTAX(i,s)$ $=VIPM(i,s)$	$:PPM(i,s) \times QPM(i,s)$ $:PIM(i,s) \times QPM(i,s)$
政府			
$VGA(i,s)$			$:PG(i,s) \times QG(i,s)$
$VDGA$ $-DGTAX(i,s)$ $=VDGM(i,s)$	$:PGD(i,s) \times QGD(i,s)$ $:PM(i,s) \times QGD(i,s)$	$VIGA(i,s)$ $-IGTAX(i,s)$ $=VIGM(i,s)$	$:PGM(i,s) \times QGM(i,s)$ $:PIM(i,s) \times QGM(i,s)$

从 *VDPA*（*i*，*s*）中扣除国内商品税 *DPTAX*（*i*，*s*）可得 *VDPM*（*i*，*s*），即用市场价格衡量的私人消费的国内购买价值。因此我们就建立起了以经济主体面临的价格衡量的行业销售额（见表 1－1 的顶端）和以经济主体面临的价格衡量的私人消费购买价值（见表 1－2 的顶端）之间的联系。表 1－2 下半部分与上半部分类似，只不过将政府购买由 P 换成了 G。

1.3.3　厂商购买来源和居民要素收入

接下来，我们将讨论厂商对于中间和原始生产要素的购买行为。表1－3 的顶端主要讨论中间要素投入，从以经济主体面临的价格衡量的由经济部门 *j* 购买的商品 *i* 的价值——*VFA*（*i*，*j*，*s*）开始。

表 1－3　厂商购买的来源（$j \in$ PROD）

$i \in TRAD$；中间要素投入			
$VFA(i,j,s)$			$:PF(i,j,s) \times QF(i,j,s)$
$VDFA(i,j,s)$ $-DFTAX(i,j,s)$	$:PFD(i,j,s) \times QFD(i,j,s)$	$VIFA$ $-IFTAX(i,j,s)$	$:PFM(i,j,s) \times QFM(i,j,s)$
$=VDFM(i,j,s)$	$:PM(i,s) \times QFD(i,j,s)$	$=VIFM(i,j,s)$	$:PIM(i,s) \times QFM(i,j,s)$
$i \in ENDW$；初级要素			
		$VFA(i,j,s)$	$:PFE(i,j,s) \times QFE(i,j,s)$

续表

	$-ETAX(i,j,s)$	
	$=VFM(i,j,s)$	$:PM(i,s)\times QFE(i,j,s)$
零利润条件		
$VOA(j,s)=\sum_{i\in TRAD}VFA(i,j,s)+\sum_{i\in ENDW}VFA(i,j,s)$		

这可以分解为国内来源和进口来源两部分。扣除中间投入税 *DFTAX*（i，j，s）和 *IFTAX*（i，j，s），按照市场价格扣除这部分价值 *VDFM*（i，j，s）和 *VIFM*（i，j，s），就得到表 1－1 底部显示值。

厂商也购买非贸易品等，在这个模型中我们称其为要素禀赋。在目前的数据库中，要素禀赋包括农业土地、劳动力和资本。表 1－3 接下来的部分展示了一条从应用这些生产要素的厂商到提供这些要素的居民的价值流。通过扣除在行业 j 的禀赋品 i 上征收的税 *ETAX*（i，j，s），我们可以从以经济主体面临的价格衡量的厂商购买价值 *VFA*（i，j，s）得到以市场价格衡量的厂商购买价值 *VFM*（i，j，s）。表 1－3 的最后部分建立了表 1－1 中得出的厂商收入［例如 *VOA*（j，s）］和表 1－3 显示的厂商消费［例如 *VFA*（i，j，s）］之间的联系。一旦考虑到所有的可贸易投入（中间要素）和生产的要素禀赋（例如初级要素），纯粹的零经济利润就意味着收入必须完全分配在消费上。

表 1－4 详细地说明了居民收入要素的来源。在这里，我们很有必要区分能完全流动的、可以赚取同样的市场回报的流动要素禀赋（*ENDWM_COMM*），和那些难以调整的、在均衡中承受不同回报的固定要素禀赋（*ENDWS_COMM*）。对于前者，由于市场价格是相同的，我们可以简单地把要素使用量加总。在此扣除对区域 s 的居民提供原始要素 i 所被征收的税收 *HTAX*（i，s）后，我们就可以获得以经济主体面临的价格衡量的禀赋产品的价值（*VOA*）。后者则是由提供要素的私人消费者的实际要素收入来衡量。

对于固定要素禀赋（如土地），对模型的冲击会导致经济部门的异质性价格变化。这反映在行业指数 j 和 *VFM*（i，j，s）的价格部分中。

这些异质性价格通过一个单位收入函数合成为固定要素禀赋的（以市场价格衡量的）复合收入，即以市场价格衡量的要素产出价值 *VOM*（*i*，*s*）。经过与流动要素禀赋一样的方式处理，扣除居民收入税即可得 *VOA*（*i*，*s*）。

表 1－4　居民收入要素的来源

$i \in ENDWM\_COMM$；流动要素	
$\Sigma VFM(i,j,s) = VOM(i,s)$	$: PM(i,s) \times QO(i,s)$
$- HTAX(i,s)$	
$= VOA(i,s)$	$: PS(i,s) \times QO(i,s)$
$i \in ENDWS\_COMM$；固定要素	
$VFM(i,j,s)$	$: PMES(i,j,s) \times QOES(i,j,s)$
$VOM(i,s)$	$: PM(i,s) \times QO(i,s)$
$- HTAX(i,s)$	
$= VOA(i,s)$	$: PS(i,s) \times QO(i,s)$

1.3.4　分配和区域收入来源

当存在税收时，图 1－1 和图 1－2 中区域账户可支配收入的计算就会变得更加复杂。在表 1－5 中，我们已知一个条件，即私人消费、政府支出和储蓄必须完全准确覆盖区域的收入。接下来讲解按来源分配的收入。我们从总要素禀赋收入开始（复习图 1－1 和图 1－2）。注意一个区域赚取的所有的这些收入是这个区域的居民收入的总和。由此，我们必须扣除折旧费用 *VDEP*（*r*），然后加上所有的净税收。

表 1－5　分配和区域收入来源

$EXPENDITURE(r)$	$= \Sigma$	$\{[VPA(i,r) + VGA(i,r)] + SAVE(i,r)\}$
$=$		
$INCOME(r)$	$= \Sigma$	$[VOA(i,r) - VDEP(i,r)]$
	$+ \Sigma$	$[VOM(i,r) - VOA(i,r)]$
	$+ \Sigma\Sigma$	$[VFA(i,j,r) - VFM(i,j,r)]$

续表

$INCOME(r)$	$+\Sigma$	$[VIPA(i,r) - VIPM(i,r)]$
	$+\Sigma$	$[VDPA(i,r) - VDPM(i,r)]$
	$+\Sigma$	$[VIGA(i,r) - VIGM(i,r)]$
	$+\Sigma$	$[VDGA(i,r) - VDGM(i,r)]$
	$+\Sigma\Sigma$	$[VIFA(i,j,r) - VIFM(i,j,r)]$
	$+\Sigma\Sigma$	$[VDFA(i,j,r) - VDFM(i,j,r)]$
	$+\Sigma\Sigma$	$[VXWD(i,r,s) - VXMD(i,r,s)]$
	$+\Sigma\Sigma$	$[VIMS(i,s,r) - VIWS(i,s,r)]$

这里我们采取的方式是对比以经济主体、市场或世界价格衡量的给定交易的价值，而不是跟踪模型中个人所得税或补贴现金流。若居民的提供劳动力所得和以市场价格衡量的劳动力价值之间存在一定差异，则此差异必定等于 $HTAX$ (i, r)，如表1-4所示。另外，这项税收收入对应的从价税率为 t (i, r)，居民的供给要素禀赋 i 的价格为：

$$PS(i,r) = [1 - t(i,r)] \times PM(i,r) = TO(i,r) \times PM(i,r)$$

其中，TO (i, r) 是从价税的税收力度。

$$\begin{aligned} VOM(i,r) - VOA(i,r) &= [1 - TO(i,r)] \times PM(i,r) \times QO(i,r) \\ &= t(i,r) \times PM(i,r) \times QO(i,r) \end{aligned}$$

因此，所有税收（补贴）的财政影响可以通过比较给定交易的以经济主体面临的价格衡量的价值与以市场价格衡量的价值之间的差异来体现。我们假设区域 r 所征税收总是属于区域 r 的居民收入。

表1-5所给出的收入表达式中的其他项为每一个区域经济发展中所有其他可能来源的税收收入或者补贴支出提供了解释。其中包括：对企业征收的原始要素税、对居民征收的商品税、居民和企业购买的可交易商品及贸易税。

图1-3和图1-4来自 Brockmeier（2001），其对 GTAP 模型框架下的边境干预措施做出了简要演示。图1-3中两个图为出口干预的情况（因为有许多出口目的地，我们可以将供给曲线解释为主体性供应，不考虑国内销售和其他出口市场的供给部分）。在第一个图中，国内价格高于世界价格，

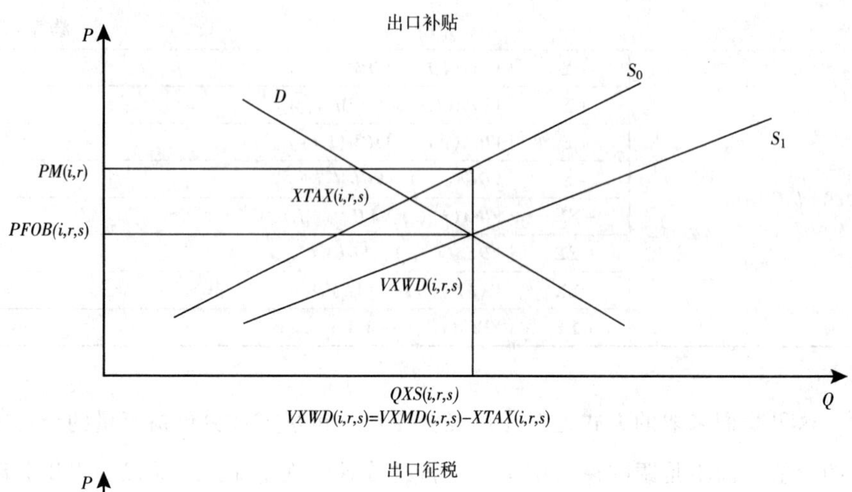

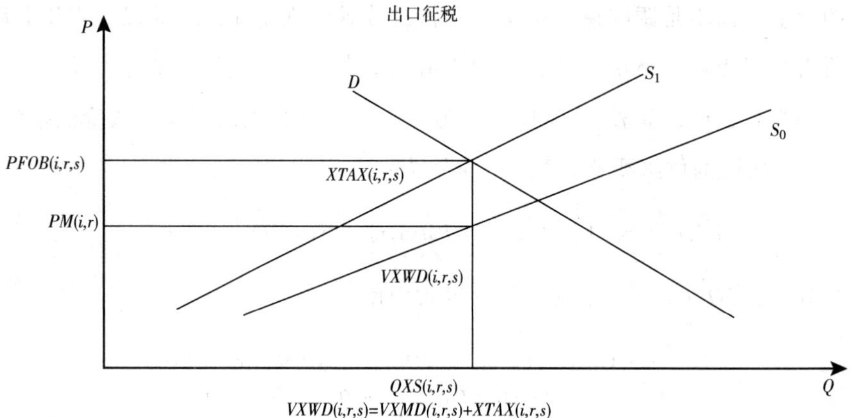

图 1－3　区域 *r* 对向区域 *s* 销售的产品的出口补贴或征税

注：*PM*——区域 *r* 的国内商品价格；

PFOB——从区域 *r* 出口到区域 *s* 的商品 *i* 的 FOB 价格；

QXS——从区域 *r* 出口到区域 *s* 的商品 *i* 的数量；

VXWD——从区域 *r* 出口到区域 *s* 的商品 *i* 的价值，以出口国国内价格计；

VXMD——从区域 *r* 出口到区域 *s* 的商品 *i* 的价值，以 FOB 价格计；

XTAX——税收收入/税收补贴；

D——从区域 *r* 出口到区域 *s* 的商品 *i* 的进口需求；

S_0——从区域 *r* 供给到区域 *s* 的商品 *i* 的税前净供给量；

S_1——从区域 *r* 供给到区域 *s* 的商品 *i* 的税后净供给量；

其中，$QXS(i, r, s) = QO(i, r) - \sum_{k \neq s} QXS(i, r, k) - VST(i, r)$ = 商品 *i* 从区域 *r* 到区域 *s* 的净供给。

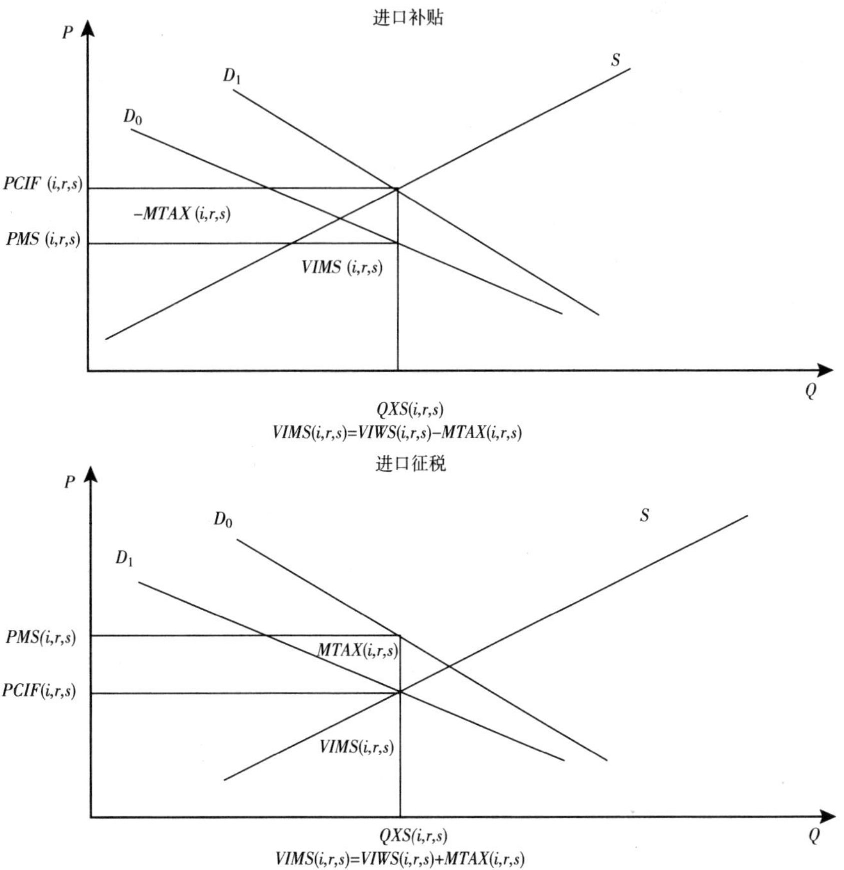

图 1－4　区域 *s* 对从区域 *r* 购买的产品的进口补贴或征税

注：*PMS*——从区域 *r* 出口到区域 *s* 的商品 *i* 的进口国国内价格；

PCIF——从区域 *r* 出口到区域 *s* 的商品 *i* 的 CIF 价格；

QXS——从区域 *r* 出口到区域 *s* 的商品 *i* 的数量；

VIMS——从区域 *r* 到区域 *s* 的进口商品 *i* 的价值，以进口国国内价格计；

VIWS——从区域 *r* 到区域 *s* 的进口商品 *i* 的价值，以 CIF 价格计 ；

MTAX——税收收入/税收补贴；

D_0——从区域 *r* 到区域 *s* 的差异化进口商品 *i* 的税前需求；

D_1——从区域 *r* 到区域 *s* 的差异化进口商品 *i* 的税后需求；

S——从区域 *r* 到区域 *s* 的商品 *i* 净供给；

其中，$QXS\ (i,\ r,\ s)\ = QO\ (i,\ r)\ - \sum_{k \neq s} QXS\ (i,\ r,\ k)\ - VST\ (i,\ r)$ ＝从区域 *r* 到区域 *s* 商品 *i* 的净供给。

即 $PM(i,r) > PFOB(i,r,s)$，表明存在补贴，所以 $XTAX(i,r,s) = VXWD(i,r,s) - VXMD(i,r,s) < 0$。

第二个图则情况相反。此时，世界价格高于市场价格，其差异对于提高区域收入有积极作用。无论 *VXWD* 和 *VXMD* 差异产生的原因是什么，情况都将如此。例如，如果这种差异的产生是由于出口限制，而不是税收，那么由此获得的收入流是来自配额租金。不管怎样，此收入仍流向区域 r。

图 1-4 是指进口干预对收入的影响。由于 GTAP 分析方法采用的是 Armington 方法引入进口需求，按照来源地区分产品，也没有对进口商品的国内供应。因此，图中的需求曲线是根据区域 s 对商品 i 的总需求，以及区域 s 商品 i 的进口价格和本地市场价格画出来的。从区域 r 进口商品 i 到区域 s 的超额供应依赖于区域 r 的供应以及区域 s 对该商品的需求。

当市场价格高于世界价格，即 $PMS(i,r,s) > PCIF(i,r,s)$ 时，则有 $MTAX(i,r,s) > 0$，这能够积极促进区域收入增长。这种情况可能出现的原因是存在进口关税，也可能是进口配额。对从区域 r 到区域 s 进口商品 i 存在约束性进口限额的情况下，

$$
\begin{aligned}
& VIMS(i,r,s) - VIWS(i,r,s) \\
= & [TMS(i,r,s) - 1] \times PCIF(i,r,s) \times QXS(i,r,s) > 0
\end{aligned}
$$

此式代表相关的配额租金。在这种情况下，闭合必须进行修改，以保证 $QXS(i,r,s)$ 是外生的且 $TMS(i,r,s)$ 是内生的。同样，这些配额租金流向了执行配额的所在区域。

1.3.5 全球部门

为了使模型完整，我们有必要引入两个全球部门，即全球运输部门和世界银行。

全球运输部门提供的服务，随具体沿运路线为特定商品离岸价格和到岸价格之间的差额提供了一个合理解释：$VTWR(i,r,s) = VIWS(i,r,s) - VXWD(i,r,s)$。总结所有路径和商品即可得国际运输服务总需求，如表 1-6 所示。这些服务是由各区域经济体供应的，它们将商品出口至全球运

输部门 VST（i，r）。我们没有足够的资料将区域运输服务与特定商品和路径联系起来。因此，所有的需求从相同的服务集中得到满足，其价格融合了所有出口运输服务的价格。

表1-6 全球运输部门

VT					:	$PT \times QT$
=	$\Sigma TRADE$	ΣREG	ΣREG	$VTWR(i,r,s)$	:	$PT \times QS(i,r,s)$
=	$\Sigma TRADE$	ΣREG		$VST(i,r)$	:	$PM(i,r) \times QST(i,r)$

另一必需的全球部门是世界银行。它在全球储蓄和投资的中间建立起了联系，如表1-7所示。它创造了一个以净区域投资（总投资减去折旧）的投资组合为基础的复合投资商品（$GLOBINV$），并将其提供给区域家庭以满足它们的储蓄需求。因此，就这种储蓄商品而言，所有的储户面对的是一个相同的价格（$PSAVE$）。对核算关系的一致性检查涉及单独计算复合投资商品的供应和对总储蓄的需求。如果①所有其他市场处于平衡状态，②所有企业（包括全球运输部门）获得零利润，及③所有居民都在他们的预算约束边界上消费，那么根据瓦尔拉斯定律，全球投资必须等于全球储蓄。

表1-7 对区域投资商品的需求

$\Sigma[REGINV(r)$	:	$PCGDS(r) \times QCGDS(r)$
$-VDEP(r)]$	:	$PCGDS(r) \times KB(r)$
$= GLOBINV$	:	$PSAVE \times GLOBALCGDS$
$= \Sigma SAVE(r)$	:	$PSAVE \times QSAVE(r)$
$VKB(r)$	:	$PCGDS(r) \times KB(r)$
$+REGINV(r)$	:	$PCGDS(r) \times QCGDS(r)$
$-VDEP(r)$	:	$PCGDS(r) \times DEPR(r) \times KB(r)$
$= VKE(r)$		

最后，初期资本存量的价值 VKB（r）加上区域投资 $REGINV$（r），减去折旧 $VDEP$（r）就得到了末期资本存量的价值 VKE（r）。这种关系如表1-7的底部所示。

1.4 平衡条件和局部均衡闭合

到目前为止，我们并未提及企业和居民的行为。要得到完整的一般性均衡闭合，并不需要满足新古典主义对于这些行为的约束。事实上，上文详尽的核算关系保证了我们模型中一般均衡的存在。如果其中任何一项得不到满足，瓦尔拉斯定律将不成立。由于大多数经济学家更习惯以数量来表达均衡条件，而不是价值，我们有必要指出上文的核算关系确实体现了经济学家习惯的一般均衡的关系。例如，思考如下情况——可贸易品供应的市场出清条件：

$$VOM(i,r) = VDM(i,r) + VST(i,r) + \sum_{s \in REG} VXMD(i,r,s) \tag{1-1}$$

我们可以用区域 r 商品 i 的数量和共同的本地市场价格来重写以上条件：

$$PM(i,r) \times QO(i,r) = PM(i,r) \times [QDS(i,r) + QST(i,r) + \sum_{s \in REG} QXS(i,r,s)] \tag{1-2}$$

通过在方程两边同时除以 PM（i，r），我们得到常见的可贸易品市场出清条件：

$$QO(i,r) = QDS(i,r) + QST(i,r) + \sum_{s \in REG} QXS(i,r,s) \tag{1-3}$$

通过类似的处理我们可以得到非贸易品的市场出清条件。总的来说，任何市场出清条件只要乘以一般价格，就可以转换为价值项。这样处理之后，我们得以避免将价值流分解为价格和数量（$V = P \times Q$）。这极大地简化了模型校准的问题，这一点我们可以从下文中慢慢体会到。

前文确认了核算关系能够体现所有必要的一般均衡条件，接下来我们讨论在舍弃其中某些条件的情况下，如何建立特殊闭合的问题。问题在于确定哪些变量与其中哪些平衡条件相联系。这类似于确定与一般均衡模型相关的互补松弛条件。

也许最明显的互补性在于价格和市场出清条件之间。很明显，如果后者成立，价格必须可自由调整，以解决任何存在于供给与需求间的不平衡问题。因此，如果我们固定一个可贸易品的价格，就必须去除相关的市场出清条件，见公式（1-3）。一个针对农业和粮食问题分析的常见局部均衡闭合就需要固定所有非食品商品的价格。为了实现模型中的这种闭合，所有非食品商品市场的出清条件必须被舍弃（通过内生化方程中的自由变量，即可去掉相关的条件。如果要求模型提供唯一的均衡解，我们必须保持内生变量数目和条件方程式数目相等）。

在局部均衡分析中常见的假设是，非特殊生产要素的机会成本是外生变量。以农业为例，某些研究可能会假设劳动工资和资本的租金率是固定的。如果做出了这个假设，那么与这些非贸易生产要素相关的区域市场出清条件必须被舍弃。同样，只要收入的计算公式被去除，收入也可以被假设是固定的。

但数量又如何呢？它们能被固定吗？例如在非食物商品价格固定的条件下，允许其供应成为内生变量几乎没有任何意义。任何一个正在经历成本上升的行业在这种情形下都将被迫出局。基于这个原因，固定非食物商品的生产水平并去掉相关零利润条件是有道理的。以食品政策冲击为例，局部均衡假设可归纳如下：

· 非食品商品的生产水平和价格是外生的；
· 收入是外生的；
· 非特殊性初级生产要素的价格是外生的。

1.5　核算方程的线性化表示

为了方便起见，在图1-1、图1-2和表1-1～表1-5中详细列出的核算关系大多要通过数值形式表达，通过价格和数量的数值变化百分比来表达模型的行为内容是有很大吸引力的。事实上，我们通常最感兴趣的是这些百分比的变化，而不是它们的水平值。以数值变化百分比的形式来表达非线性模型并没有解决真正的非线性问题。线性化非线性 AGE 模型的解法

（Pearson，1991）通过以下公式来不断更新斜率系数：

$$dV/V = d(PQ)/PQ = p + q$$

其中 p 和 q 表示价格和数量的变动百分率。

图1－5展现了非线性模型解法的线性表达形式。为简单起见，假设整个模型是由一个方程式 $g(X, Y)=0$ 给出的，其中 X 为外生，Y 为内生。初始均衡由（X_0，Y_0）点表示。与事实相反的实验包括对外生变量施加冲击使其值由 X_0 变化至 X_1，并计算内生性变量相应变化所得的值 Y_1。如果我们只是评估了模型在均衡点（X_0，Y_0）的线性表示，模型将预测出 $B_J=$（X_1，Y_J）的结果。这就是 Johansson 的做法，它显然是错误的，因为 $Y_J > Y_1$。这种类型的错误，导致了对单独使用线性可计算一般均衡模型的批判。

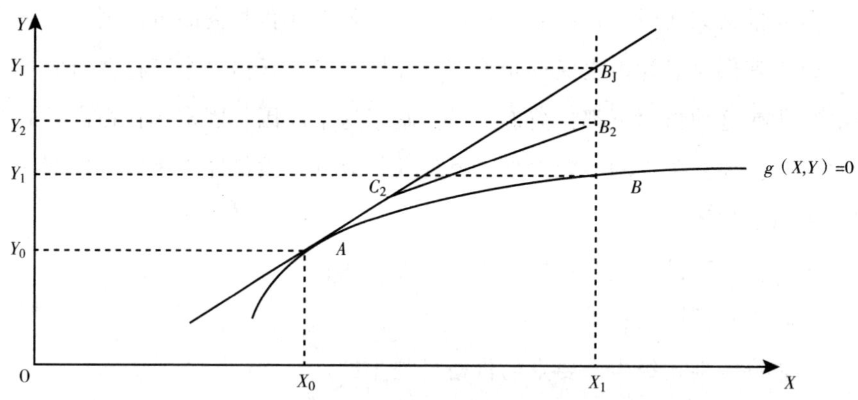

图1－5　通过模型的线性化表示来求解非线性模型

但是，把对 X 的冲击分为两部分并在第一次冲击之后对模型进行更新，该线性模型的精确度就可以大大增强。这种方法使我们从 A 点前进到 C_2 再到 B_2，它被称为线性表示的欧拉解法。通过增加一些步骤，我们可得到解非线性模型越来越精确的方法。

有了欧拉的贡献后，这种重新线性化的模型方法得到大大的改进，可更为迅速地收敛至点（X_1，Y_1）（Harrison and Pearson，1996）。用于解决 GTAP 模型默认的方法是 Gragg 的方法，应用的是外推法（Extrapolation）。在这种情况下，模型会被求解多次，每次都会得到比之前更为精细的区间。基于这些结果，最终就可以得到一个外推的解。正如 Harrison 和 Pearson（1996）阐述的那样，较先前的解法，这种方法能提供一个更优的结果。

核算方程的线性化涉及全微分，所以它们看上去像是价格和数量变化的加权线性组合。

例如，可贸易品的市场出清条件公式（1-3），可以表示为：

$$QO(i,r)\times qo(i,r) = QDS(i,r)\times qds(i,r) + QST(i,r)\times qst(i,r) + \sum_{s\in REG} \mathrm{QXS}(i,r,s)\times qxs(i,r,s) \quad (1-4)$$

其中小写变量表示变量的百分比变化。在方程两边同乘以共同价格 PM（i，r）可得表 1-8 中的方程（1）。现在这里的系数是以价值计算的［通过选定变量的初始值，如给定 PM（i，r）=1，我们可以很容易地运用这种方法算出价格和数量的数值水平（P 和 Q），尽管计算出这些变量的数值水平是完全不必要的］。此外还应注意，在表 1-8 中，此方程中还引入了一个自由变量。此自由变量的维度是所有地区和所有可贸易品。通过将该自由变量的选定部分内生化（此自由变量只存在于这个方程），我们可以选择性地去除某些产品的市场出清条件方程。

表 1-8　模型中的核算关系

序号	方程	
(1)	$VOM(i,r)\times qo(i,r) = VDM(i,r)\times qds(i,r) + VST(i,r)\times qst(i,r) + \sum_{s\in REG} VXMD(i,r,s)\times qxs(i,r,s) + VOM(i,r)\times tradeslack(i,r)$	$\forall i\in TRAD$ $\forall r\in REG$
(2)	$VIM(i,r)\times qim(i,r) = \sum_{j\in PROD} VIFM(i,j,r)\times qfm(i,j,r) + VIPM(i,r)\times qpm(i,r) + VIGM(i,r)\times qgm(i,r)$	$\forall i\in TRAD$ $\forall r\in REG$

续表

序号	方程	
(3)	$VDM(i,r) \times qds(i,r) = \sum_{j \in PROD} VDFM(i,j,r) \times qfd(i,j,r) + VDPM(i,r) \times qpd(i,r) + VDGM(i,r) \times qgd(i,r)$	$\forall i \in TRAD$ $\forall r \in REG$
(4)	$VOM(i,r) \times qo(i,r) = \sum_{j \in PROD} VFM(i,j,r) \times qfe(i,j,r) + VOM(i,r) \times endwslack(i,r)$	$\forall i \in ENDWM$ $\forall r \in REG$
(5)	$qoes(i,j,r) = qfe(i,j,r)$	$\forall i \in ENDWS$ $\forall j \in PROD$ $\forall r \in REG$
(6)	$VOA(j,r) \times ps(j,r) = \sum_{i \in ENDW} VFA(i,j,r) \times pfe(i,j,r) + \sum_{i \in TRAD} VFA(i,j,r) \times pf(i,j,r) + VOA(j,r) \times profitslack(j,r)$	$\forall j \in PROD$ $\forall r \in REG$
(7)	$VT \times pt = \sum_{i \in TRAD\_COMM} \sum_{r \in REG} VST(i,r) \times pm(i,r)$	
(8)	$PRIVEXP(r) \times yp(r) =$ $INCOME(r) \times y(r) - SAVE(r) \times [psave + qsave(r)] - \sum_{i \in TRAD} VGA(i,r) \times [pg(i,r) + qg(i,r)]$	$\forall r \in REG$
(9)	$INCOME(r) \times y(r) =$ $\sum_{i \in ENDW} VOA(i,r) \times [ps(i,r) + qo(i,r)] - VDEP(r) \times [pcgds(r) + kb(r)]$ $+ \sum_{i \in NSAVW} VOM(i,r) \times [pm(i,r) + qo(i,r)] - VOA(i,r) \times [ps(i,r) + qo(i,r)]^{*}$ $+ \sum_{i \in ENDWM} \sum_{j \in PROD} VFA(i,j,r) \times [pfe(i,j,r) + qfe(i,j,r)] - VFM(i,j,r) \times [pm(i,r) + qfe(i,j,r)]$ $+ \sum_{i \in ENDWS} \sum_{j \in PROD} VFA(i,j,r) \times [pfe(i,j,r) + qfe(i,j,r)] - VFM(i,j,r) \times [pmes(i,r) + qfe(i,j,r)]$ $+ \sum_{j \in PROD} \sum_{i \in TRAD} VIFA(i,j,r) \times [pfm(i,j,r) + qfm(i,j,r)] - VIFM(i,j,r) \times [pim(i,r) + qfm(i,j,r)]$ $+ \sum_{j \in PROD} \sum_{i \in TRAD} VDFA(i,j,r) \times [pfd(i,j,r) + qfd(i,j,r)] - VDFM(i,j,r) \times [pm(i,r) + qfd(i,j,r)]$	$\forall r \in REG$

续表

序号	方程	
(9)	$+\sum_{i\in TRAD}VIPA(i,r)\times[ppm(i,r)+qpm(i,r)]-VIPM(i,r)\times[pim(i,r)+qpm(i,r)]$ $+\sum_{i\in TRAD}VDPA(i,r)\times[ppd(i,r)+qpd(i,r)]-VDPM(i,r)\times[pm(i,r)+qpd(i,r)]$ $+\sum_{i\in TRAD}VIGA(i,r)\times[pgm(i,r)+qgm(i,r)]-VIGM(i,r)\times[pim(i,r)+qgm(i,r)]$ $+\sum_{i\in TRAD}VDGA(i,r)\times[pgd(i,r)+qgd(i,r)]-VDGM(i,r)\times[pm(i,r)+qgd(i,r)]$ $+\sum_{i\in TRAD}\sum_{s\in REG}VXWD(i,r,s)\times[pfod(i,r,s)+qxs(i,r,s)]-VXMD(i,r,s)\times[pm(i,r)+qxs(i,r,s)]$ $+\sum_{i\in TRAD}\sum_{s\in REG}VIMS(i,s,r)\times[pms(i,s,r)+qxs(i,s,r)]-VIWS(i,s,r)\times[pcif(i,s,r)+qxs(i,s,r)]$ $+INCOME(r)\times incomeslack(r)$	$\forall r\in REG$
(10)	$ke(r)=INVKERATIO(r)\times qcgds(r)+[1-INVKERATIO(r)]\times kb(r)$	$\forall r\in REG$
(11)	$globalcgds=\sum_{r\in REG}[REGINV(r)/GLOBINV]\times qcgds(r)-[VDEP(r)/GLOBINV(r)]\times kb(r)$	
(12)	$walras\_sup=globalcgds$	
(13)	$GLOBINV\times walras\_dem=\sum_{r\in REG}SAVE(r)\times qsave(r)$	
(14)	$walras\_sup=walras\_dem+walraslack$	

在相关的可贸易品价格外生给定 $pm(i,r)=0$ 的情况下，贸易自由变量 *tradeslack*（*i*，*r*）的内生变化解释了在新的平衡条件（以初始平衡产出的百分比的形式）下的供过于求问题。

表 1－8 中接下来的两个方程展示了本地贸易品市场的均衡条件，这些可贸易品或是如方程（2）所示是从区域 *r* 进口而来，或者是如方程（3）所示为本土生产的。因此，本土市场价格又一次成为共同价格。我们将自由变量

排除在这些方程之外，因为这些方程和方程（1）指的是同一商品。为了实现局部均衡闭合，在一处方程固定产品价格就足够了。

表1-8中的方程（4）及方程（5）指非贸易品或者要素禀赋的市场出清条件。如上所述，该模型将完全自由跨部门流动的初级要素和黏性（难以自由流动的）要素区分开来。后一类的要素禀赋根据其不同用途，会表现出不同的均衡价格。而对可自由流动的要素禀赋而言，在方程（4）中，一个共同市场的均衡价格的存在使得均衡关系可以以本地市场价格的形式表现出来。引入一个自由变量是为了保证我们能够选择性地消除市场出清方程并固定有关要素禀赋的价格。对于黏性要素而言，则不存在这种共同价格，并且部门需求等于部门供给。后者是由常弹性转换收入函数得出的，这种收入函数能够将禀赋的一种使用转到另一种。

表1-8的方程（6）是零利润条件。由于假设企业是利润最大化的，当表1-3底部的表达式在最优点区间进行全微分时，数量的改变项为0（Varian，1978）。这样我们就得到了联系投入价格与产出价格的一个方程，其中的价格变化百分比是按照经济主体面临的价格衡量的数值加权的。为计算方便，我们使用不同的变量来代表企业的中间投入价格（*PF*）和要素禀赋价格（*PFE*）。*profitslack*（*j*，*r*）的存在使我们得以固定产出和消除在任意区域 *r* 的任意部门 *j* 的零利润条件。类似的，方程（7）代表国际运输部门的零盈利条件。此处，运输服务的总价值（*VT*）必须等于出口至全球运输部门的所有服务的总价值（*VST*）。

表1-8的方程（8）保证了区域收入的完全分配（详见表1-5）。首先从可支配区域收入中扣除储蓄和政府支出（在某些闭合里，其中任意一个可能是外生给定的），随即将剩余部分分配给私人消费支出 *PRIVEXP*（*r*）。接下来是方程（9），它给出了每个区域的可得收入，这是模型中最复杂的方程式，它考虑了区域禀赋价值的改变，以及由从价税或补贴引起的净财政收入的变化。即使这些税率不发生变化，由于市场价格和数量的变化，收入也将会改变。因此，在微分形式下，每个值必须右乘以价值流量的价格和数量变化的百分比。

请注意，表1-8的数量的变化对于方程（9）的每项交易税来说是很常见的。例如，在对企业使用初级要素征税的情况下，企业派生需求的百分比变化 *qfe*（*i*，*j*，*r*）出现在了两项中。这反映了税收是一种数量的交易。与之相反，企业所面临的价格，一方面可能不同于市场价格；另一方面，当税率改变时，不同价格自由浮动。这反映在如下事实中：*VFA*（*i*，*j*，*r*）右乘以 *pfe*（*i*，*j*，*r*），而 *VFM*（*i*，*j*，*r*）随着 *pm*（*i*，*r*）变动而变动。

在更详细地研究表1－8的方程（9）之前，明确地思考与每一项价差紧密相连的税收是十分有用的。这些都在表1－9给出的方程中得到了揭示，例如，方程（15）将收入/生产的税额作为 *VOM*（*i*，*r*）和 *VOA*（*i*，*r*）之间的差异。*to*（*i*，*r*）＝*VOA*（*i*，*r*）/*VOM*（*i*，*r*）则给出了从价税的税权。因此，当 *to*（*i*，*r*）＞1时，企业/居民实际上得到了日常商品的补贴。同样，如果 d*to*（*i*，*r*）/*to*（*i*，*r*）＝*to*（*i*，*r*）＞0，补贴将会增加。这种符号的选择可能看上去很奇怪，但它构成了税收工具的一个有用的规律。特别的，我们所采用的规则为税率被定义为经济主体面临的价格和市场价格的比例（边境税则是市场价格和世界价格的比例）。

下一个价格联动方程是表1－9中的方程（16），我们注意到 *tf*（*i*，*j*，*r*）增加，即 *tf*（*i*，*j*，*r*）＞0会导致税收增加。那是因为在这种情况下，位于区域 *r* 部门 *j* 的企业在采购可流动要素禀赋 *i* 时，将会被迫接受比市场价格更高的价格，即 *pfe*（*i*，*j*，*r*）＞*pm*（*i*，*r*）。鉴于企业在购买黏性要素禀赋时没有唯一的市场价格，所以在这种情况下我们需要一个分开的价格联动方程，即方程（17）。

表1－9　价格联动方程

序号	方程	
(15)	$ps(i,r) = to(i,r) + pm(i,r)$	$\forall i \in NSAVE$ $\forall r \in REG$
(16)	$pfe(i,j,r) = tf(i,j,r) + pm(i,r)$	$\forall i \in ENDWM$ $\forall j \in PROD$ $\forall r \in REG$
(17)	$pfe(i,j,r) = tf(i,j,r) + pmes(i,j,r)$	$\forall i \in ENDWS$ $\forall j \in PROD$ $\forall r \in REG$

续表

序号	方程	
(18)	$ppd(i,r) = tpd(i,r) + pm(i,r)$	$\forall i \in TRAD$ $\forall r \in REG$
(19)	$pgd(i,r) = tgd(i,r) + pm(i,r)$	$\forall i \in TRAD$ $\forall r \in REG$
(20)	$pfd(i,j,r) = tfd(i,j,r) + pm(i,j,r)$	$\forall i \in TRAD$ $\forall j \in PROD$ $\forall r \in REG$
(21)	$ppm(i,r) = tpm(i,r) + pim(i,r)$	$\forall i \in TRAD$ $\forall r \in REG$
(22)	$pgm(i,r) = tgm(i,r) + pim(i,r)$	$\forall i \in TRAD$ $\forall r \in REG$
(23)	$pfm(i,j,r) = tfm(i,j,r) + pim(i,r)$	$\forall i \in TRAD$ $\forall j \in PROD$ $\forall r \in REG$
(24)	$pms(i,r,s) = tm(i,s) + tms(i,r,s) + pcif(i,r,s)$	$\forall i \in TRAD$ $\forall r \in REG$ $\forall s \in REG$
(25)	$pr(i,s) = pm(i,s) - pim(i,s)$	$\forall i \in TRAD$ $\forall r \in REG$
(26)	$pcif(i,r,s) = FOBSHR(i,r,s) \times pfob(i,r,s) + TRNSHR(i,r,s) \times pt$	$\forall i \in TRAD$ $\forall r \in REG$ $\forall s \in REG$
(27)	$pfob(i,r,s) = pm(i,r) - tx(i,r) - txs(i,r,s)$	$\forall i \in TRAD$ $\forall r \in REG$ $\forall s \in REG$

方程（18）~方程（20）描述了本地市场价格和经济主体购买国内生产的可贸易品价格之间的联系。这些商品交易税不仅在不同商品和区域之间，在同区域不同企业和居民之间也有可能不同。同样，方程（21）~方程（23）描述了区域 s 不同经济主体从区域 r 进口商品 i 的价格和市场价格

之间的联系。

方程（24）在产品边境价格变动——*pcif*（*i*，*r*，*s*）和两种边境干预措施的基础上，建立了区域 *s* 中的可贸易品 *i* 的本地市场价格的百分比变化。两者都是从价进口关税。*tms*（*i*，*r*，*s*）是双边的，*tm*（*i*，*s*）是来源国单边的。后者可以把国内经济从世界价格变动中分离出来。这是通过将 *tm*（*i*，*s*）内生化和确立一些国内价格目标实现的。在该方程中，我们选择固定商品 *i* 的国内市场价格和复合进口产品价格的比值。下一个价格联动方程（25）给出了其简单定义。在正常的闭合中，*tm*（*i*，*s*）是外生的而 *pr*（*i*，*s*）是内生的。然而，我们通过允许 *tm*（*i*，*s*）变化而固定 *pr*（*i*，*s*）来模仿欧盟在食品上的浮动进口税。在这种情况下，国内消费者没有动力去用进口食品替代国内食品。

方程（26）将 *pcif*（*i*，*r*，*s*）和 *pfob*（*i*，*r*，*s*）联系起来。它建立在税收收入必须覆盖所有路径和商品费用的假设上。因此这种到岸价格变化是离岸价格变动和一般运输成本指数变动的加权组合，其权数是占到岸成本的离岸成本份额 *FOBSHR*（*i*，*r*，*s*）和运输成本份额 *TRNSHR*（*i*，*r*，*s*）。考虑到企业参与的交叉补贴程度不同和不同路线的运输成本的差异，这个方程可能会不准确。同样重要的是，要明确方程（26）表达的价格通过市场传递的含义。给定路径运输成本份额越大，在出口市场 *r* 中 *i* 的价格变动和相应的进口市场 *s* 中 *i* 的价格变动间的联动越弱。

方程（27）通过连接 *pfob*（*i*，*r*，*s*）和国内市场价格 *pm*（*i*，*r*）完成了表 1-9 中的价格联动关系。跟进口方一样，出口税也会有两种类型。*txs*（*i*，*r*，*s*）适用于特定出口目的地，*tx*（*i*，*r*）则适用于所有出口目的地。后者可能会与部门产出之正常内生变化相交换，为的是将国内生产者从特殊的世界市场中分离开来。例如，这种出口税/补贴已经被用于模拟欧盟建立公共农业政策。要注意的是，这种出口税指的是国内市场价格与国际价格的比率，所以 *txs*（*i*，*r*，*s*）上升会导致财政外流，即出口补贴。

建立了此方程中的价格联系，我们回到表 1-8 中方程（9）。考虑到省略了这些复杂方程的某些部分，如收入所得税，这对贸易政策改革的福利分析有什么影响呢？假设原始均衡数据中存在所得税，$VOM(i, r) > VOA(i, r)$，如果实验没有改变所得税的税率，那么：

$$to(i,r) = 0$$
$$\alpha = ps(i,r) = pm(i,r); i \in ENDW$$

这就意味着方程（9）中＊处括号中的两项以同样的速率变化。如果这种变化是正向的，忽略收入所得税将会导致低估所得税税款，进而在新均衡中导致对可支配收入和居民福利的低估。总之，即使税率没有被政策所影响，为了有精确的福利分析，承认它们在经济中的存在也是十分重要的。

表1－8中的最后一组核算方程涉及全球储蓄和投资。因为这是一个比较静态模型，当期的投资并不增加企业的生产资本存量。后者受外生给定的初始资本存量所约束，因此投资在模型中的作用是有限的。投资（和储蓄）被外生给定时，将会促进期末资本存量的积累［见方程（10）］。当投资是内生时，它将会随着全球储蓄需求而调整（更多的关于宏观经济闭合的讨论将在下文给出）。方程（11）将区域总投资纳入全球净投资。方程（13）加总了区域储蓄，方程（12）和方程（14）允许我们力证二者完全相同（当 *walraslack* 是外生时），或者证实瓦尔拉斯定理（当 *walraslack* 是内生时，且解等于零）。

1.6　行为方程

1.6.1　生产者行为

图1－6展示了模型中各行业各企业的生产技术。这种生产树形图能简化表示规模报酬不变条件下的可分离技术。在这个倒立树形图的底部是企业对生产投入的需求，例如，主要的生产要素有土地、劳动力和资本。它们的数量用 $qfe(i, j, s)$ 表示，或者用变动百分比的形式表示。

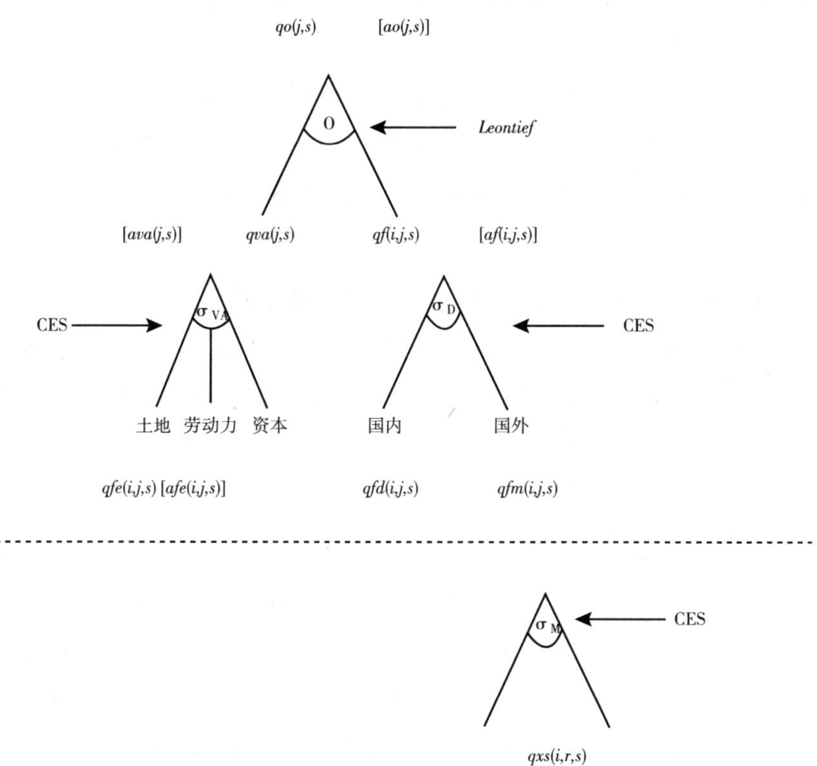

图1－6　模型中的生产结构

为简化模型，暂且忽略图1－6“[　]”中的项，它们表示技术的变革速率，我们暂时假设技术不变。企业也进行中间投入，包括国内产品 *qfd*（*i*，*j*，*s*）和进口产品 *qfm*（*i*，*j*，*s*）。在进口时，中间投入必须按照特定来源区域分开，因此有 *qxs*（*i*，*r*，*s*）。由图1－1可得，来源地划分发生在边界，鉴于按部门划分的进口商品组成信息是难以获得的，因此在企业产品树形图和固定替代弹性（CES）嵌套之间的虚线交织成双向进口。

企业将生产投入与产出联系起来的方式很大程度上取决于我们关于生

产的可分离性的假设。例如，我们假设企业对生产要素的最优选择与中间投入的价格无关，因为产出水平同样与此无关，基于规模报酬不变的假设，企业的要素需求仅为土地、劳动力和资本相对价格的函数。基于可分离性的假设，进而假设生产要素之间的替代弹性和中间投入间的替代弹性是相等的。我们所画的生产树也反映了这一点，生产要素和中间投入倒立树的分叉点对应的替代弹性是相同的。这也减少了为运行此模型所要提供的参数数量。

在生产树形图的主要分支中，替代可能同样受制于一个参数。图中行业的 CES 假设比较宽泛，只考虑两种生产要素——资本和劳动力。然而在农业中，第三种生产要素即土地被引入生产函数，我们就必须假设每两种要素之间的替代弹性是相等的。这肯定是不现实的，但目前没有足够的信息去建立一个更切实的模型。

一般来说，研究者可以自行指定树形图中每层的行为参数大小。然而，当转向下面的企业行为方程的具体形式时，我们假设复合中间投入和生产要素之间不可替代。事实上将这种应用于一般均衡模型（AGE）中的常见形式应用在全球贸易分析模型（GTAP）中并不恰当。确实有证据表明一些中间投入和生产要素之间存在重要的可替代性，例如在 20 世纪 70 年代的能源危机中，企业通过购买新的高效设备来节约能源。同样的，农民也在化肥价格相对土地价格变化时相应调整化学肥料使用率。然而，这些生产要素之间的可替代性并不是所有中间投入的特点，所以我们需要有一个比图 1－6 描述得更恰当、更灵活的生产函数。

接下来我们考虑图 1－6 中生产树形图中间投入的部分，容易看出可分离性是对称的，这就是说，最优的中间投入也独立于生产要素的价格。而且进口的中间投入也被假定与本地生产的中间投入相分离。这就是说，企业首先选定进口来源，然后以进口组合价格为基础，决定进口和本地购买的最佳组合。这种理论最早由 Armington 在 1969 年提出，所以被称为“Armington 方法”，并被用于建立进口需求模型。然而，它在学术文献中也广受批评。例如，Winters（1984）和 Alston 等（1990）等认为其函数形式局限性太大，采用非位似（Nonhomothetic）的 AIDS 形式可能是更好的选择。虽然我们承认更灵活的函数形式是更好的，但这种批评对本模型中任意其他的行为关系都是适用的。问题在于，在离散的全球贸易分析模型中，这是否能够被估计或校准。虽然在单一区域模型下已经取得了一定成果（Robinson et al.，1993），但就目前来说，答案是否定的。

对于 Armington 方法，更根本的批评来自产业组织、不完全竞争和贸易的相关文献。在这里，产品差异化是内生的并且与企业自己开拓细分市场有关。Spence（1976）、Dixit 和 Stiglitz（1979）取得了这些方向研究的早期成果。这是把不完全竞争融入 AGE 模型的首选方法（例如 Brown 和 Stern，1989），而且对贸易政策自由化有重大意义。同样地，Feenstra（1994）阐明进口需求非位似性在一定程度上是由产品差异内生化造成的。收入上升导致新的出口商进入，进而引起进口产品种类的增加。即使价格不变，这也会引起进口产品市场份额的上升。

总之，虽然我们对 Armington 方法不是十分满意，但我们确实可以用其来解释相似商品的双边运输并追踪双边贸易流量。我们相信在许多部门中，不完全竞争或内生产品差异化的方法将会更合适。这些模型需要有关行业集中程度（或企业数量）和规模经济（或固定成本）的更多信息，而在全球背景下这是不容易得到的，显然其是未来工作的重要方向。另外，已有许多学者使用加总版的 GTAP 数据库来模拟不完全竞争模型，如 Harrison 等（1997）。

1.6.2　行为方程

表 1-10 和表 1-11 给出了图 1-6 中描述企业行为的方程。每个方程组引用上述树形图中的一个节点或分支。每个节点有两个类型的方程。

表 1－10　组合进口节点方程

序号	方程	
(28)	$pim(i,s)=\sum_{k\in REG}MSHRS(i,k,s)\times pms(i,k,s)$	$\forall i\in TRAD$ $\forall s\in REG$
(29)	$qxs(i,r,s)=qim(i,s)-\sigma_M(i)\times[pms(i,r,s)-pim(i,s)]$	$\forall i\in TRAD$ $\forall r\in REG$ $\forall s\in REG$

表 1－11　生产者的行为方程

序号	方程	
复合中间品嵌套		
(30)	$pf(i,j,r)=FMSHR(i,j,r)\times pfm(i,j,r)+[1-FMSHR(i,j,r)]\times pfd(i,j,r)$	$\forall i\in TRAD$ $\forall j\in PROD$ $\forall r\in REG$
(31)	$qfm(i,j,s)=qf(i,j,s)-\sigma_D(i)\times[pfm(i,j,s)-pf(i,j,s)]$	$\forall i\in TRAD$ $\forall j\in PROD$ $\forall s\in REG$
(32)	$qfd(i,j,s)=qf(i,j,s)-\sigma_D(i)\times[pfd(i,j,s)-pf(i,j,s)]$	$\forall i\in TRAD$ $\forall j\in PROD$ $\forall s\in REG$
增加值嵌套		
(33)	$pva(j,r)=\sum_{i\in ENDW}SVA(i,j,r)\times[pfe(i,j,r)-afe(i,j,r)]$	$\forall j\in PROD$ $\forall r\in REG$
(34)	$qfe(i,j,r)+afe(i,j,r)=qva(j,r)-\sigma_{VA}(j)\times[pfe(i,j,r)-afe(i,j,r)-pva(j,r)]$	$\forall i\in TRAD$ $\forall j\in PROD$ $\forall r\in REG$
总产出嵌套		
(35)	$qva(j,r)+ava(j,r)=qo(j,r)-ao(j,r)$	$\forall j\in PROD$ $\forall r\in REG$
(36)	$qf(i,j,r)+af(i,j,r)=qo(j,r)-ao(j,r)$	$\forall i\in TRAD$ $\forall j\in PROD$ $\forall r\in REG$
零利润(改进的)		
(6′)	$VOA(j,r)\times[ps(j,r)+ao(j,r)]=\sum_{i\in ENDW\_COMM}VFA(i,j,r)\times[pfe(i,j,r)-afe(i,j,r)-ava(i,j,r)]+\sum_{i\in TRAD\_COMM}VFA(i,j,r)\times[pf(i,j,r)-af(i,j,r)]+VOA(j,r)\times profitslack(j,r)$	$\forall j\in PROD$ $\forall r\in REG$

第一种方程类型描述了节点内各种投入之间的替代性，替代形式为 CES 的生产函数（细节将在本节稍后说明）。第二种方程类型是复合价格方程，用以决定各分支中复合产品的单位成本（例如复合进口产品，它和表 1 - 8 中所给出的行业零收益条件形式一样）。复合价格进而进入更高一层的嵌套来决定对复合产品的需求。

有许多方法可以获得 CES 形式的需求方程。在这里我们使用一种始于替代弹性定义的直观阐述，这也是 CES 方程形式一开始被创造的方式。假设只有两种投入，其中替代效应被定义为两种成本最小化的投入需求的比率的百分比变动，当其价格比率的变动百分比为 1% 时：

$$\sigma \equiv (Q_1 \widehat{/} Q_2)/(P_2 \widehat{/} P_1) \qquad (1-5)$$

（在这里，上标^表示变动百分比）常见的模型便是 CD 函数，其中 σ 等于 1。在这种情况下要素投入份额不随价格变化。取 σ 的较大值，数量比率的变动率超过价格比率的变动率，并且变得更为昂贵的投入要素占总成本的份额实际上会有所下降。用变动百分比形式（小写字母）表达公式（1 - 5），我们得到：

$$q_1 - q_2 = \sigma(p_2 - p_1) \qquad (1-6)$$

为了获得表 1 - 10 中需求方程的形式，一些替换是必要的。对生产函数进行全微分，加之企业对要素的支付等于其边际产品价值，得出投入和产出（也就是复合产品）之间的关系如下：

$$q = \theta_1 q_1 + (1 - \theta_1) q_2 \qquad (1-7)$$

其中 θ_1 是投入 1 占总成本的份额，$(1 - \theta_1)$ 是投入 2 占总成本的份额。可得 q_2 形式如下：

$$q_2 = (q - \theta_1 q_1)/(1 - \theta_1) \qquad (1-8)$$

将上式代入公式（1 - 6）可得：

$$q_1 = \sigma(p_2 - p_1) + (q - \theta_1 q_1)/(1 - \theta_1) \quad (1-9)$$

简化可得投入1的派生需求公式：

$$q_1 = (1 - \theta_1)\sigma(p_2 - p_1) + q \quad (1-10)$$

注意此条件需求公式是关于价格零次齐次的，补偿性需求交叉价格弹性等于：

$$(1 - \theta_1) \times \sigma$$

最后一个替换是复合价格的百分比变动形式：

$$p = \theta_1 p_1 + (1 - \theta_1) p_2 \quad (1-11)$$

这与表1-8中零利润条件（6）相同，只是此处我们在方程两边同除以以经济主体面临的价格衡量的产出价值。因为收入全部用于成本支出，投入价格权重系数是各自的投入占总成本份额。由此，与上述方式类似，先将 p_2 以 p_1 和 p 组成的公式的形式表示，然后代入公式（1-10）可得：

$$q_1 = (1 - \theta_1)\sigma[(p - \theta_1 p_1)/(1 - \theta_1) - p_1] + q \quad (1-12)$$

简化可得这组CES复合投入的投入1的派生需求公式的最终形式：

$$q_1 = \sigma(p - p_1) + q \quad (1-13)$$

投入要素的数量超过2时公式（1-13）形式也是不变的。此方程将企业的派生需求变动 q_1 分解为两部分。一部分为替代效应。这是（不变）替代弹性和复合价格相对投入1价格的百分比变动的乘积。另一部分为扩张效应。由于规模报酬不变，这表述了投入和产出间的等比例的关系。

我们现在重新回到表1-10和表1-11。如上所述，图1-6中的每一个CES节点都包括两种类型的方程：一个复合价格方程和多个条件需求方程。例如，表1-10顶部的方程（28）阐释了进口商品复合价格 *pim*（*i*，*s*）的变动百分比。不同于表1-8中的方程（6），此处我们应用了成本份额 *MSHRS*（*i*，*k*，*s*），即区域 *s* 从区域 *k* 进口的商品 *i* 占其复合进口商品的比重。另一个方程根据市场价格 *pms*（*i*，*r*，*s*）相对于进口的复合价格 *pim*（*i*，*s*）来确定进口的来源。表 1－11 中第一组方程描述了复合中间投入的嵌套。这是针对具体部门而言的。此处，*FMSHR*（*i*，*j*，*r*）指的是在区域 *r* 的部门 *j* 中企业对复合可贸易品 *i* 的使用中进口部分所占的份额。注意我们选择符号时需要将进口商品的条件需求方程和本土生产商品的条件需求方程［方程（32）］区分开来。否则，这些需求方程可以遵循一般格式。

表 1－11 中的方程（33）和方程（34）描述的是生产者对生产要素投入的技术树嵌套。它们具体解释了复合要素（*pva*）的价格变化和每个部门的企业对于要素禀赋的条件需求的变化。在此，系数 *SVA*（*i*，*j*，*r*）指的是在区域 *r* 的部门 *j* 中，所使用要素禀赋商品 *i* 占总投入成本的比例。除价格变量 *pfe*（*i*，*j*，*r*）外，方程中还包括代表要素投入扩张的技术革新率的变量 *afe*（*i*，*j*，*r*）。注意，*afe*（*i*，*j*，*r*）为变量 *AFE*（*i*，*j*，*r*）的变化率，*AFE*（*i*，*j*，*r*）×*QFE*（*i*，*j*，*r*）等于区域 *r* 部门 *j* 中对原始要素 *i* 的有效投入。因此，*afe*（*i*，*j*，*r*）>0 会导致要素 *i* 的有效价格下降。正是由于以上原因，方程中 *pfe*（*i*，*j*，*r*）需要扣减 *afe*（*i*，*j*，*r*）。这样处理将带来如下效果：

①通过方程（34）的右半部分促使生产要素 *i* 替代其他要素；

②通过方程（34）的左半部分减少对生产要素 *i* 的需求（在有效价格恒定的情况下）；

③通过方程（33）降低复合要素的成本，进而促进企业扩张，增加对所有要素的需求。

我们最后来讨论顶级的嵌套，它展现了对于复合生产要素和中间投入要素的需求。由于我们之前假设了在中间投入要素和生产要素之间不存在替代，因此在这些条件需求之中，相对价格部分就被省略了，我们只需要考虑要素的扩张效应。在该嵌套中存在三种类型的技术革新。变量 *ava*（*j*，*r*）和 *af*（*i*，*j*，*r*）分别指的是复合要素和中间投入要素的扩张型技术革新。变量 *ao*（*j*，*r*）指的是希克斯（Hicks）中性技术革新，它统一减少了给定产出的情况下对于要素投入的限制。最后，我们重述了决定该部门中产出价格的零利润条件。这个修改后的方程反映了技术革新对于在区域 r 中生产的商品 j 的复合产出价格的影响。

1.6.3 关税改革的影响

要考虑贸易政策冲击的影响，一种有效的办法是借助表1－11中所示的生产者行为的线性化表示形式。例如，当从区域 r 进口商品 i 至区域 s 的双边关税 *tms*（i，r，s）下降时，通过表1－9的方程（24）中的价格连接，将会引起 *pms*（i，r，s）下降。由表1－10中的方程（29），本地消费者将立即用从区域 r 进口的商品 i 替代与之相竞争的其他进口来源国的进口商品。此外，由方程（28）和方程（23）可得，行业 j 的进口复合价格下降，根据方程（31），这将会引起进口总需求的上升。通过方程（30），更为廉价的进口将使中间投入品的复合价格下降，而通过方程（6）可知，这将会导致在目前价格下存在超额利润。这反过来促进了产出扩张，又通过方程（35）和方程（36），引起了扩张效应（当然，在局部均衡模型中，非食品部门行为水平是外生决定的，只有当 j 为食品部门时，才存在扩张效应）。

由方程（34）可知，扩张效应导致了对生产要素需求的增加。在局部均衡闭合中，对于非食品部门而言，土地和劳动力的供给可能会被假设为完全弹性，因此当 i = 土地或劳动力时，*pfe*（i，j，r）为恒定的。但是，在一般均衡模型中，这种扩张效应通过可流动要素禀赋市场出清条件方程（4）会产生一种过度需求，进而促使这些要素的价格上升，这种冲击会传导至贸易自由化区域的其他部门。

接下来我们考虑区域 r。在考虑给定区域 s 中经济主体对于关税冲击的反应时，方程（29）可用于分析关税对商品 i 从区域 r 出口至区域 s 的出口额的影响。方程（1）描述了关税对总产出 *qo*（i，r）的影响（除非在某个特殊的PE闭合中市场出清条件被舍掉了且 *pm*（i，r）是固定的）。在此，随着方程（35）和方程（36）将扩张效应传递给中间要素需求和区域 r 的生产要素市场，表1－11中的方程将再次发挥作用。

1.6.4 居民行为

1.6.4.1 理论

如图1-1和图1-2所示，区域部门的行为由一个总效用函数决定，包括复合的个人消费、复合的政府支出和储蓄。这个静态的效用函数之所以包括储蓄，是源于 Howe 在 1975 年的研究成果。他研究发现，跨期的扩展线性支出系统（ELES）可以从等价的静态最大化问题中得出，其中效用函数包含储蓄。他从一个 Stone - Geary 效用函数开始分析，并且限制储蓄的日常预算份额为0。由此得出一系列当期消费的支出方程，这些当期消费方程与 Lluch 在 1973 年的“跨期最优化问题”研究中得到的方程等价。在 GTAP 模型中，我们采用了 Stone-Geary 效用函数的一个特例，即设定所有的日常预算份额都为0。因此，Howe 把这个设定和一个跨期最优化问题相联系的结论，是可以应用的。

此效用函数还有一个特点，即我们使用了当期政府支出指数来替代政府为居民提供公共物品和服务带来的福利价值。Keller 在 1980 年的研究论文的第八章证明了：如果①居民对公共物品和私人物品的消费偏好是可分离的，②同一个区域中的不同居民关于公共物品效用函数是完全相同的，那么我们就可以得到一个总体的效用函数。我们对私人效用的指数进行加总可以推断出区域福利函数，但我们还需要做进一步的假设，即在最初的均衡中公共物品的供给已是最优的。不想使用这个假设的研究者可以固定政府效用水平，因而让个人消费随收入而调整。

1.6.4.2 方程

模型中区域家庭的行为方程在表1-12中被列出。根据之前所提到的，区域效用函数为三种支出的柯布-道格拉斯（Cobb-Douglas，CD）形式。这三种支出形式为私人消费支出、政府支出和储蓄。在标准的闭合之中，每种支出占总收入的份额是恒定的。这一点可以从方程（38）和方程（39）中看出，它们展示了随着收入和价格的变化，储蓄和政府行为的变动。这些方程中还包含一些自由变量，若研究者想要外生固定储蓄量（*qsave*）和政府组合（ug），可以将自由变量与它们交换。为了保证这些闭合之中的区域收入被用尽，方程（38）把私人消费的改变作为余项。个人和政府的需求对象都是复合产品，我们需要对其进行更为详细的说明。

表1－12　居民行为

序号	方程	
总效用		
（37）	$INCOME(r)\times u(r)=PRIVEXP(r)\times up(r)+GOVEXP(r)\times[ug(r)-pop(r)]+SAVE(r)\times[qsave(r)-pop(r)]$	$\forall r\in REG$
区域储蓄		
（38）	$qsave(r)=y(r)-psave(r)+saveslack(r)$	$\forall r\in REG$
政府支出		
（39）	$ug(r)=y(r)-pgov(r)+govslack(r)$	$\forall r\in REG$
复合产品需求		
（40）	$pgov(r)=\sum_{i\in TRAD\_COMM}[VGA(i,r)/GOVEXP(r)]\times pg(i,r)$	$\forall r\in REG$
（41）	$qg(i,r)=ug(r)-[pg(i,r)-pgov(r)]$	$\forall i\in TRAD$ $\forall r\in REG$
复合贸易品		
（42）	$pg(i,s)=GMSHR(i,s)\times pgm(i,s)+[1-GMSHR(i,s)]\times pgd(i,s)$	$\forall i\in TRAD$ $\forall s\in REG$
（43）	$qgm(i,s)=qg(i,s)+\sigma_D(i)\times[pg(i,s)-pgm(i,s)]$	$\forall i\in TRAD$ $\forall s\in REG$
（44）	$qgd(i,s)=qg(i,s)+\sigma_D(i)\times[pg(i,s)-pgd(i,s)]$	$\forall i\in TRAD$ $\forall s\in REG$
私人家庭需求		
（45）	$yp(r)=\sum_{i\in TRAD}[CONSHR(i,r)\times pp(i,r)]+\sum_{i\in TRAD}[CONSHR(i,r)\times INCPAR(i,r)]\times up(r)+pop(r)$	$\forall r\in REG$
复合需求		
（46）	$qp(i,r)=\sum_{i\in TRAD}EP(i,k,r)\times pp(k,r)+EY(i,r)\times[yp(r)-pop(r)]+pop(r)$	$\forall i\in TRAD$ $\forall r\in REG$

续表

序号	方程	
复合贸易品		
(47)	$pp(i,s) = PMSHR(i,s) \times ppm(i,s) + [1 - PMSHR(i,s)] \times ppd(i,s)$	$\forall i \in TRAD$ $\forall s \in REG$
(48)	$qpd(i,s) = qp(i,s) + \sigma_D(i,s) \times [pp(i,s) - ppd(i,s)]$	$\forall i \in TRAD$ $\forall s \in REG$
(49)	$qpm(i,s) = qp(i,s) + \sigma_D(i,s) \times [pp(i,s) - ppm(i,s)]$	$\forall i \in TRAD$ $\forall s \subset REG$

1.6.4.3　政府需求

当确定政府的实际支出的百分比变化量后，下一步就是把这些支出分配到各种复合商品上。在这里，CD 形式的关于不变预算份额的假设又一次得到了应用，见方程（40）和方程（41）。在第一个方程中，我们建立了政府支出的价格指数 $pgov$（r），这为得到可贸易的复合商品的条件需求提供了依据，注意方程（41）与 CES 函数的生产嵌套的相似性。因为我们设定政府效用函数中复合商品间的替代弹性为 1，所以方程（41）中不存在替代弹性这个参数。

一旦建立起对复合商品的总需求，政府“效用树”的剩余部分就与表 1－12 和图 1－6 中企业的部分类似了。首先，建立一个价格指数——方程（42）；然后，把复合商品的需求分为进口产品需求和本地产品需求；最后，根据表 1－10 中的方程，区分进口商品来源地是否边境。由于没有使用者特定的 Armington 替代参数，我们假设 σ_D 对所有的企业和居民来说是相等的。因此，区分企业和居民对进口需求的唯一标准就是它们之间不同的进口份额。然而这并不是一个很重要的区别，一些部门或居民对于进口商品的使用更加集中。也就是说，进口关税的变化会对它们产生更直接的影响。这也就是人们努力构建进口商品在各个部门间分配的具体信息的原因。

1.6.4.4　私人消费需求

私人消费需求的非拟似性导致了其处理方式略有不同。对于私人消费的效用估算需要准确地考虑人口增长率，因此私人效用的变化百分比 up（r）是定义在人均的基础上的。一种计算个人消费变动百分比的特别方法是利用已假设的私人消费偏好形式。由于与实际更吻合，我们选择使用固定弹性差异（Constant Difference of Elasticities，CDE）的方程形式，这种方法是在1975年被Hanoch提出的。CDE处于非拟似性CES和完全灵活形式的方程之间。对于我们而言，其主要价值体现在可以用现有收入和自身需求价格弹性的信息进行校准（在AGE模型中CDE方程形式的应用和对相关校准的处理，见1991年Hertel等的研究）。固定弹性差异（CDE）的隐性支出函数为：

$$\sum_{i \in TRAD} B(i,r) \times UP(r)^{\beta(i,r)\gamma(i,r)} \times \{PP(i,r)/E[PP(r),UP(r)]\}^{\beta(i,r)} \equiv 1 \quad (1-14)$$

其中，E函数代表在私人消费价格PP（r）给定时，达到预设的私人消费效用水平UP（r）的前提下的最小支出。此最小支出被用来标准化各商品价格。标准化的价格指数为β（i，r），除非β对于给定区域内的所有商品来说是相同的，否则最小支出函数不能从公式左边分解出来，而且公式（1－14）是一个隐性求和式支出方程。那么相关的校准问题包括选择β的值来得到预期的补偿需求和需求的自身价格弹性，然后选择γ的值来得到目标收入需求弹性［漂移项B（i，r）代表在偏好线性化表达中预算份额$CONSHR$（i，r）呈现的比例因子］。

对公式（1－14）进行全微分，然后通过Shephard引理，我们导出最小支出、效用和方程（45）给出的价格三者之间的关系（Hertel，Horridge and Pearson，1991）。方程（46）确定了可贸易复合商品的人均居民需求：qp（i，r）$-pop$（r）。如在拟似性的政府和储蓄需求的情况下一样，只要EY（i，r）不等于1，pop（r）项就不能被抵消。最终，在表1－12里，我们得到一系列有关本地和进口的可贸易品消费的方程。

正如前文提到的，CDE方程的参数在最初就被选定（校准），以得到需求的自身价格弹性和收入需求弹性。然而，除了在一些CDE特例（如CD）的情况下，这些弹性并非常数，它们随着支出份额或相对价格的变化而变化（公式的推导和更加细致的讨论见Hertel等在1991年的研究）。因为这个原因，我们需要一些其他能够描述弹性是如何在非线性求解迭代中更新的方程。

非补偿价格和收入需求弹性的方程 *EP*（*i*，*k*，*r*）和 *EY*（*i*，*r*）见表 1－13（并未给这两个方程编号，因为它们只是用于计算那些代表模型的方程组里的参数值。因此，它们被加上了前缀 F）。*EP*（*i*，*k*，*r*）定义了一个参数 α，它等于 1 减去 CDE 的替代参数（这简化了一些其他的公式）。方程（F2）和方程（F3）计算了自身价格和交叉价格的消费替代弹性（后者是对称的）。这些只是关于 α 和消费份额的一些简单的方程。可以看出，当 $\beta(i,r)=\beta\ \forall i$ 时，交叉价格的替代弹性都等于 $1-\beta=\alpha$，而且 CDE 简化成一个 CES 方程。此外，当 $\beta=1$ 时，消费中没有替代，当 $\beta=0$ 时，偏好则是 CD 型的。当方程（F3）左边乘以 *CONSHR*（*i*，*r*）时，可计算出对于商品 i 的补偿性自身价格需求弹性。当这些被给定时，可以通过方程（F1）解出线性方程组中校准的 α 和 β 的值。

方程（F4）解释了需求的收入弹性是如何由消费份额、收入扩大参数 γ 和 α 三者计算出来的。因此，需求的自身价格弹性的校准必须在需求的收入弹性的校准之前完成。最后，联合两者得到方程（F5）中非补偿需求的自身价格弹性。

表 1－13　存在 CDE 型偏好时的私人消费需求弹性方程

序号	方程	
（F1）	$\alpha(i,r)=1-\beta(i,r)$	$\forall i\in TRAD$ $\forall r\in REG$
（F2）	$APE(i,k,r)=\alpha(i,r)+\alpha(k,r)-\sum_{m\in TRAD}[CONSHR(m,r)\times\alpha(m,r)]$	$\forall i\times k\in TRAD$ $\forall r\in REG$
（F3）	$APE(i,i,r)=1\times\alpha(i,r)-\sum_{m\in TRAD}[CONSHR(m,r)\times\alpha(m,r)]-\alpha(i,r)/CONSHR(i,r)$	$\forall i\in TRAD$ $\forall r\in REG$
（F4）	$EY(i,r)=[\sum_{m\in TRAD}CONSHR(m,r)\times\gamma(m,r)]^{-1}\times\gamma(m,r)\times[1.0-\alpha(i,r)]+\sum_{m\in TRAD}CONSHR(m,r)\times\gamma(m,r)\times\alpha(m,r)+\{\alpha(i,r)-\sum_{m\in TRAD}[CONSHR(m,r)\times\alpha(m,r)]\}$	$\forall i\in TRAD$ $\forall r\in REG$
（F5）	$EP(i,k,r)=[APE(i,k,r)-EY(i,r)]\times CONSHR(k,r)$	$\forall i\in TRAD$ $\forall k\in TRAD$ $\forall r\in REG$

1.6.4.5 非完全流动性生产要素

表1-14中的方程（50）和方程（51）描述了这些非完全自由流动的生产要素对于要素价格变化的反应。我们用一个CET的收益函数来描述这些要素禀赋的流动性（Powell and Gruen，1968），除了收益函数是价格的凸函数这一点以外，这个函数与我们在之前使用的CES成本函数是类似的。因此转化弹性为非正数，即$\sigma_T<0$。随着σ_T的绝对值变大，要素流动黏性水平降低，而且各部门要素使用价格趋于一致。基于之前对于CES嵌套的讨论，方程（50）引入了一个价格指数，接下来的方程（51）确定了转化关系。注意方程（51）也是我们引入自由变量的地方，这些变量是给那些想要固定黏性要素禀赋的市场价格的研究者使用的。

表1-14 黏性要素禀赋的供给

序号	方程	
(50)	$pm(i,r)=\sum_{k\in PROD\_COMM} REVSHR(i,k,r)\times pmes(i,k,r)$	$\forall i\in ENDWS$ $\forall r\in REG$
(51)	$qoes(i,j,r)=qo(i,r)-endwslack(i,r)+\sigma_T(i)\times[pm(i,r)-pmes(i,j,r)]$	$\forall i\in ENDWS$ $\forall j\in PROD$ $\forall r\in REG$

1.6.4.6 宏观经济闭合

既然我们已经描述了GTAP模型中最终需求的结构和要素市场的闭合，我们现在要讨论总投资的确定问题。像大多数比较静态AGE模型一样，GTAP并没有考虑宏观经济政策和货币环境，而这些正是通常用来解释总投资的因素。我们模拟的是刺激贸易政策的效果，以及与资源相关的冲击对于全球贸易和生产的中期影响。因为GTAP既不是一个跨期的模型（McKibbin and Sachs，1991），也没有通过按时间顺序排列来得到一系列暂时的均衡（Burniaux and Mensbrugghe，1991），所以在这个模型中，投资并不是连续的，不能直接影响这个区域或行业下一个时期的生产能力。然而，各区域的投资再分配可以通过它对于最终需求的影响来左右贸易和生产。所以对这一点加以关注非常重要。而且，为了完善全球经济系统并且确保核算关系一致性，正确处理储蓄 - 投资关系非常必要。

因为模型没有使用跨期机制来确定投资，我们遇到了一个叫作“宏观经济闭合”的问题（Taylor 等，1979）。根据 Dewatripont 和 Michel（1987）的研究，对于在比较静态模型中投资的不确定性问题，有四种比较主流的解决方式。前三种都是利用非新古典主义的闭合，在这种闭合中投资被简单地固定，辅以另一种调整的机制。在第四种闭合中，投资是可以调整的，然而只是简单地吸收所有储蓄上的改变，并未拥有一个独立的投资关系。

除了采用投资的闭合规则以外，认真处理经常账户的潜在变化也非常有必要。很多多区域的贸易模型都是由一系列通过双边的商品贸易流而相互联系的单区域模型发展而来的（例如 SALTER 模型的早期版本，是从澳大利亚的 ORANI 模型发展而来，也可以参见 Robinson、Lewis 和 Wang 在 1995 年的研究）。这些模型中没有有关储蓄和投资的全球闭合，但在局部水平上利用了宏观经济闭合。在这里，通过固定经常账户的余额使国内储蓄和投资一起变动是很常见的。为了理解这一点，我们可以回顾一下如下的核算恒等式（Dornbusch，1980），公式两边为国家支出的来源和用途。

$$S - I \equiv X + R - M \tag{1-15}$$

该公式描述的是国家的储蓄 S 减去投资 I 恒等于经常项目盈余，其中 R 表示国际转移支付（在 GTAP 数据库中我们没有 R 的观测值，所以将其设定为 0，S 反映了扣除未观察到的转移支付之后的净国家储蓄）。如果固定了公式（1 - 15）右边，那么一个国家的储蓄（包括政府储蓄）和投资之间的差异就固定了。这可以通过固定 GTAP 模型中的贸易余额而实现，国家储蓄或者投资将自由变化。

如果在初始均衡时全球储蓄等于全球投资，则公式（1 - 15）左边等于零，所有的经常项目余额的总和初始值必须为 0（假设到岸/离岸利润计入国民出口）。此外，通过固定公式（1 - 15）的右边部分，每个区域在全球净储蓄中的份额是固定的。这样，尽管不存在世界银行在全球范围内调整储蓄和投资，在新的平衡中全球储蓄等于投资得到了保证。最后，因为投资是被迫与储蓄的区域变化同步调整的，因此这种做法显然属于“新古典主义”闭合（Dewatripont and Michel，1987）。

经常账户余额的外生性体现了这样一个概念，这种余额是宏观经济上的而不是微观经济上的现象：在很大的程度上，公式（1－15）的因果关系是从左侧到右侧。把所有对外部失衡的调整归于经常账户将简化分析。储蓄不进入各区域的效用函数（正如 GTAP 之外的大多数多区域 AGE 模型一样）是正确的福利分析方法。因为任意储蓄转变为目前消费和进口的增加，即使在效率或者区域贸易条件未得到改善的情况下，也能使得效用增加。

然而，对于某些类型的实验，建模者希望公式（1－15）左右两边的余额都内生化。例如，一些贸易政策的改革提高了资本的回报或者降低了进口资本商品的价格。在这样的情况下我们预期新增投资的回报率增加会导致区域投资的增加，同时，若其他条件不变，经常项目会恶化。在其他情况下，我们希望拓展模型，例如会导致经常项目恶化的外国直接投资（FDI）外生增加的影响。一旦公式（1－15）的左边可以调整，就需要一种机制，以确保求解后的均衡中储蓄等于全球投资。这样做最简单的办法就是通过世界银行来聚集储蓄和分配投资。在此我们所采取的正是这种方法。

世界银行在 GTAP 模型中向区域家庭出售同质储蓄商品，以购买区域投资商品组合（以价格 *PSAVE*）。这种组合的大小随全球储蓄的变化而相应调整。因此这个全球贸易闭合模型是新古典主义的。然而，在区域基础上，可以对投资组合进行一定调整，从而增加模型中确定投资的另一个维度。

1.6.4.7 固定资本形成和各区域投资分配

我们已经在模型中纳入了两种不同的投资假设，研究者可以根据个人的需要和正在进行的模拟进行选择。第一种投资假设使得各区域的投资回报率联系密切。这一部分的描述见公式（1－16）～公式（1－25）。它们参考了 ORANI 模型中（Dixon et al.，1982）投资在各部门分配的公式。第二种投资假设基于区域中资本存量的组成在模拟中保持不变，这部分在公式（1－

26）和公式（1－27）中有描述。在这一部分的最后，我们将这两种投资假设纳入一个单独的复合方程，同时解释研究者怎样确定使用哪一个。

我们开始假设资本的生产能力随着时间的推移呈几何级数的下降趋势，其折旧率为 *DEPR*（*r*）。结果是期末资本存量 *KE*（*r*）等于期初资本存量 *KB*（*r*）乘以［1－*DEPR*（*r*）］，加上总投资 *QCGDS*（*r*）。这一关系如公式（1－16）所示：

$$KE(r) = KB(r) \times [1 - DEPR(r)] + QCGDS(r) \tag{1-16}$$

公式两边求全微分可得：

$$\mathrm{d}KE(r) = \mathrm{d}KB(r) \times [1 - DEPR(r)] + \mathrm{d}QCGDS(r) \tag{1-17}$$

写成变化百分比的形式如下：

$$\begin{aligned} ke(r) = {} & [1 - DEPR(r)] \times [KB(r)/KE(r)] \times kb(r) \\ & + [QCGDS(r)/KE(r)] \times qcgds(r) \end{aligned} \tag{1-18}$$

其中小写字母变量代表相应的大写字母变量的百分比变化。现在我们定义投资对期末资本存量价值的比率 *INVKERATIO*（*r*）：

$$\begin{aligned} INVKERATIO(r) &= PCGDS(r) \times [KB(r)/KE(r)] \times kb(r) \\ &= REGINV(r)/VKE(r) \end{aligned}$$

则有：

$$\begin{aligned} [1 - DEPR(r)] \times [KB(r)/KE(r)] &= \{VKB(r)[1 - DEPR(r)] \\ &\quad + REGINV(r) - REGINV(r)\}/VKE(r) \\ &= \{VKE(r) - REGINV(r)\}/VKE(r) \\ &= 1 - INVKERATIO(r) \end{aligned}$$

代入公式（1－18）得：

$$ke(r) = [1 - INVKERATIO(r)] \times kb(r) + INVKERATIO(r) \times qcgds(r) \tag{1-19}$$

即表 1－8 中的方程（10）。我们接下来将区域 *r* 内目前的固定资本净回报率 *RORC*（*r*）定义为，资本服务中的租金 *RENTAL*（*r*）除以资本品的购买价格 *PCGDS*（*r*），再减去折旧率 *DEPR*（*r*）：

$$RORC(r) = RENTAL(r)/PCGDS(r) - DEPR(r) \tag{1-20}$$

写成变化百分比的形式，可得：

$$rorc(r) = \left[\frac{RENTAL(r)}{RORC(r) \times PCGDS(r)}\right] \times [rental(r) - pcgds(r)] \tag{1-21}$$

因为有：

$$RENTAL(r)/[RORC(r) \times PCGDS(r)] = [RORC(r) + DEPR(r)]/RORC(r) \tag{1-22}$$

可以定义总回报 $RORC(r) + DEPR(r)$ 和净回报之间的比率为：

$$GRNETRATIO(r) = [RORC(r) + DEPR(r)]/RORC(r) \tag{1-23}$$

我们把公式（1－22）和公式（1－23）代入公式（1－21），就可以得到表1－15中的方程（57）。

表1－15　投资方程

序号	方程	
符号便利的方程		
(52)	$ksvces(r) = \sum_{h \in ENDWC} [VOA(h,r)/\sum_{k \in ENDWC} VOA(k,r)] \times qo(h,r)$	$\forall r \in REG$
(53)	$rental(r) = \sum_{h \in ENDWC} \left[\frac{VOA(h,r)}{\sum_{k \in ENDWC} VOA(k,r)}\right] \times ps(h,r)$	$\forall r \in REG$
(54)	$qcgds(r) = \sum_{h \in CGDS} [VOA(h,r)/REGINV(r)] \times qo(h,r)$	$\forall r \in REG$
(55)	$pcgds(r) = \sum_{h \in CGDS} [VOA(h,r)/REGINV(r)] \times ps(h,r)$	$\forall r \in REG$
(56)	$kb(r) = ksvces(r)$	$\forall r \in REG$
回报率方程		
(57)	$rorc(r) = GRNETRATIO(r) \times [rental(r) - pcgds(r)]$	$\forall r \in REG$
(58)	$rore(r) = rorc(r) - RORFLEX(r) \times [ke(r) - kb(r)]$	$\forall r \in REG$
(11*)	$RORDELTA \times rore(r) + (1 - RORDELTA) \times [REGINV(r)/NETINV(r) \times qcgds(r) - VDEP(r)/NETINV(r) \times kb(r)] = RORDELTA \times rorg + (1 - RORDELTA) \times globalcgds + cgdslack(r)$	$\forall r \in REG$

续表

序号	方程
回报率方程	
(59)	$RORDELTA \times globalcgds + (1 - RORDELTA) \times rorg = RORDELTA \times \sum_{r \in REG} [REGINV(r)/GLOBINV \times qcgds(r) - VDEP(r)/GLOBINV \times kb(r)] + (1 - RORDELTA) \times \sum_{r \in REG} [NETINV(r)/GLOBINV] \times rore(r)$
储蓄价格方程	
(60)	$psave = \sum_{r \in REG} NETINV(r)/GLOBINV \times pcgds(r)$

对于第一种投资回报率一致的假设来说，我们假设在一个区域内投资者对投资净收益的影响的评价是谨慎的。在一个区域内，他们对区域内下一个时期的回报率的预期 *RORE*（*r*）是随着资本存量的增加而下降的，并且依据预期回报率进行投资决策。这个下降的速率是弹性参数 *RORFLEX*（*r*）>0 的一个函数：

$$RORE(r) = RORC(r)[KE(r)/KB(r)]^{-RORFLEX(r)} \tag{1-24}$$

因此，*RORE*（*r*）对 *KE*（*r*）的弹性等于负的 *RORFLEX*（*r*）。以百分比变化形式表示的公式（1-24）由方程（58）给出。我们假设投资者是基于各个区域的投资回报率变化相等这一均衡条件行动的：

$$rore(r) = rorg \tag{1-25}$$

公式（1-25）中 *rorg* 是全球回报率的变化百分比。这样，该模型将按照所有区域内的预期回报率同比例变化的形式，在不同区域间分配全球储蓄。若 *RORFLEX*（*r*）是一个很小的值，比如等于 0.5，意味着 *KE*（*r*）每增加 1%，资本的回报率会降低 0.5%，那么，新的资本品供给对期望的回报率的变化是非常敏感的。为了保持 *RORE* 在区域内的变化相等，公式（1-25）中的区域投资将产生很大的变化。

然而，如果给 *RORFLEX*（*r*）赋一个很大的值，例如当 *RORFLEX*（*r*）=50

时，就意味着 *KE*（*r*）每增加1个百分点，资本回报率会降低一半，新的资本品供给对期望回报率的变化就不是特别敏感。因此，不同区域 *RORE* 的变化相等可以适应区域投资的微小变化。换句话说，如果研究者认为实验不会对区域投资产生很大冲击（或者希望脱离这种影响），那么 *RORFLEX*（*r*）应该选择较大的值。

赋予 *RORFLEX*（*r*）较大的值也是被 Feldstein 和 Horioka（1980）所支持的。他们将国内投资总额占 GDP 的份额和国内储蓄总额占 GDP 的份额联系起来（Feldstein and Horioka，1980；Feldstein，1983）。他们发现了储蓄和投资间的密切联系，并总结得出即使在工业化国家之间，国际资本流动性也是受到限制的。

第二种投资假设采用了一种极端的方法，即假设资本存量的区域组成不会改变，而区域和全球的净投资一起变动：

$$\begin{aligned} globalcgds &= REGINV(r)/NETINV(r) \times qcgds(r) \\ &- VDEP(r)/NETINV(r) \times kb(r) \end{aligned} \tag{1-26}$$

其中 *globalcgds* 是新的资本品全球供给的变化百分比。在这种情形下，全球资本回报率变化百分比 *rorg* 是由区域变量的加权平均值计算出来的：

$$rorg = \sum_{r \in REG} [NETINV(r)/GLOBINV] \times rore(r)$$

其中：

$$NETINV(r) = REGINV(r) - VDEP(r) \tag{1-27}$$

总而言之，在第一种资本回报率不变的假设中，投资行为是由公式(1-25)和表1-8中的方程（11）决定的。在第二种资本组成不变的假设中，投资行为是由公式（1-26）和公式（1-27）决定的。两个体系在表1-16中得到总结。

表 1 - 16　两种不同投资闭合下的区域投资分配

资本回报率一致
$rore(r) = rorg$ $globalcgds = \sum_{r \in REG} [REGINV(r)/GLOBINV \times qcgds(r) - VDEP(r)/GLOBINV \times kb(r)]$
资本组成不变
$globalcgds = REGINV(r)/NETINV(r) \times qcgds(r) - VDEP(r)/NETINV \times kb(r)$ $rorg = \sum_{r \in REG} [NETINV(r)/GLOBINV] \times rore(r)$

通过运用参数 *RORDELTA*，我们把这两种体系在公式（1 - 28）和公式（1 - 29）中结合起来。这是一个值为 0 或 1 的二元参数。若 *RORDELTA* = 1，我们得到第一种资本回报率不变的假设，而若 *RORDELTA* = 0 我们得到第二种资本组成不变的假设。

$$\begin{aligned} & RORDELTA \times rore(r) + (1 - RORDELTA) \times [REGINV(r)/NETINV(r) \\ & \times qcgds(r) - VDEP(r)/NETINV(r) \times kb(r)] \\ & = RORDELTA \times rorg + (1 - RORDELTA) \times globalcgds + cgdslack(r) \end{aligned} \tag{1 - 28}$$

和：

$$\begin{aligned} & RORDELTA \times globalcgds + (1 - RORDELTA) \times rorg \\ & = RORDELTA \times \sum_{r \in REG} [REGINV(r)/GLOBINV \\ & \times qcgds(r) - VDEP(r)/GLOBINV \times kb(r)] + (1 - RORDELTA) \\ & \times \sum_{r \in REG} [NETINV(r)/GLOBINV] \times rore(r) \end{aligned} \tag{1 - 29}$$

其中，公式（1 - 28）在表 1 - 15 中以方程（11^*）的形式给出，公式（1 - 29）在表 1 - 15 中由方程（59）给出。它取代了表 1 - 8 中的方程（11）。

一旦每一个区域的投资活动水平被确定了，剩下的任务就是分别得出用于区域 *r* 内生产固定资本的国内和进口投入：*VDFA*（*i*，“*cgds*”，*r*）和 *VIFA*（*i*，“*cgds*”，*s*，*r*）。这与生产可贸易品的情况是类似的。实际上，同样的方程被用于产生这些派生需求。我们假设区域 *r* 内一单位用于投资的资本是由固定比例的复合中间产品投入产生的，见表1－11中的方程（36）。此复合中间产品投入是国内和国外进口要素［参见表1－10中的方程（29）和表1－11中的方程（31）、方程（32）］的一个CES组合。然而，与可贸易品的生产不同的是，资本的生产不需要生产要素的投入。这是因为它仅仅是在区域r内为固定投资聚集商品的虚拟活动。换句话说，资本的形成对土地、劳动力和资本的使用已经在投资部门对中间投入的使用中有所体现了。

1.6.5 全球运输

除了世界银行之外，这个模型中还需要一项全球活动来连接对全球运输服务的供给和需求。这种服务是通过一个CD型生产函数给出的，其中，各区域的出口运输需求是投入要素。由于缺少与特定线路的运输出口服务相关的数据，我们仅仅是把这些服务融入一个单一复合的国际运输商品中，它的价值为$VT = QT \times PT$。复合价格指数变化百分比方程由表1－8中的方程（7）给出。为了方便起见，表1－17中的方程（7′）又将它重复了一遍。对于运输部门来说这类似于一个零利润条件。假设每一个区域的运输服务占全球运输行业的份额是一个常量，即CD生产技术，表1－17中的方程（61）推导出运输行业对投入要素的条件需求。这个方程包含了一个扩张效应（qt）和替代效应。其中，替代弹性假设为1。

表1－17 全球运输部门

(7′)	$VT \times pt = \sum_{i \in TRAD\_COMM} \sum_{r \in REG} VST(i,r) \times pm(i,r)$	
(61)	$qst(i,r) = qt + pt - pm(i,r)$	$\forall i \in TRAD$ $\forall r \in REG$
(62)	$VT \times qt = \sum_{i \in TRAD} \sum_{r \in REG} \sum_{s \in REG} VTWR(i,r,s) \times [qxs(i,r,s) - atr(i,r,s)]$	
(26′)	$pcif(i,r,s) = FOBSHR(i,r,s) \times pfob(i,r,s) + TRNSHR(i,r,s) \times [pt - atr(i,r,s)]$	$\forall i \in TRAD$ $\forall r \in REG$ $\forall s \in REG$

表 1－17 中接下来的两个方程与使用复合的国际运输服务有关。我们假设这个复合服务是按特定路线运输的特定商品的数量 $QXS(i, r, s)$ 的固定比例计算的，换句话说就是 $ATR(i, r, s) \times QTS(i, r, s) = QXS(i, r, s)$。其中，$QTS(i, r, s)$ 是用于将商品 i 从区域 r 运输到 s 的同质商品 QT 的具体数量，$ATR(i, r, s)$ 是一个技术系数。全球运输服务市场均衡条件为：

$$\sum_{i \in TRAD} \sum_{r \in REG} \sum_{s \in REG} QTS(i,r,s) = QT \tag{1-30}$$

按比例微分方程可得：

$$\sum_{i \in TRAD} \sum_{r \in REG} \sum_{s \in REG} QTS(i,r,s) \times qts(i,r,s) = QT \times qt \tag{1-31}$$

方程两边同时乘以复合运输服务的共同价格并用 $[qxs(i, r, s) - atr(i, r, s)]$ 替换 $qts(i, r, s)$，可得表 1－17 中的方程（62）。方程（62）中 $atr(i, r, s)$ 的存在让使用者得以将给定商品/路线情况下的技术革新引入全球运输服务。这也要求我们修正表 1－9 中的联系离岸/到岸价格的方程（26）。这反映了在给定路线和离岸价格的情况下，效率提升会降低到岸价格。修正版结果见表 1－17 中的方程（26′）。

1.6.6 概要指数

这一部分主要讨论 GTAP 模型中计算得出的概要指数。这些方程对于确定均衡解并没有实际用处。确实，所有这些指数都可以在事后计算出来。但是，将它们加入模型中后，其变化率会与其他结果一同显示出来，这样更为便利。表 1－18 列出了各个区域产品（包括储蓄和投资在内，它代表世界银行的交易行为）的卖价 $psw(r)$ ［见方程（63）］和买价 $pdw(r)$ ［见方程（64）］的总指数。$psw(r)$ 和 $pdw(r)$ 之间的差价衡量的是各个区域交易项的百分比变化 $tot(r)$ ［见方程（65）］。

GTAP模型也计算出了模拟中产生的区域等价变化（Equivalence Variance，EV）函数 $EV(r)$。$EV(r)$ 的值是按1992年每百万美元价值来衡量的，它的计算公式如下：

$$EV = u(r) \times INC(r)/100$$

由于 $u(r)$ 表示的是人均资本福利的百分比变化，表1－18中的方程（66）左边包含了人口变化率，这样 EV 就代表区域总福利。世界范围的等价变化 WEV 是由简单加总各区域 EV 值而得的，见方程（67）。接下来的方程计算的是在特定区域的消费者价格指数的百分比变化 $ppriv(r)$。

表1－18　概要指数

(63)	$VWLDSALES(r) \times psw(r) = \sum_{i \in TRAD}\sum_{s \in REG} VXWD(i,r,s) \times pfob(i,r,s) + VST(i,r) \times pm(i,r) + [REGINV(r) - VDEP(r)] \times pcgds(r)$	$\forall r \in REG$
(64)	$VWLDSALES(r) \times pdw(r) = \sum_{i \in TRAD}\sum_{k \in REG} VIWS(i,k,r) \times pcif(i,k,r) + SAVE(r) \times psave$	$\forall r \in REG$
(65)	$tot(r) = psw(r) - pdw(r)$	$\forall r \in REG$
(66)	$EV(r) - INC(r)/100 \times URATIO(r) \times POPRATIO(r) \times [u(r) + pop(r)] = 0$	$\forall r \in REG$
(67)	$WEV - \sum_{r \in REG} EV(r) = 0$	$\forall r \in REG$
(68)	$PRIVEXP(r) \times ppriv(r) = \sum_{i \in TRAD} VPA(i,r) \times pp(i,r)$	$\forall r \in REG$
(69)	$GDP(r) \times vgdp(r) = \sum_{i \in TRAD} VGA(i,r) \times [pg(ir) + qg(i,r)] + \sum_{i \in TRAD} VPA(i,r) \times [pp(ir) + qp(i,r)] + REGINV(r) \times [pcgds(r) + qcgds(r)] + \sum_{i \in TRAD}\sum_{s \in REG} VXWD(i,r,s) \times [pfob(i,r,s) + qxs(i,r,s)] + \sum_{i \in TRAD} VST(i,r) \times [pm(i,r) + qst(i,r)] - \sum_{i \in TRAD}\sum_{r \in REG} VIWS(i,r,s) \times [pcif(i,r,s) + qxs(i,r,s])$	$\forall r \in REG$
(70)	$GDP(r) \times pgdp(r) = \sum_{i \in TRAD} VGA(i,r) \times pg(ir) + \sum_{i \in TRAD} VPA(i,r) \times pp(ir) + REGINV(r) \times pcgds(r) + \sum_{i \in TRAD}\sum_{s \in REG} VXWD(i,r,s) \times pfob(i,r,s) + \sum_{i \in TRAD} VST(i,r) \times pm(ir) - \sum_{i \in TRAD}\sum_{r \in REG} VIWS(i,r,s) \times pcif(i,r,s)$	$\forall r \in REG$

续表

(71)	$qgdp(r)=vgdp(r)-pgdp(r)$	$\forall r\in REG$
(72)	$VXW(i,r)\times vxwfob(i,r)=\sum_{s\in REG}VXWD(i,r,s)\times[qxs(i,r,s)+pfob(i,r,s)]+VST(i,r)\times[qst(i,r)+pm(i,r)]$	$\forall r\in REG$ $\forall i\in TRAD$
(73)	$VIW(i,s)\times viwcif(i,s)=\sum_{r\in REG}VIWS(i,r,s)\times[pcif(i,r,s)+qxs(i,r,s)]$	$\forall s\in REG$ $\forall i\in TRAD$
(74)	$VXWREGION(r)\times vxwreg(r)=\sum_{i\in TRAD}VXW(i,r)\times vxwfob(i,r)$	$\forall r\in REG$
(75)	$VIWREGION(s)\times viwreg(s)=\sum_{i\in TRAD}VIW(i,s)\times viwcif(i,s)$	$\forall s\in REG$
(76)	$VXWCOMMOD(i)\times vxwcom(i)=\sum_{r\in REG}VXW(i,r)\times vxwfob(i,r)$	$\forall i\in TRAD$
(77)	$VIWCOMMOD(i)\times viwcom(i)=\sum_{s\in REG}VIW(i,s)\times viwcif(i,s)$	$\forall i\in TRAD$
(78)	$VXWLD\times vxwwld=\sum_{r\in REG}VXWREGION(r)\times vxwreg(r)$	
(79)	$VWOW(i)\times valuew(i)=\sum_{r\in REG}VOW(i,r)\times[pxw(i,r)+qo(i,r)]$	$\forall i\in TRAD$
(80)	$VXW(i,r)\times pxw(i,r)=\sum_{s\in REG}VXWD(i,r,s)\times pfob(i,r,s)+VST(i,r)\times pm(i,r)$	$\forall r\in REG$ $\forall i\in TRAD$
(81)	$VIW(i,s)\times piw(i,s)=\sum_{r\in REG}VIWS(i,r,s)\times pcif(i,r,s)$	$\forall r\in REG$ $\forall i\in TRAD$
(82)	$VXWREGION(r)\times pxwreg(r)=\sum_{i\in TRAD}VXW(i,r)\times pxw(i,r)$	$\forall r\in REG$
(83)	$VIWREGION(s)\times piwreg(s)=\sum_{i\in TRAD}VIW(i,s)\times piw(i,s)$	$\forall s\in REG$
(84)	$VXWCOMMOD(i)\times pxwcom(i)=\sum_{r\in REG}VXW(i,r)\times pxw(i,r)$	$\forall i\in TRAD$
(85)	$VIWCOMMOD(i)\times piwcom(i)=\sum_{s\in REG}VIW(i,s)\times piw(i,s)$	$\forall i\in TRAD$
(86)	$VXWLD\times pxwwld=\sum_{r\in REG}VXWREGION(r)\times pxwreg(r)$	
(87)	$VWOW(i)\times pw(i)=\sum_{r\in REG}VOW(i,r)\times pxw(i,r)$	$\forall i\in TRAD$
(88)	$qxw(i,r)=vxwfob(i,r)-pxw(i,r)$	$\forall r\in REG$ $\forall i\in TRAD$
(89)	$qiw(i,s)=viwcif(i,s)-piw(i,s)$	$\forall s\in REG$ $\forall i\in TRAD$
(90)	$qxwreg(r)=vxwreg(r)-pxwreg(r)$	$\forall r\in REG$
(91)	$qiwreg(s)=viwreg(s)-piwreg(s)$	$\forall s\in REG$
(92)	$qxwcom(i)=vxwcom(i)-pxwcom(i)$	$\forall i\in TRAD$
(93)	$qiwcom(i)=viwcom(i)-piwcom(i)$	$\forall i\in TRAD$
(94)	$qxwwld=vxwwld-pxwwld$	

续表

(95)	$qow(i) = valuew(i) - pw(i)$	$\forall i \in TRAD$
(96)	$DTBAL(i,r) = VXW(i,r)/100 \times vxwfob(i,r) - VIW(i,r)/100 \times viwcif(i,r)$	$\forall i \in TRAD$ $\forall r \in REG$
(97)	$DTBAL(r) = VXWREGION(r)/100 \times vxwreg(r) - VIWREGION(r)/100 \times viwreg(r)$	$\forall r \in REG$

GTAP模型中其他有用的价格和数量指数还包括贸易、区域生产总值和收入等级。由于我们是在不同商品之间做加总，所以为得到数量指数，我们有必要先计算出相应的值和价格指数。例如，表1-18方程（71）中的变量*qgdp*（*r*）是一个国内产品的数量指数。我们首先要计算出方程（69）中反映价格和数量变化的价值指数*vgdp*（*r*）和方程（70）中只反映价格变化的价格指数*pgdp*（*r*）。由此，数量指数*qgdp*（*r*）可由*vgdp*（*r*）和*pgdp*（*r*）之间的差值计算得出。在模拟贸易政策或国内政策冲击时，*qgdp*（*r*）的均衡解一般都会比较小，因为它只反映改善固定基础资源分配引起的经济生产可能性前沿的移动。但对要素禀赋增加的模拟，*qgdp*（*r*）则可作为衡量区域增长情况的综合测度。

我们接下来借助一组方程来定义在贸易价值指数、价格指数和数量指数上的改变。方程（72）~方程（77）按以下三种方式计算出口价值和进口价值的变化百分比：①按商品和区域划分；②对于所有可贸易品，按照区域划分；③对世界上所有区域，按照商品划分。方程（78）按商品划分计算世界贸易总值的变化百分比，方程（79）按商品划分计算世界产出值的变化百分比。接下来的8个方程（80）~方程（87）类似，它们计算相关价格指数。此后我们便能够提取出贸易和产出总量的变化［见方程（88）~方程（95）］。

表1-18的最后两个方程用于计算按商品和区域划分的贸易余额值的变化。方程（97）中*DTBAL*（*r*）反映了每个区域的经常项目的变化。

1.7　一个简单的量化示例

理解模型工作原理的最好方法也许就是进行一个简单的实验并考察其中内生变量的变化。为了简单化，我们将运用三个部门/三个区域的加总数据库，将商品分成食品、工业和服务三类。三个区域是美国、欧盟和世界其他国家。这个实例涉及欧盟对美国食品进口税率水平双边下降，其具体为 *tms*（*food*，*US*，*EU*）= -10%，这意味着从价关税降低 10%。这相当于在其他条件不变的情况下，美国出口到欧盟的食品的国内价格下降了 10%。而且，我们只用以上提到的模型多步求解方法的第一步。根据图 1-5，这意味着从（X_0，Y_0）变化到（X_1，Y_J），Y_J是 Y_1（真实的解）的 Johansen 近似。这仅仅是一个便于我们讲解实例的教学方法，因为 Johansen 解会使表1-8～表 1-18 的模型线性形式完全成立。对于小的冲击值，这样的处理提供了合理的近似真实值。然而，对于评价福利变化来说，这个方法是非常不好的（Hertel，Horridge and Pearson，1991）。

表 1-19 和表 1-20 显示了由双边税率降低引起的欧盟的变化。我们由表的顶部美国食品在美国的市场价格开始。这个价格由于需求的增加而上升了 0.140%。因为边境税没有变，由表 1-19 中的方程（27）可知，*pfob* 等量上升。美国的食品出口到欧盟的到岸价格也依赖于国际运输服务价格指数 *pt* 的变化。由于欧盟运输服务价格下降，*pt* 也会有轻微的下降。所以，*pcif* 上涨额度很小。

表 1-19　在固定投资比例（*RORDELTA*=0）、使用 Johansen 分析方法的标准 GE 闭合中，欧盟对美国进口食品的从价关税税收力度下降 10%对欧盟食品部门的影响

变量	百分比变化	方程
pm(*food*, *usa*)	=0.140	—
pfob(*food*, *usa*, *eu*)	=0.140(*tx*, *txsexogenous*)	(27)

续表

变量	百分比变化	方程
pcif(food,usa,eu)	=0.839×0.140+0.107×(-0.008)	(26)
pms(food,usa,eu)	=0.124-10.0	(24)
pim(food,eu)	=0.164×(-9.876)+0×(-0.121)+0.836×(-0.016)	(28)
qxs(food,usa,eu)	=3.18-(4.64)×[-9.876-(-1.631)]	(29)
pf(food,food,eu)	=0.092×(-1.631)+0.908×(-0.121)	(30)
qfm(food,food,eu)	=-0.288-2.40×[-1.631-(-0.259)]	(31)
qfd(food,food,eu)	=-0.288-2.40×[-0.121-(-0.259)]	(32)
ps(food,eu)	=-0.121	(1)

表 1-20　在固定投资比例（*RORDELTA* =0）、使用 Johansen 分析方法的标准 GE 闭合中，欧盟对美国进口食品的从价关税税收力度下降 10%对欧盟经济的影响

商品		变量(百分比变化)	
项目	*pm(i,eu)*[a]	*qo(i,eu)*	*qp(i,eu)*
土地	-0.414 [-0.515][b]	0	Na
劳动力	-0.029 [-0.041]	0	Na
资本	-0.028 [-0.041]	0	Na
食物	-0.121 [0.154]	-0.288	0.036
制造业	-0.030 [-0.041]	0.064	0.012
服务	-0.030 [-0.042]	0.012	0.011
投资品	-0.026 [-0.037]	-0.003	Na

注：[ ] 内是非线性分析方法计算结果。

a. 所有价格变化相对于初始价格，即储蓄；

b. 非线性计算结果可通过运用 GRAGG 2-4-6 方法求得。

这个冲击实验的主题双边税率出现在表 1-19 中的方程（24）中。它的下降引起了欧盟从美国进口的食品国内市场价格下降 9.876%。价格下降有两个即时影响。首先，它使复合进口品价格下降了 1.631%［见表 1-19 中的方程（28）］，这个值近似于 -9.876% 乘以欧盟进口食品总支出中美国进口品所占市场份额。其次，它促使欧盟的经济主体商改变对进口美国产品的偏好。这一转变的大小由不同进口来源国的食品之间的替代弹性δ_m决定，在加总数据库中它的值是4.64。用这个值乘以从美国进口食品成本相对于复合进口品成本的变动百分比，或者说乘以这两者百分比变化之差，所得值为38.26%。

如果进口的水平*pim*没有变化，整个工作就到此为止了。然而，因为成本更低的进口食品替代了国内食品，保护性双边税率下降的影响还在继续。由于进口复合中间投入品对各部门的重要性不同，进口关税下降对各部门的影响也不同。由于这些部门的替代结构非常相似，我们选择把重点放在欧盟的食品行业上。食品行业是进口食品的最大用户，总计占市场中食品进口的52.7%。在这个行业，总进口增加3.18%。因此欧盟食品行业对美国食品进口的总增长量达到41.4%。

表1-11中的方程（30）和（31）描述了生产树下一层的变化。它们能够解释食品部门3%的复合食品进口增加值。然而，由于*qf*（*food*，*eu*）=*qo*（*food*，*eu*）<0，方程（31）说明了此例中扩张效应和替代效应起相反的作用。这也就是说，食品部门紧缩且对中间产品（即食品）的需求下降。方程（32）表明对于国内生产的中间投入品的需求实际上是下降的。最后，由于对国内生产的食物总需求下降，欧盟生产的食物价格会下降。

表1-20展现了双边关税下降后欧盟整体的一些价格和数量的变化。由于土地除了应用于在食品部门外没有其他用途，所以食品部门的产出下降后，耕地价格也会下降。随着劳动力和资本从食品部门中释放出来，非食物部门得以扩张。在一般均衡当中，由于价格下降，居民会增加他们的所有非储蓄品的消费。因为储蓄品的价格是由所有区域的资本品价格的加权组合所决定的，且相对于别的商品价格而言上升幅度更大，所以居民对储蓄的需求会下降。

现在考虑关税下降对美国经济的影响，见表1-21和表1-22。为估计美国食品部门的产出变化，表1-21的方程（1）将美国对欧盟出口的增长与在其他区域的销售额的变化相结合。出口到欧盟的食品只占美国食品部门总产值的1.3%（按国内市场价格计）。这在相当程度上缓和了销售额上升

41.4%的冲击。当然这对于某些分散的生产商的影响可能更大，而且需要行业结构更为细分的数据库才能捕捉到这部分影响。

表1-21　在固定投资比例（*RORDELTA*=0）、使用Johansen分析方法的标准GE闭合中，欧盟对美国进口食品的从价关税税收力度下降10%对美国食品部门的影响

变量	百分比变化	方程
$qo(food,usa)=0.688$		(1)
$=SHRODM(food,usa)\times qds(food,usa)$	0.926×0.207	
$+SHROTM(food,usa)\times qst(food,usa)$	0×0	
$+\sum_s SHROXMD(food,usa,s)\times qxs(food,usa,s)$		
$s=usa$	0×(-0.133)	
$s=eu$	0.013×41.433	
$s=row$	0.060×(-0.634)	
其中：		
$qds(food,usa)=0.207$		(3)
$=\sum_j SHRDFM(food,j,usa)\times qfd(food,j,usa)$		
$j=food$	0.334×0.662	
$j=mnfcs$	0.010×(-0.143)	
$j=svcs$	0.121×(-0.022)	
$j=egds$	0×(-0.042)	
$+SHRDPM(food,usa)\times qpd(food,usa)$	0.517×(-0.019)	
$+SHRDGM(food,usa)\times qgd(food,usa)$	0.018×(-0.031)	

表1-22　在固定投资比例（*RORDELTA*=0）、使用Johansen分析方法的标准GE闭合中，欧盟对美国进口食品的从价关税税收力度下降10%对于美国经济的影响

商品		变量（百分比变化）	
项目	$pm(i,usa)$[a]	$qo(i,usa)$	$qp(i,usa)$
土地	1.066 [1.378][b]	0 [0]	Na [na]
劳动力	0.109 [0.141]	0 [0]	Na [na]

续表

商品		变量(百分比变化)	
资本	0.125　[0.162]	0　[0]	Na　[na]
食物	0.140　[0.181]	0.688　[0.886]	-0.000　[-0.000]
制造业	0.100　[0.129]	-0.120　[-0.155]	0.037　[0.048]
服务	0.111　[0.144]	-0.001　[-0.001]	0.009　[0.011]
投资品	0.095　[0.123]	-0.001　[-0.002]	Na　[na]

注：[　] 内是非线性分析方法计算结果。

a. 所有价格变化相对于初始价格，即储蓄；

b. 非线性计算结果可通过运用 GRAGG 2-4-6 方法求得。

美国大部分食品销售进入国内市场并不奇怪。令人惊讶的是欧盟的关税削减导致美国国内的食品销售额上升。表 1-21 显示了美国食品在国内销售结构的变化，通过表 1-21 中的方程（3）的模拟结果，我们可以进行进一步分析。正如预期的那样，因为美国食品供应价格被欧盟需求抬高，美国食品在其他行业的销售额和最终需求下降。然而，这些下降被美国食品部门对食物的中间需求的增加抵消了。换句话说，为满足欧盟不断增长的食品需求，国内中间产品的销售必须增加。

表 1-22 描述了双边税率减少对美国整体经济的影响。这里，土地价格上升幅度比食物价格上升幅度更大，劳动力工资和资本报酬都有小幅度上升。由于食物部门资本相对于劳动力密集程度更高，资本报酬上升幅度略大于工资。

继续类比，我们可知美国由于食品部门扩张，制造业紧缩。最后，因为居民用进口品替代国内产品，非食品制成品和服务的消费量增加。

表 1-23 显示了欧盟双边税率减少的宏观影响。相对于欧盟和其他国家产品供应价格，欧盟对美国产品的需求增加抬高了美国的产品价格。因为欧盟必须出口更多的产品来应对食品进口增加，在 *RORDELTA* =0 和应用简单 Johansen 方法的情况下，欧盟的出口增加了 0.233%。因此，相对于其他区域而言，欧盟的供给价格必须下降。这将导致欧盟贸易条件的恶化。由于美国出口商的替代作用，其他国家贸易条件稍微恶化。这可以理解成其他国家

的福利减少。在欧盟，贸易条件恶化被国内优化的资源分配所抵消，区域总福利增加了3.46亿美元。由于美国出口食品到欧盟的边境税减少，其贸易条件改善，美国增加了7.78亿美元的福利。

表1－23　在标准GE闭合中，欧盟对美国进口食品的从价关税税收力度下降10%的宏观经济影响：固定投资（*RORDELTA*＝0）与弹性投资（*RORDELTA*＝1）以及Johansen方法和非线性求解方法的比较

变量	百分比变化		
	美国	欧盟	其他国家
qxwreg(*r*)	0.138　[0.178][b] (0.057)[a]	0.233　[0.317] (0.263)	−0.007　[−0.006] (0.007)
rorc(*v*)	0.045　[0.059] (0.051)	−0.003　[−0.006] (−0.005)	−0.003　[−0.003] (−0.004)
tot(*v*)	0.110　[0.142] (0.128)	−0.043　[−0.060] (−0.049)	−0.007　[−0.008] (−0.008)
up(*r*)	0.013　[0.017] (0.016)	0.015　[0.013] (0.014)	−0.003　[−0.004] (−0.004)
ug(*r*)	0.013　[0.016] (0.015)	−0.007　[−0.014] (−0.008)	−0.005　[−0.006] (−0.006)
qsave(*r*)	0.118　[0.153] (0.138)	−0.037　[−0.056] (−0.042)	−0.006　[−0.007] (−0.007)
u(*r*)	0.015　[0.019] (0.018)	0.006　[0.001] (0.004)	−0.004　[−0.004] (−0.005)
百万美元			
EV(*r*)	778　[1004] (941)	346　[62] (251)	−347　[−396] (−410)
DTBAL(*r*)	−8　[−9] (−663)	0　[−22] (297)	7　[31] (366)

注：[　] 内非线性方法运用GRAGG 2－4－6求得。

a. 弹性投资，*RORDELTA*＝1，Johansen分析方法；

b. 固定投资，*RORDELTA*＝0。

在*RORDELTA*＝0的那些模拟中，值得注意的是贸易余额很难改变，*DTBAL*（*r*）约等于0。这是由公式（1－15）和模型对储蓄、投资的处理方式得出的一个稳健结果。对储蓄的需求与收入直接相关，政策改革实验对此影响不大。由于区域的储蓄变化不大，全球储蓄以及全球投资都是不变的。因此，改变公式（1－15）的左边（$S-I$）还有贸易余额的唯一方法，就是改变区域的投资分配。当 *RORDELTA*＝0 时，我们无法做到这一点。因此，公式（1－15）的右边中的（$X-M$）几乎没有变化。

然而，若 *RORDELTA*＝1，世界银行的跨区域投资分配比较灵活，以上结果就不适用了。在表1－23中，我们可得到当 *RORFLEX*＝1（这个参数的默认值）时的 Johansen 方法模拟结果。现在投资回报率的变化开始起作用。表1－23中，由于资本租金率相对于资本品价格下降，我们看到 *rorc*（*eu*）＜0。因此，存在把投资转移到别的区域的动机。由公式（1－15）可知，给定 S 的情况下，若要 I 减少，$X-M$ 必须上升。通过稍大幅度提升欧盟的出口量，较小幅度增加欧盟进口量，即可得到如上结果。显然，与 *RORDELTA*＝0 的情况相反，这将导致一个更大程度的贸易条件的恶化和较小程度的福利增加。

Johansen 方法模拟结果与非线性结果的比较显示，Johansen 方法模拟结果为欧盟真实福利影响的不恰当的近似值，即使冲击较小时情况也是一样。这是因为欧盟效用的变化为两个较大变化的差值，而这两大变化，一个是正值（效率增加），另一个是负值（贸易条件的影响）。可以看到，Johansen 解使欧盟贸易条件恶化的真实情况被低估了。另外，Johansen 解的过程倾向于高估消除市场扭曲所带来的收益。因此，欧盟福利增加5倍左右并不奇怪。区域福利恶化的现象并不常见。总而言之，为了分解价格和数量的细小变化而使用 Johansen 一步求解法是很有帮助的，然而它并不适用于政策改革的福利分析。

对于福利分析，一定要用 GEMPACK 中的非线性求解过程。

1.8　总结

至此我们完成了对 GTAP 模型结构的概要分析。为了便于读者使用，我们将模型中使用的各种符号汇集整理并以表格形式记录，详见本书的附录部分。需要指出的是，电子资料 GTAP. TAB 包含了一个完整的模型代码表。这份资料可以从 FTP 网下载获得。熟悉模型最好的方式是把它应用到一个实际的问题中。

注释

1. 作者在此感谢 Martina Brockmeier 对这份资料的贡献，更详尽的关于 GTAP 模型的图形化论述可参见 Brockmeier（2001）的研究。
2. 把储蓄变量纳入效用函数的目的可见 Howe（1975），对此更深入的讨论见后文。
3. 在某些情况下，原始数据库不包括在这些市场的税收。然而，在模型中实行此种税收是可行的，因此必须记入区域收入。
4. 使用这个模型最自然的方式是混合使用水平量和百分比变化量。事实上，这在 GEMPACK 中（Harrison and Pearson，1996）是可行的。但是，它在计算上很麻烦。此外，线性化这些核算方程可能会有一些别的收获。
5. 非线性求解是 GEMPACK 中默认的求解过程。对于详尽的线性化和水平量 AGE 模型的求解方法的比较，读者可以参考 Hertel、Horridge 和 Pearson（1991）。
6. 对于一些实际应用，中间产品与中间产品以及中间产品与生产要素的替代是很重要的，对此有兴趣的研究者有必要修改基础模型以应对眼前特殊需求。然而，在后文将会看到这并不是很难。
7. Howe（1975）也表明，静态效用函数中储蓄份额参数跟 1 减去消费者时间偏好率对资本累计率的比率相关。
8. *INC*（*r*）为区域支出最初的均衡值（必须等于收入）。
9. 国内生产总值 *GDP*（*r*），是按下面的方程计算的：$GDP(r) = \sum_{i \in TRAD}[VGA(i,r) + VPA(i,r)] + VOA(CGDS,r) + \sum_{i \in TRAD}\sum_{s \in REG} VXWD(i,r,s) + \sum_{i \in TRAD} VST(i,r) - \sum_{i \in TRAD}\sum_{i \in REG} VIWS(i,r,s)$。
10. *VOW*（*i*，*r*）是在世界价格下的区域产值，这个值是这样计算得到的：*VOW*（*i*，*r*）= *VDM*（*i*，*r*）× *PW_ PM*（*i*，*r*）+ *åseREGVXWD*（*i*，*r*，*s*）。*PW_ PM*（*i*，*r*）将市场价格下的国内需求 *VDM*（*i*，*r*），转换为世界价格下的国内需求，它是这样计算的：$PW_{PM(i,r)} = \sum_{s \in REG} VXWD(i,r,s) / \sum_{s \in REG} VXMD(i,r,s)$。
11. *RORDELTA* = 1 和 Gragg 非线性求解过程的结合最终带来欧盟福利的轻微下降。

参考文献

Alston, J. , M. , Carter, C. , A. , Green, R. , et al. , "Whither Armington Trade Models?" *American Journal of Agricultural Economics*, 1990, 72 (2): 455 - 467.

Armington, P. , A. , "A Theory of Demand for Products Distinguished by Place of Production," IMF Staff Papers, 1969, 16: 159 - 178.

Arrow, J. , Chenery, H. , B. , Minhas, B. , S. and Solow, R. , M. , "Capital-labor Substitution and Economic Efficiency," *Review of Economics* & Statistics, 1961, 43 (3): 225 - 250.

Brockmeier, M. , "A Graphical Exposition of the GTAP Model," GTAP Technical Papers, 2001.

Brown, D. , K. , Stern, R. , M. , "U. S. -Canada Bilateral Tariff Elimination: The Role of Product Differentiation and Market Structure," *NBER Chapters*, 1989.

Burniaux, J. , M. , Mensbrugghe, D. , "Trade Policies in a Global Context: Technical Specifications of the Rural/Urban-North/South (RUNS) Applied General Equilibrium Model," OECD Development Centre Working Papers, 1991.

Dewatripont, M. , and Michel, G. , "On Closure Rules, Homogeneity and Dynamics in Applied General Equilibrium Models," *Journal of Development Economics*, 1987, 26: 65 - 76.

Dixit, A. , K. , and Stiglitz. , J. , E. , "Monopolistic Competition and Optimum Product Diversity," *The American Economic Review*, 1979, 67 (3): 297 - 308.

Dixon, P. , B. , Parmenter, B. , R. , Sutton, J. and Vincent, D. , P. , *ORANI: A multisectoral model of the Australian Economy*, New York: North Holland, 1982.

Dornbusch, R. , *Open Economy Macroeconomics*, New York: Basic Books, 1980.

Feenstra, R. , C. , "New Product Varieties and the Measurement of International Prices," *The American Economic Review*, 1994, 84: 157 - 177.

Feldstein, M. , Horioka, C. , "Domestic Saving and International Capital Flows," *Economic Journal*, 1980, 90.

Feldstein, M. , "Domestic Savings and International Capital Movements in the Long Run and Short Run," *European Economic Review*, 1983, 21: 129 - 151.

Hanoch, "Production and Demand Models with Direct or Indirect Implicit Additivity," *Econometrica*, *Econometric Society*, 1975, 43 (3): 395 - 419.

Harrison, G. , Rutherford, T. and Tarr, D. , "Quantifying the Uruguay Round." *Economic Journal*, 1997, 107.

Harrison, W. , J. , Pearson, K. , R. , "Computing Solutions for Large General Equilibrium Models Using GEMPACK," *Computational Economics*, 1996, 9 (2): 83 - 127.

Hertel, T., W., Horridge, J., M., Pearson, K., R., "Mending the Family Tree: A Reconciliation of the Linearization and Levels Schools of CGE Modelling," *Economic Modelling*, 1991, 9 (4): 385 - 407.

Hertel, T., W., Peterson, E., B., Preckel, P., V., et al., "Implicit Additivity as a Strategy for Restricting The Parameter Space in CGE Models," Annual Meeting of American Agricultural Economics Association, 1990.

Howe, H., "Development of the Extended Linear Expenditure System from Simple Saving Assumptions," *European Economic Review*, 1975, 6 (3): 305 - 310.

Jomini, P., Zeitsch, J., F., McDougall, R., Welsh, A., Brown, S., Hambley, J. and Kelly, J., "SALTER: A General Equilibrium Model of the World Economy," vol. 1, *Model Structure*, *Database and Parameters*, Canberra, Australia: Industry Commission, 1991.

Keller, W., J., *Tax Incidence: A General Equilibrium Approach*, Amsterdam: North Holland, 1980.

Lluch, C., "The Extended Linear Expenditure System," *European Economic Review*, 1973.

McKibbin, W., and Sachs, J., "Global Linkages: Macroeconomic Interdependence and Cooperation in the World Economy," Washington, DC: The Brookings Institution, 1991.

Pearson, K., R., Solving Nonlinear Economic Models Accurately Via a Linear Representation, Victoria University, Centre of Policy Studies/IMPACT Centre. Victoria University, Centre of Policy Studies/IMPACT Centre, 1991.

Powell, A., A., and Gruen, F., H., "The Constant Elasticity of Transformation Frontier and Linear Supply System," *International Economic Review*, 1968, 9 (3): 315 - 328.

Robinson, S., Burfisher M. E., Hinojosa-Ojeda R., "Agricultural Policies and Migration in a U. S. -Mexico Free Trade Area: A Computable General Equilibrium Analysis." *Journal of Policy Modeling*, 1993, 15.

Robinson, S., Lewis, J., D., Wang, Z., "Beyond the Uruguay Round: The Implications of an Asian Free Trade Area," *China Economic Review*, 1995, 6 (1): 35 - 90.

Spence, M., "Product Selection, Fixed Costs, and Monopolistic Competition," *Review of Economic Studies*, 1976, 43.

Taylor, Lance and Lysy, Frank, J., "Vanishing Income Redistributions: Keynesian Clues about Model Surprises in the Short Run," *Journal of Development Economics*, 1979, 6 (1): 11 - 29.

Varian, H., R., *Microeconomic Analysis*, New York: Norton, 1978.

Winters, L., A., "Separability and the Specification of Foreign Trade Functions," *Journal of International Economics*, 1984, 17 (3 - 4): 239 - 263.

第2章　动态GTAP理论

2.1　GTAP-Dyn理论

2.1.1　介绍

动态全球贸易分析模型（GTAP-Dyn）是一种用于模拟世界经济运行的动态递归的应用型一般均衡模型（AGE）。它扩展了标准的GTAP模型（Hertel，1997），在其中加入了跨地区的资本流动、资本积累以及投资的适应性预期等机制。本节对GTAP-Dyn模型的原理进行了讨论，并给出了模型的一些技术细节。

标准GTAP模型（Hertel and Tsigas，1997）是以关于世界经济的一个比较静态AGE模型为基础，发展成一个多国AGE模型，并补充了GTAP的多国数据库。

GTAP-Dyn模型的主要目标是在GTAP模型的框架下，提供一种更好的、可用于长期分析的工具。在标准的GTAP模型中，资本可以在一个区域内的不同部门间流动，而区域之间则不可流动。这限制了那些涉及"在不同地区进行投资"的研究以及对相关政策的模拟分析。因此，为了探索更好的长期经济模拟工具，我们需要在模型中引入国际资本的流动。

随着放开资本在地区间流动，我们需要扩展国民经济账户，以允许国际转移支付。那些成功把资本吸引到某个地区的政策可能会对国内生产总值有很大的影响，但如果投资的资金来自国外，那么对国民生产总值和国家收入的影响会大大减弱。所以，为了避免在投资和福利之间建立虚假的联系，我们需要区分资产所有权和资产所在地：一个地区所拥有的资产不一定是位于该区域的资产，一个地区的资产所产生的收益也不一定使该区域的居民受益。

为了区分资产所在地和所有权，我们引入金融资产的一个基本性质。在模型中，一个地区不仅积累物质资本存量，还拥有对物质资本的所有权。这些所有权是指某种形式的金融资产。因此，国际收支也被作为金融资产核算体系的一部分纳入模型。

由于资本在国际流动，我们需要确定每个区域的资本存量。这是我们构建动态模型的首要任务。首先，追溯投资和资本存量的时间路径是确保最终模拟资本存量合理性的最好方式。其次，为了达到区域资本的最终模拟存量而进行的早期投资所带来的直接影响是它本身的利息。因此，我们在模型中引入了资本流动，即投资和资本积累的动态机制。同样，我们也在模型中引入了储蓄和财富积累的动态机制。

动态模型的主要特征是内生的区域资本存量、国际资产和负债、国际投资和收益的流动、金融资产、实物和金融资产存量的动态机制。在介绍这些新功能的同时，我们试图保留标准模型的优点，包括建立在真实统计基础上的数据库、快捷的计算、详细的区域和部门分类、以货币度量的效用，以及相关的分解方法等。

GTAP-Dyn 模型适用于中期和长期的政策分析模拟。我们已经有足够的理论和资料来支撑动态机制和关于金融资产的处理方法，但目前还不足以支持对短期内宏观经济、金融和货币的动态化。

GTAP-Dyn 模型的一个突出技术特征就是对时间的处理。许多动态模型将时间作为一项指标，使得模型中每一个变量都有一个时间维度。在 GTAP-Dyn 模型中，时间本身是一个变量，受外生变量（如政策冲击、技术和人口变化）变动的影响。模型中出现的每个方程，我们都给出了两种或三种表达形式，包括普通形式和模型代码中所使用的百分比（百分比变化）等。其中百分比形式的方程并不是完全从模型代码复制而来的，只是与代码很接近。2.1.2 节把它应用于资本积累方程；2.1.3 节结合资本存量的滞后调整和回报率的适应性预期，对投资理论进行了描述；2.1.4 节讨论全融资产及相关收入；2.1.5 节讨论了各类黏性工资制度；2.1.6 节讨论了模型特性和问题；2.1.7 节总结了模型的优势和局限。

2.1.2　资本积累

我们从资本积累方程开始，推导出在投资理论和金融资产理论中使用过的资本存量。这节首先介绍资本积累过程。

我们从资本存量的积分方程开始：

$$QKE(j,r) = QKB(j,r) + \int_{TIME\_0}^{TIME} NETQINV(j,r) \qquad (2-1)$$

其中 QKE (j, r) 代表部门 j 在 $TIME$（期末）时刻在区域 r 的资本存量，QKB (j, r) 代表部门 j 在 $TIME\_0$（期初）时刻的资本存量，$NETQINV$ (j, r) 表示净投资。微分之后，我们得到：

$$QKB(j,r)\frac{kb(j,r)}{100} = NETQINV(j,r) \times time \qquad (2-2)$$

其中 kb (j, r) 代表期初部门 j 在区域 r 的资本存量的百分比变化，$time$ 代表时间的百分比变化（通常我们选取 1 年为一期）。在两边乘上资本品价格的 100 倍，我们得到：

$$QKB(j,r) \times kb(j,r) = 100 \times NETQINV(j,r) \times time \qquad (2-3)$$

QKB (j, r) 表示部门 j 在区域 r 的资本存量，$NETQINV$ (j, r) 表示净投资。

$$NETQINV(j,r) = QINV(j,r) - DEPR(j,r) \times QKB(j,r) \qquad (2-4)$$

其中 $QINV$ (j, r) 代表当期部门 j 在区域 r 的投资，$DEPR$ (j, r) 代表部门 j 在区域 r 的资本折旧率。

如果我们把 *time* 设定为1年，在模型里我们定义了一个变量 *del_ Unity* 作为逐年连接动态关系的外生变量，模拟时我们对 *del_ Unity* 冲击为1，那么根据公式（2-3）和公式（2-4），可以得到：

$$QKB(j,r) \times kb(j,r) = 100 \times [QINV(j,r) - DEPR(j,r) \times QKB(j,r)] \times del\_Unity \tag{2-5}$$

这一方程在模型中的代码如下：

```
Equation  E_ kb (all, j, TRAD_ COMM) (all, r, REG)
[QKB (j, r) +TINY] ×kb (j, r) = 100× {QINV_ B (j, r) - DEPR (j, r) ×
QKB_ B (j, r)} ×del_ Unity +100×d_ f_ ac_ p_ y (j, r);
```

该方程是线性化后的形式，在冲击较大情况下会产生误差，在模拟中我们通常采用多步法来求得精确解，即把冲击分割成若干小冲击。在每次小冲击后，一些系数（如 *QKB*）相应被更新，然后再进行下一个小冲击的模拟。但系数 *QKB_ B* 和 *QINV_ B* 被定义为参数，则不会在多步法里更新。

在历史模拟或者在齐次性检验（Homogeneity Test）时，我们不想让 *kb* 由基础数据库求得，我们想外生冲击 *kb*。这样我们可以通过引入漂移变量 *d_ f_ ac_ p_ y* 到上述方程，把 *d_ f_ ac_ p_ y* 内生（相当于把方程关掉），而把 *kb* 外生，让资本增速与历史相符，或者引入齐次性检验的冲击。

2.1.3 投资理论

在静态 GTAP 里，投资由两类方式决定。一类假设投资/资本存量占比不变，另一类是资本回报率决定投资。第一类适合做长期模拟，但在动态 GTAP 模型里，模拟是逐年进行，我们采取第二类方式决定投资。我们这一版本的动态 GTAP 跟 GTAP-Dyn 有不一样的地方，尤其是在投资理论这部分。GTAP-Dyn 模型中投资函数对资本回报率比较敏感，在建立动态基线时，投资波动很大，使得模型不稳定；而且其投资理论的假设并不适合做短期模拟，其结果只在中长期（5~10 年）有效。为了避免这两个问题，新的动态 GTAP 模型采用了 MONASH 类模型的投资机制。接下来的部分，我们先后介绍预期资本回报率和资本增速的关系（资本供应函数）以及资本回报率的定义。

2.1.3.1　资本供应函数

在逐年的动态模拟中，我们假设各个部门在不同地区的资本存量增长率取决于资本的供给方程，假设在某部门的预期资本回报率增高的情况下，投资者愿意向该部门增加投资量。然而，投资者是谨慎的（厌恶风险的），预期资本回报率越高，其对资本拉动的弹性反而越低（虽然一直大于 0）。

要满足上述假设，模型里资本供应函数可以用以下逆对数（Inverse Logistic）形式（见图 2-1）。

$$
\begin{aligned}
EEQROR_{j,r} &= (RORN_{j,r} + F\_EEQROR\_J_r + F\_EEQROR_{j,r}) + \\
&(1/C_{j,r}) \times [\ln(K\_GR_{j,r} - K\_GR\_MIN_{j,r}) \\
&- \ln(K\_GR\_MAX_{j,r} - K\_GR_{j,r}) - \ln(TREND\_K_{j,r} \\
&- K\_GR\_MIN_{j,r}) + \ln(K\_GR\_MAX_{j,r} - TREND\_K_{j,r})]
\end{aligned}
\tag{2-6}
$$

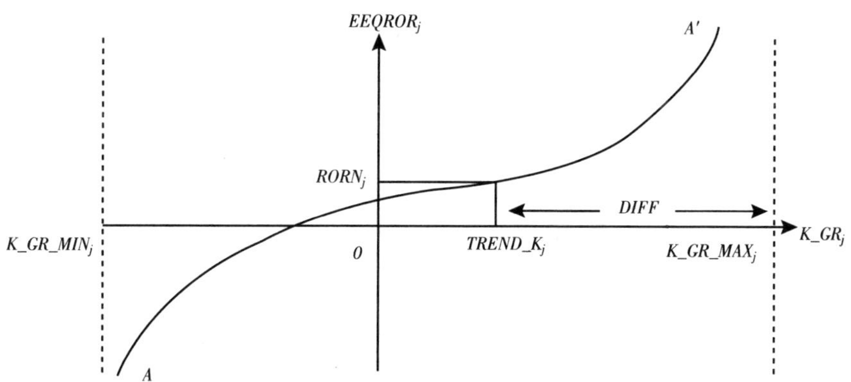

图 2-1　某区域部门 j 资本供应曲线（假设 $F\_EEQROR\_J_r$ 和 $F\_EEQROR_{j,r}$ 为零）

其中，$EEQROR_{j,r}$是部门j在区域r的资本均衡预期回报率。$K_GR_{j,r}$是部门j在区域r在t年的资本增长率（由$E_del_k_gr$定义）；$K_GR_MIN_{j,r}$是资本增长率可能的最小值，通常被设定为部门j在区域r的折旧率的负值；$TREND_K_{j,r}$是部门正常的资本增长率，是一个从历史时期中观察得到的资本增长率；$K_GR_MAX_{j,r}$是部门j在区域r最大可行的资本增长率；对于所有拥有一定资本存量的部门来说，$K_GR_MAX_j$是通过加总$DIFF$和$TREND_K_j$计算得到的。在模型里，$DIFF_j$被设定为0.1。比如，如果通过历史来看某个部门的正常资本增长率为5%，那么我们给资本增长率设定一个15%（5% +10%）的上限。

$C_{j,r}$是一个取值为正的参数，下文将讨论这一点。

$RORN_{j,r}$是部门正常的资本回报率。对在区域r的每个部门j来说，$RORN_{j,r}$是一段历史时期的平均资本回报率的估计量。如果$F_EEQROR_J_r$和$F_EEQROR_{j,r}$为零，同一历史时期这个部门的年均资本增长率为$TREND_K_{j,r}$。

$F_EEQROR_J_r$和$F_EEQROR_{j,r}$可以使资本供给曲线（图2－1中的AA′）垂直移动。

方程E_ d_ f_ eeqror_ j就是公式（2－6）的TABLO变化形式。

```
Equation E_ d_ f_ eeqror_ j
  # Capital supply: equilibrium expected rate of return and capital growth #
(all, j, TRAD_ COMM) (all, r, REG) d_ eeqror (j, r) =
(1/COEFF_ SL (j, r)) × [1/ (K_ GR (j, r) -K_ GR_ MIN (j, r)) +1/ (K_
GR_ MAX (j, r) -K_ GR (j, r))] ×del_ k_ gr (j, r) + d_ f_ eeqror (j, r) +
d_ f_ eeqror_ j (r);
```

为了更好地理解公式（2－6），可以先假设$F_EEQROR_J_r$和$F_EEQROR_{j,r}$都固定为0。这个方程就意味着在区域r，对于j部门来说，为了在t年吸引足够的投资以使资本增长率达到$TREND_K_{j,r}$，需要其预期资本回报率达到$RORN_j$。对于部门拥有比$TREND_K_j$更快的资本增速，该部门必定有比它历史回报率$RORN_j$要高的回报率。同样，如果这个部门的预期资本回报率比历史时期的观测值要小，假设不存在非均衡（Disequilibrium），公式（2-6）意味着投资者将会限制其向这个部门的资本供给，使之低于资本增长率的历史水平。

现在考虑 $F\_EEQROR\_J_r$、$F\_EEQROR_{j,r}$ 非零的情况。首先，如果 $F\_EEQROR\_J_r$ 不是 0 的话，那么区域 r 所有部门的资本供给曲线都会从图 2-1 中 AA' 的位置垂直移动相同的距离。我们也可以通过给方程 E_ d_ f_ eeqror_ j 中的 $d\_f\_eeqror\_j$ 赋予非零的值来使不同地区的 AA' 曲线发生不同的移动，这在预测模拟中很有用。在预测模拟中，我们往往可以从模型之外获取信息，了解总投资的变动趋势。总投资变动的外生设定，可以通过内生决定 $d\_f\_eeqror\_j$ 来协调。其次，如果 $F\_EEQROR_{j,r}$ 不是 0 的话，那么区域 r 不同部门 AA' 曲线的位置发生会不同的移动。这个过程在长期比较静态模拟和历史模拟之中是内生完成的。在这类模拟之中，我们不用 AA' 曲线来决定资本回报率和资本增长之间的关系，并且通过将变量 $d\_f\_eeqror_{j,r}$ 内生化关闭了方程 E_ d_ f_ eeqror_ j。最后，我们讨论对参数 $C_{j,r}$ 的计算。方程 E_ d_ f_ eeqror_ j 被激活，j 部门的资本增长对其均衡预期资本回报率的弹性是由参数 $C_{j,r}$ 决定的。在确定 $C_{j,r}$ 的值时候，我们的第一步工作是确定 $C_{j,r}$ 的方程：

$$C_{j,r} = \left[\left. \frac{\partial EEQROR_{j,r}}{\partial K\_GR_{j,r}} \right|_{K\_GR_{j,r} = TREND\_K_{j,r}} \right]^{-1} \times \left[\frac{K\_GR\_MAX_{j,r} - K\_GR\_MIN_{j,r}}{(K\_GR\_MAX_{j,r} - TREND\_K_{j,r})(TREND\_K_{j,r} - K\_GR\_MIN_{j,r})} \right] \quad (2-7)$$

如果我们对图 2-1 中的 AA' 曲线的斜率的倒数给定一个值，那么我们就可以通过 $K\_GR_{j,r} = TREND\_K_{j,r}$ 及公式（2-7）求得 $C_{j,r}$ 的值。我们并没有单个部门的数据支撑做这样的赋值，但是通过查看澳大利亚宏观模型中的投资函数，我们可以得到一个估计值 $SMURF$，即所有部门的资本增长对其均衡预期资本回报率的弹性平均值。我们可以利用如下条件及公式（2-7）计算得到 $C_{j,r}$［即 $COEFF\_SL\ (j,\ r)$］的值：

$$\left[\frac{\partial EEQROR_{j,r}}{\partial K\_GR_{j,r}}\bigg|_{K\_GR_{j,r}=TREND\_K_{j,r}}\right]^{-1} = SMURF_{j,r} \quad (2-8)$$

2.1.3.2　资本的实际和预期回报率

由于需要引入时间维度，为了简化方程的下标，我们暂时先把代表区域 r 的维度省略。在模型里，计算部门 j 在 t 年购买一个单位的实物资本（Physical Capital）的现值（Present Value）的方法为：

$$PV_{j,t} = -\Pi_{j,t} + [Q_{j,t+1} \times (1 - T_{t+1}) + \Pi_{j,t+1} \times (1 - D_j)]/[1 + WACC_t] \quad (2-9)$$

其中，$\Pi_{j,t}$是 j 部门在 t 年购买或建造一单位资本所花费的成本；D_j 是折旧率；$Q_{j,t}$是 j 部门在 t 年的资本租金（即 t 年一单位资本的使用成本）；T_t是 t 年对所有部门的资本收入征收的税率；$WACC_t$（Weighted Average Cost of Capital）是 t 年的税后名义融资成本，在这里我们作为折现率用。通常 $WACC$ 是企业直接（如股票）和间接（如发债和银行借贷）融资成本的加权平均。由于 GTAP 模型里没有金融产品的细分，假设企业都是以直接融资取得资本的，所以我们就用 $WACC$ 代表总的融资成本。

在这一计算中，我们假设 j 部门在 t 年收购的一单位实物资本导致了一笔当期的支出 $\Pi_{j,t}$，在此后 $t+1$ 年中，产生了两项收益，但该收益必须用（$1+WACC$）折现成现值。第一项是在 $t+1$ 年一单位新增资本的税后租金额 $Q_{j,t+1}$（$1-T_{t+1}$）；第二项是可以在 $t+1$ 年出售的一单位经过折旧的资本额 $\Pi_{j,t+1}\times$（$1-D_j$）。

为了得到资本回报率公式，我们将公式（2-9）两边都除以 $\Pi_{j,t}$，例如我们将 t 年 j 部门实物资本的实际[①]资本回报率 $ROR_ACT_{j,t}$定义为一美元投资的现值，即：

$$ROR\_ACT_{j,t} = -1 + [(1 - T_{t+1}) \times Q_{j,t+1}/\Pi_{j,t} + (1 - D_j) \times \Pi_{j,t+1}/\Pi_{jt}$$

① 我们使用“实际”（actual）这个词来强调这里是在定义资本回报率的实际情况，而不是事前对于资本回报率的预期。

$$+ RALPH \times T_{t+1} \times D_j \times \Pi_{j,t+1}/\Pi_{jt}]/[1 + WACC_t \times (1 - T_{t+1})] \quad (2-10)$$

模型中资本增长和投资取决于预期（而不是实际）资本回报率。

模型中有两种决定预期资本回报率的方式：静态预期（Static）和前瞻性预期（Forward - looking）。在静态预期下，我们假设投资者对税率的预期不变（例如，投资者预期 T_{t+1} 将会与 T_t 一致），对租金（Q_j）和资产价格（Π_j）的预期将会以每期通货膨胀率（INF）的速度增长。在这些假设下，他们对于 $ROR\_ACT_{j,t}$ 的预期（$ROR\_SE_{j,t}$）如下：

$$ROR\_SE_{j,t} = -1 + [(1 - T_t) \times Q_{j,t}/\Pi_{j,t} + (1 - D_j)_j]/(1 + R\_WACC\_SE_t) \quad (2-11)$$

其中，$R\_WACC\_SE_t$ 是对于实际税后利息的静态预期，取决于以下公式：

$$1 + R\_WACC\_SE_t = [1 + WACC_t]/[1 + INF_t] \quad (2-12)$$

在全球 GTAP 模型里，有一个金融资本市场，全球资本市场的出清决定了全球融资成本。由于模型没有刻画汇率市场，根据利率平价理论（Interest Rate Parity Condition），我们假设各地区的真实融资成本与全球资本融资成本联动，因此有以下关系：

$$R\_WACC\_SE_t(r) = RORE(r) = RORG \quad (2-13)$$

回到公式（2 - 12），如果我们定义税收力度 $PT_t = 1 - T_t$，那么公式可以改写为：

$$ROR\_SE_{j,t} = -1 + [(PT_t \times Q_{j,t}/\Pi_{j,t} + (1 - D_j)_j]/(1 + R\_WACC\_SE_t) \quad (2-14)$$

在 TABLO 语言里，经过线性化的公式（2 - 14）如下所示：

```
Equation E_ p1cap_ A # Expected rors by industry: static expectations #
(all, j, TRAD_ COMM) (all, r, REG) 100 × d_ eeqror (j, r) = (1/ (1 + RWACC_
SE (r))) ×
    { [GOS (j, r) × PWR_ TO ("capital", r) /VKBTM (j, r)] × [to
("capital", r)
    + pmes ("capital", j, r) - pcgds (r)] - [GOS (j, r) × PWR_ TO
("capital", r) /VKBTM (j, r)
    + 1 - DEPR (j, r)] × (1/ [(1 + RWACC_ SE (r))]) × 100 × d_ rwacc_ se
(r)};
```

采用 MONASH 类模型的投资函数，还有另外一个优点。该方法可以让用户选择前瞻性预期或“理性预期”（Rational Expectation）。跟静态预期不一样，我们假设投资者能正确地预测未来实际资本回报率。这是一个比较强的假设，通常情况下我们不采用。

2.1.4 金融资产及相关收入

正如在引言部分所讨论的，要建立国际资本流动的模型，我们需要区分资产所在地和所有权。要做到这一点，我们需要引入金融资产。在 GTAP-Dyn 模型中，区域家庭没有自己的物质资本，只有企业才有。家庭拥有金融资产而不是物质资本，这代表对物质资本的间接拥有。

我们将在下文介绍模型如何确定各个经济主体的金融资产和负债，以及相关的收入和支出。我们先讨论这种处理的一般特征和对符号进行注解。存量积累的关系决定了两个关键的金融资产变量，以这些作为限制，我们使用一个非理论机制来确定企业的负债和区域家庭的资产组成。最后，我们分析了全球金融中介机构的资产和负债以及金融资产相关收益的方程模块。

2.1.4.1 一般特征

除了为了更好地处理国际资本流动的原因，一些其他需求也决定了 GTAP-Dyn 模型中对金融资产的处理方式。出于在前文中介绍的原因，我们不要求回报率在短期内达到平衡。这意味着，我们需要确定总所有权价值（Gross Ownership Position）。仅仅知道一个地区的国外净资产是不够的，我们必须知道其总的国外资产和总的国外负债，因为它们的回报率可能有所不同。

为了减少扩展模型的数据结构带来的负担，而且也因为外国资产和负债的数据的有限性和差异性，我们在处理外国资产数据时，放宽了对其的要求。同时，我们也希望在进行区域细分时，考虑实证规律，即各个国家并不持有全球均衡的资产组合，而偏向于专业化持有本地资产。

关于新的处理方法，我们的目的并不在于给金融变量一个全面而准确的描述。在 GTAP-Dyn 模型中，设置金融资产并不是为了模拟现实世界中的金融资产，而是为了让我们可以在不构成外国账户泄漏的前提下，刻画国际资本的流动。相应地，我们对金融资产的处理是简约而高度程式化的。

在这些因素影响下，我们确定了金融资产模块的一些共有的特征。从根本上，我们并没有应用一套全面的金融理论方法，而是采取了一些临时的或启发式的方法。金融理论方法（Financial-theoretic Approach）的优点在于，它可以让我们有原则地计算在不同回报率下投资者持有的资产，而不是仅计算收益最高的资产。投资者关心的不仅是回报，还有风险，金融理论方法将把他们的消费、储蓄行为，以及风险与回报的权衡，与相同的潜在偏好联系起来，从而实现严谨的福利分析。

为什么不使用金融理论方法？一方面，引进金融理论方法将大大增加模型的复杂性；另一方面，在国际金融行为和经验中有许多在理论上难以解释的矛盾。举个最相关的例子，尽管现有的金融理论模型已经有了看起来可信的行为参数设置和观察得到的风险水平，但还是很难解释为什么各个国家实际回报率的差异远远超过利用这些理论模型得到的预测值。我们并不因为这一点而完全否认金融理论方法，但它确实使成本收益平衡变得缺乏吸引力。权衡利弊，我们选择不在 GTAP-Dyn 模型中采取这样的方法，但我们仍承认它是今后该研究领域值得探索的问题之一。

做完这个基本决策之后，我们还要做出几个进一步的设计决策。首先，我们必须决定哪些物质资产应该支持金融资产，换句话说，哪些物质资产是应该由金融资产来间接地代表其所有权的。为了体现国际资本的流动性，我们必须在这个组合中包含物质资产，以及一些除了劳动力之外的初级生产要素（GTAP 模型中的禀赋产品——Endowment Commodity）。在标准 GTAP 模型第四版数据库中，这类初级生产要素有两个：农业用地和其他自然资源（包括矿产、渔业和林业资源等）（McDougall et al.，1998）。虽然好像让所有这些要素都支持金融资产更合乎逻辑，但只让物质资产支持金融资产将会更简单。在这个版本的模型中，我们采取的是简单的方法。因此，在 GTAP-Dyn 模型中，公司拥有物质资产但租用土地和自然资源；区域家庭拥有土地和自然资源，它们把这些租给公司以此实现金融资产对物质资产的间接所有权。

接下来的问题是应该在模型中使用哪类金融资产。现实世界中有三大金融资产——货币、债务和股票，进而又可以分为许多小类。一方面，更多的资产类别可以提高模型的真实感；另一方面，由于上文讨论的原因，金融资产类别带来的真实感并不是这个模型追求的首要目标。鉴于这种情况（以及为了符合我们的目的——金融资产模块的作用是支持国际资本流动，而不是真实地描述金融部门），我们在模型中只包括一个资产类别——股权（Equity）。因此，在 GTAP-Dyn 模型中，公司没有负债，只有一种资产——物质资产。根据基本的资产负债表恒等式（资产 = 负债 + 所有权），公司的股本价值等于公司拥有的物质资产。

接下来，我们需要问哪些经济主体可以持有公司股权。最简单的设计是假定各个区域家庭都可以持有所有区域的公司股权。然而，这需要外国资产和负债的双边数据。不幸的是，现有的数据（主要是有关外国直接投资的数据）不足且数据内部并不一致。为了尽量减少对数据的要求，我们设立一个叫作“全球信托”（Global Trust）的虚构组织来作为所有外国投资的金融中介机构。在 GTAP-Dyn 模型中，区域家庭不直接持有外国公司的股权，只持有当地公司的股权，以及全球信托的股权。反过来，全球信托持有所有区域的公司股权。信托并没有负债，也没有资产（除了它在各区域公司的股权）。因此，根据资产负债表的恒等式，信托总股本的价值等于信托持有的总资产。

这种方法的一个小缺点是它会导致模型错估持有的外国资产。我们让每个区域在全球信托中的股本等于其外国资产，然而在全球信托中的股本的某些部分事实上代表了本地资产的间接所有权。这些错估对于小区域来说是微不足道的，但对于大区域，如美国，影响则是相当大的。

图 2－2 总结了模型中金融资产的框架。每个区域 *r* 的公司都有一个值 *WQ_ FIRM*（*r*），其中当地的区域家庭拥有部分为 *WQHFIRM*（*r*），全球信托拥有部分为 *WQTFIRM*（*r*）。全球信托为区域家庭所拥有，每个区域 *r* 拥有其股权 *WQHTRUST*（*r*）。区域家庭总的金融财富包括当地公司的股权 *WQHFIRM*（*r*）和全球信托的股权 *WQHTRUST*（*r*）。我们在下文将进一步讨论这些关系。

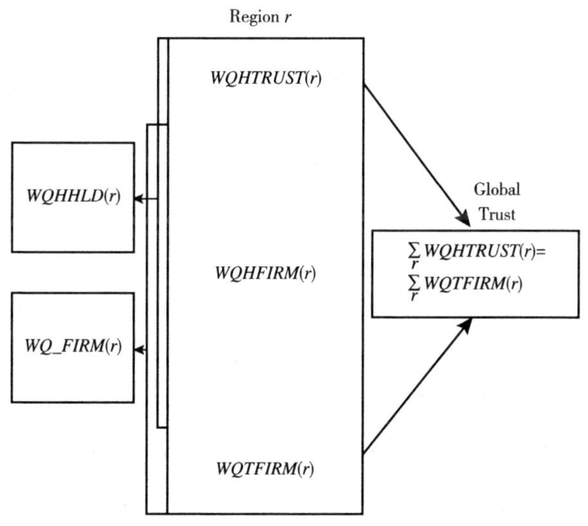

图 2－2　模型中金融资产的框架

一个有待讨论的问题是收入的概念以及物质资产和金融资产的投资。我们把资产的收益当作收入，而不是资产价格变动所产生的资本收益或损失。对于物质资产，我们也从收入的定义中排除物理折旧（就像在标准 GTAP 模型中一样）。对于公司股权或全球信托股权，我们计算实体资产数量净变动的货币价值，但不包括资本收益。

这种处理方法有两个好处。首先，它保持了收入和金融资产投资的一致性，同时排除了资本收益，因此储蓄（计算为金融资产的投资总额）与收入一致。其次，它可以支持所有权变动的简单分解。想象一个没有负债但拥有一些资产的实体。令 W_{Ai} 代表资产 i 的价值，$W=\sum_i W_{Ai}$ 为总的资产价值。则总资产价值的百分比变化为 $W_w=\sum_i W_{Ai}\ (p_{Ai}+q_{Ai})$，其中 p_{Ai} 表示 i 资产价格的百分比变化，q_{Ai} 表示 i 资产数量的百分比变化。我们可以用这个方程把总资产价值的变化分解为两个部分：①实体资产数量变动的货币价值（1/100）$\sum_i W_{Ai}\, q_{Ai}$，②实体资产价格变动的货币价值（1/100）$\sum_i W_{Ai}\, p_{Ai}$。

现在根据资产负债表恒等式，公司总的所有权等于总资产价值 W，所以 $W=p_Q+q_Q$，其中 p_Q 和 q_Q 分别表示公司股票价格和数量的百分比变化。我们可以把它们分解成投资部分（1/100）Wq_Q 和资本增益部分（1/100）Wp_Q，然后，根据传统的投资定义，$Wq_Q=\sum_i W_{Ai}\, q_{Ai}$，所以 $Wp_Q=\sum_i W_{Ai}\, p_{Ai}$。也就是说，该公司的股票价格与公司的资产价格指数是成比例关系的。因此，总的所有权的价格和数量的变化等同于总资产中相应部分的变化。

换个角度看，这也就是假设该企业和全球信托把它们的净收益全部作为股息分给了股东，并仅通过发行新的股票来为它们的净资产购买提供资金。根据这一假设，股息的价值与 GTAP-Dyn 模型中对收入的定义相一致，而且股票发行的价值与 GTAP-Dyn 模型中对金融投资的定义相一致。

2.1.4.2 变量命名规则

为了介绍模型的核算框架，我们采用了一套系统的符号命名标准。

小写字母书写的变量表示百分比变化量，大写字母表示该变量是数据系数、参数、绝对值变化量，或普通变量（即 delta、level 的变化量）。在一般情况下，一个变量或一个系数的第一个字符表明了它的类型——*W*（财富）表示资产价值，*Y* 表示收入；第二个字符表明资产类型——在当前版本的模型中，*Q* 永远表示股权；第三个字符表示拥有这项资产或拥有其收入的部门；而第四个字符指的是赊欠资产或支付相关收入的部门，例如，*F* 表示在区域公司的投资，*T* 表示在全球信托的投资，*H* 表示区域家庭所进行的投资。因此，一个以 *WQHF* 开头的名称，是指当地的区域家庭所拥有的国内公司股权财富，而以 *YQHF* 开头的名称是指国内企业支付给区域家庭的股权收益。此外，为了表明以上规则没能说明的特性，我们也使用下划线。当然，如果下划线位于名字的尾部，那么它是没有意义的。

2.1.4.3　资产积累

模型中的金融资产模块与两个关键变量紧密相关：区域 *r* 的公司所有权价值和区域 *r* 的家庭股本持有量。资产积累关系直接或间接确定了这两个变量。

在 GTAP-Dyn 模型中，企业购买中间投入品、雇用劳工、租用土地，拥有固定资本，没有债务。从会计核算的角度看，它们没有负债，除固定资本外也没有其他资产。反过来说，也就是企业只拥有固定资本。因此，区域 *r* 企业的所有权价值 *WQ_ FIRM*（*r*）等于它们的固定资本的价值，也就是所有本地固定资本的价值，它等于相应价格和数量的乘积：

$$WQ\_FIRM(r) = VK(r) = PCGDS(r) \times QK(r) \tag{2-15}$$

其中 *PCGD*（*r*）表示区域 *r* 资本产品的价格。全微分以后，我们得到百分比变化形式的公式：

$$wq\_f(r), = pcgds(r) + qk(r) \tag{2-16}$$

其中 *wq_ f*（*r*）表示 *WQ_ FIRM*（*r*）的百分比变化，*pcgds*（*r*）表示 *PCGDS*（*r*）的百分比变化。在模型的编程中，我们写作：

```
Equation REGEQYLCL#change in VK (r) # (all, r, REG)
wq_ f (r) = pcgds (r) + qk (r) + swq_ f (r);
```

其中，*swq_ f*（*r*）是区域层面的漂移变量（出于建模目的设置的变量，外生而且在模型中等于0）。因此，每个区域的企业的总资产价值由资本积累方程间接地给出。

这里我们注意到，区域 r 的企业股票价格 PQ_FIRM（r）与区域 r 的资本品价格成比例变化，因此这两个变量的百分比变化量相等：

$$pq\_f(r) = pcgds(r) \tag{2-17}$$

其中，pq_f 表示 PQ_FIRM 的百分比变化。像资本存量和投资一样，我们使用时间变量来捕捉区域财富和储蓄的内在动态机制。这样，我们就有了区域家庭的国内资产所有权的积累方程：

$$WQHFIRM(r) = PQ\_FIRM(r) \times \int_{TIME_0}^{TIME} QQHFIRM(r)\,\mathrm{d}t \tag{2-18}$$

其中，PQ_FIRM（r）是区域 r 的本地企业的股票价格，$QQHFIRM$（r）是区域家庭所购买本地公司的股票数量。类似的，对于区域家庭在全球信托的股票，我们有：

$$WQHTRUST(r) = PQTRUST \times \int_{TIME_0}^{TIME} QQHTRUST(r)\,\mathrm{d}t \tag{2-19}$$

其中 $PQTRUST$ 是全球信托的股票价格，$QQHTRUST$ 是区域家庭所购买全球信托的股票数量。于是，区域家庭的股权财富为：

$$WQHHLD(r) = PCGDS(r)\int_{TIME_0}^{TIME} QQHFIRM(r)\,\mathrm{d}t + PQTRUST\int_{TIME\_0}^{TIME} QQHTRUST(r)\,\mathrm{d}t \tag{2-20}$$

通过对公式（2－20）全微分，并且依照公式（2－17）用 $pcgds$（r）替代 pq_f（r），我们得到：

$$\begin{aligned} WQHHLD(r) \times wqh(r) = {} & WQHFIRM(r) \times pcgds(r) + WQHTRUST(r) \\ & \times pqtrust + 100 \times [VQHFIRM(r) + VQHTRUST(r)] \times time \end{aligned} \tag{2-21}$$

其中 $pqtrust$ 代表 $PQTRUST$ 的百分比变化。$VQHFIRM$（r）表示区域家庭在区域 r 国内企业新投资的价值，即：

$$VQHFIRM(r) = PCGDS(r) \times QQHFIRM(r) \tag{2-22}$$

VQHTRUST（*r*）表示区域家庭在全球信托新投资的价值：

$$VQHTRUST(r) = PQTRUST(r) \times QQHTRUST(r) \tag{2-23}$$

现在，区域家庭在国内和国外股票的投资总额等于区域家庭的储蓄，也就是：

$$VQHFIRM(r) + VQHTRUST(r) = SAVE(r)$$

其中 *SAVE*（*r*）表示区域 *r* 的储蓄，所以公式（2－21）简化为：

$$WQHHLD(r) \times wqh(r) = WQHFIRM(r) \times pcgds(r) + WQHTRUST(r) \times pqtrust + 100 \times SAVE(r) \times time \tag{2-24}$$

在模型的编程中，我们写作：

```
Equation REGWLTH#change in wealth of the household [wqh (r)] # (all, r, REG)
WQHHLD (r) ×wqh (r)
=WQHFIRM (r) ×pcgds (r) + WQHTRUST (r) ×pqtrust + 100.0×SAVE (r) ×
time+ WQHHLD (r) ×swqh (r);
```

其中，*swqh*（*r*）是区域层面的财富漂移变量。

2.1.4.4　企业和家庭的资产与负债

在上一小节中，我们确定了每个区域内公司股票价格的百分比变化量——*wq_ f*，区域家庭股票财富的百分比变化量——*wqh*。在这个小节中，我们把企业股权分解为属于当地家庭的股权和属于全球信托的股权。

如图 2－2 所示，区域企业的股权由两个部分组成：属于当地区域家庭的股权 *WQHFIRM*（*r*）和属于全球信托的股权 *WQTFIRM*（*r*）：

$$WQ\_FIRM(r) = WQHFIRM(r) + WQTFIRM(r) \tag{2-25}$$

全微分之后，我们得到：

$$WQ\_FIRM(r) \times wq\_f(r) = WQHFIRM(r) \times wqhf(r) + WQTFIRM(r) \times wqtf(r) \tag{2-26}$$

其中 *wqhf*（*r*）和 *wqtf*（*r*）分别表示 *WQHFIRM*（*r*）和 *WQTFIRM*（*r*）的百分比变化。

在模型中写成：

```
Equation EQYHOLDFNDLCL #total value of firms in region r# (all, r, REG)
WQ_ FIRM (r) ×wq_ f (r) = WQHFIRM (r) ×wqhf (r) + WQTFIRM (r) ×wqtf
(r);
```

同样是在上一小节，我们确定了区域家庭的股权财富——*WQHHLD*。如图2-2所示，这也包括两部分，在国内区域公司的股权 *WQHFIRM* 和在全球信托的股权 *WQHTRUST*：

$$WQHHLD(r) = WQHFIRM(r) + WQHTRUST(r) \tag{2-27}$$

全微分以后，我们得到：

$$WQHHLD(r) \times wqh(r) = WQHFIRM(r) \times wqhf(r) + WQHTRUST(r) \times wqht(r) \tag{2-28}$$

其中 $wqhf(r)$ 和 $wqht(r)$ 分别表示 $WQHFIRM(r)$ 和 $WQHTRUST(r)$ 的百分比变化。这在模型编程中写成：

```
Equation EQYHOLDWLTH #total wealth of the household# (all, r, REG)
WQHHLD (r) ×wqh (r)
= WQHFIRM (r) ×wqhf (r) + WQHTRUST (r) ×wqht (r);
```

到目前为止，对于每个区域 *r*，我们有两个核算恒等式——公式（2-25）和公式（2-27），还有三个要确定的变量——*WQHFIRM*（*r*）、*WQTFIRM*（*r*）和 *WQHTRUST*（*r*）。等价的，对于每个地区，恒等式足以确定外国资产的净值：

$$WQHTRUST(r) - WQTFIRM(r) = WQHHLD(r) - WQ\_FIRM(r) \tag{2-29}$$

但不能确定国外资产和负债总值，即 *WQHTRUST*（*r*）和 *WQTFIRM*（*r*）。显然，有许多不同的外国资产总值与净值相一致。

在这个模型中，我们没有采用投资组合分配理论（Portfolio Allocation Theory），所以我们没有理论来解释所有权总价值（Gross Ownership Position）。从长期来看，各地区的资本回报率是相等的。由于没有投资组合分配理论，投资者只关心收益，所以在投资回报率相等的情况下，资产组合的分配是任意的。在短期来说，我们允许地区间的回报率存在差异。我们需要投资者持有多项资产（因为外国所有权净值必须是非零的），但我们没有理论解释为什么投资者会持有除了收益最高的资产之外的其他资产。因此，我们只能通过应用一些非理论原则来决定短期或长期的投资组合分配情况。

我们基于以下标准选择这一原则。首先，也是最明显的是，三个变量 *WQHFIRM*（*r*）、*WQHTRUST*（*r*）和 *WQTFIRM*（*r*），必须满足公式（2－25）和公式（2－27）两个恒等式。

其次，我们希望保持这三个变量一直取正值（只要 *WQHHLD*（*r*）和 *WQ_ FIRM*（*r*）是正值就有可能）。虽然在现实中有可能抛空股票，但我们未曾见到长期、大量持有负资产的情况。如果我们允许在模型中持有负资产，可能会产生奇怪的福利效应。举例来说，如果我们允许全球信托部门在某地持有负资产，则该信托收益以及相应各地区的外国资产收益，都会与该地的资本租金呈反向变动关系。鉴于现实世界中并不存在常态化的负资产，这种反比关系是不现实的。

最后，我们希望分配原则使国内和国外资产初始值在每个地区的财富分配中尽可能地接近。该资产处理方式的一项目标是使模型与现实中的经验规律保持一致：各地区偏向于专业化持有本地资产。如果最初的数据库与之相符，我们希望更新后的数据库也与此保持一致。

一种可能的做法是假设每个区域以固定比例在国内和国外资产之间分配财富，这种假设很简单，也有很多优势。但它有一个缺陷：它太容易使对外负债成为负数。例如，给上述假设的地区生产率一个负的冲击，可能会导致该地的资本价值比该地居民持有的股本价值下跌得更剧烈。如果采取的是固定份额的方法，那么该地居民持有的国内股本价值可能很容易超过该地资本存量的价值，使国外对该地区的所有权价值变为负值。根据之前的讨论，我们希望避免这样的结果。

相反，如果我们假设，在每个地区，资金来源的构成是固定的，即国外和国内对当地资本的股本以固定比例变化，则可以保证当地资本中外国持有的部分不会变负。然而，当地资本存量的增长很可能导致当地的外国资产所有权为负。

为了避免外国资产总额和对外负债总额中出现负值，我们需要采取一个从熵理论（Entropy Theory）中发现的更复杂而巧妙的方法。最小化交叉熵理论为我们提供了这样一种方法，可以在多项限制条件下，把严格为正的总量划分成严格为正的分量，同时尽可能地保持初始份额。在这里我们无法展开对相关概念的全面阐述，请参考 Kapur 和 Kesavan（1992）的研究，尤其是其中提出的从经济学角度出发的现代处理方法。

交叉熵是一个总量的两种分割方式（Partition）之间的分歧度指标，用 S_i 表示，$i=1$，2，…，n。S_i（0）为初始份额，S_i（1）为最终份额，交叉熵是：

$$\sum_i S_i(1)\log\frac{S_i(1)}{S_i(0)} \tag{2-30}$$

对于全部 i，当 S_i（1）$=S_i$（0）时，也就是说，最终份额等于初始份额时，交叉熵取最小值（Kapur and Kesavan，1992）。

当我们在对最终份额施加限制条件时，交叉熵方法的优势变得更明显。例如，对于大多数限制来说，限制条件下的最优化问题都可以看作简单地寻找一阶条件。此外，由于初始份额是严格为正的，所以就可以得到既符合限制条件又严格为正的最终份额。

我们关心的是两套份额：国内财富在国内和国外股权中的分配份额，以及国内和国外资金在当地资本所有权中的份额。我们将这些份额运用到交叉熵方法中，对于区域 r 国内财富的份额，其交叉熵是：

$$\begin{aligned} CEHHLD(r) &= WQHFIRMSH(r)\times\log\frac{WQHFIRMSH(r)}{WQHFIRMSH\_0(r)} \\ &\quad + WQHTRUSTSH(r)\times\log\frac{WQHTRUSTSH(r)}{WQHTRUSTSH\_0(r)} \end{aligned} \tag{2-31}$$

WQHFIRMSH（r）表示区域 r 的家庭所持有的股本组合中在本地公司的当前份额，*WQHTRUSTSH*（r）表示区域 r 的家庭所持有的股本组合中在全

球信托的当前份额，*WQHFIRMSH_* 0（*r*）和 *WQHTRUSTSH_* 0（*r*）分别表示它们的初始份额。

根据定义，有：

$$\begin{aligned} WQHFIRMSH(r) &= \frac{WQHFIRM(r)}{WQHHLD(r)} \\ WQHFIRMSH\_0(r) &= \frac{WQHFIRM\_0(r)}{WQHHLD\_0(r)} \\ WQHTRUSTSH(r) &= \frac{WQHTRUSTSH(r)}{WQHHLD(r)} \\ WQHTRUSTSH\_0(r) &= \frac{WQHTRUSTSH\_0(r)}{WQHHLD\_0(r)} \end{aligned} \tag{2-32}$$

把这些代入公式（2－31），我们得到：

$$\begin{aligned} WQHHLD(r) \times CEHHLD(r) = WQHFIRM(r) \times \log \frac{WQHFIRM(r)}{WQHFIRM\_0(r)} + WQHTRUST(r) \\ \times \log \frac{WQHTRUST(r)}{WQHTRUST\_0(r)} - WQHHLD(r) \times \log \frac{WQHHLD(r)}{WQHHLD\_0(r)} \end{aligned} \tag{2-33}$$

因为 *WQHHLD*（*r*）和 *WQHHLD_* 0（*r*）已经给定，因此最大化 *CEHHLD*（*r*）就等价于最大化以下公式：

$$FHHLD(r) = CEHHLD(r) + WQHHLD(r) \times \log \frac{WQHHLD(r)}{WQHHLD\_0(r)} \tag{2-34}$$

然后：

$$\begin{aligned} WQHHLD(r) \times FHHLD(r) = WQHFIRM(r) \times \\ \log \frac{WQHFIRM(r)}{WQHFIRM\_0(r)} + WQHTRUST(r) \times \log \frac{WQHTRUST(r)}{WQHTRUST\_0(r)} \end{aligned} \tag{2-35}$$

同样，最大化与本地资本所有权份额相关的交叉熵相当于最大化 *FFIRM*（*r*），其中：

$$\begin{aligned} WQ\_FIRM(r) \times FFIRM(r) = WQHFIRM(r) \times \\ \log \frac{WQHFIRM(r)}{WQHFIRM\_0(r)} + WQTFIRM(r) \times \log \frac{WQTFIRM(r)}{WQTFIRM\_0(r)} \end{aligned} \tag{2-36}$$

我们试图最小化两个交叉熵加权之后的总和：

$$WSCE(r) = RIGWQH(r) \times WQHHLD(r) \times CEHHLD(r) +$$

$$RIGWQ\_F(r) \times WQ\_FIRM(r) \times CEFIRM(r) \quad (2-37)$$

这两个交叉熵的权重由相应的总价值 *WQHHLD*（*r*）和 *WQ_ FIRM*（*r*）以及刚度参数（Rigidity Parameter）*RIGWQH*（*r*）和 *RIGWQ_ F*（*r*）确定。如果 *RIGWQH*（*r*）取了一个较高的值，而 *RIGWQ_ F*（*r*）取了一个较低的值，那么（如果有解的话）家庭财富的分配就会几乎被固定，其中的绝大多数调整变动将会出现在本地公司股本的源份额（Source Share）中。如果 *RIGWQ_ F*（*r*）取了一个较高的值，*RIGWQH*（*r*）取了一个较低的值，那么股权的源份额将倾向于保持它们的初始值，而且大部分调整变动将出现在家庭财富的分配份额中。

从上述情况看，最小化 *WSCE* 相当于最小化以下公式：

$$\begin{aligned} F &= RIGWQH(r) \times WQHHLD(r) \times FHHLD(r) + RIGWQ\_F(r) \\ &\times WQ\_FIRM(r) \times FFIRM(r) = RIGWQH(r) \times [WQHFIRM(r) \times \\ &\log \frac{WQHFIRM(r)}{WQHFIRM\_0(r)} + WQHTRUST(r) \times \log \frac{WQHTRUST(r)}{WQHTRUST\_0(r)}] \\ &+ RIGWQ\_F(r) \times [WQHFIRM(r) \times \log \frac{WQHFIRM(r)}{WQHFIRM\_0(r)} \\ &+ WQTFIRM(r) \times \log \frac{WQTFIRM(r)}{WQTFIRM\_0(r)}] \end{aligned} \quad (2-38)$$

为了决定三个财富变量，我们将受公式（2-25）和公式（2-27）限制的目标函数最小化。拉格朗日乘数包含相应的乘数：受公司价值约束公式（2-25）的 *WQ_ FIRM*（*r*）和受家庭财富约束公式（2-27）的 *WQHHLD*（*r*）。一阶条件包括两个约束和三个与净财富变量相对应的公式。

因此，将拉格朗日函数对 *WQTFIRM*（*r*）（外国对国内资本的股权）求导后，我们得到：

$$XWQ\_FIRM(r) = RIGWQ\_F(r) \times \left[\log \frac{WQTFIRM(r)}{WQTFIRM\_0(r)} + 1\right] \quad (2-39)$$

再次全微分之后，我们得到：

$$xwq\_f(r) = RIGWQ\_F(r) \times wqtf(r) \quad (2-40)$$

其中 *xwq_ f*（*r*）表示拉格朗日乘数 *XWQ_ FIRM*（*r*）的百分比变化，

在 TABLO 代码中，我们有：

```
Equation EQYHOLDFNDHHD
#eqty holdings of trust in the firms [wqtf (r)] #
(all, r, REG)
xwq_ f (r) = RIGWQ_ F (r) × wqtf (r);
```

同样，为了得到国内财富对国外资产的所有权，我们有一阶条件的水平形式：

$$WQHHLD(r) = RIGWQH(r) \times \left[\log \frac{WQHTRUST(r)}{WQHTRUST\_0(r)} + 1\right] \qquad (2-41)$$

一阶条件的百分比形式为：

$$xwqh(r) = RIGWQH(r) \times wqht(r) \qquad (2-42)$$

其中 $xwqh(r)$ 表示拉格朗日乘数 $XWQHHLD(r)$ 的百分比变化，在 TABLO 代码中，我们有：

```
Equation EQYHOLDHHDFND
#shift variable for the wealth of hhlds [xwqh (r)] #
(all, r, REG)
xwqh (r) = RIGWQH (r) × wqht (r) + swqht (r);
```

最后，对于国内财富对国内资本的所有权，我们有一阶条件的水平形式：

$$\begin{aligned} & WQHHLD(r) + XWQ\_FIRM(r) \\ & = [RIGWQH(r) + RIGWQ\_F(r)] \times \left[\log \frac{WQHFIRM(r)}{WQHFIRM\_0(r)} + 1\right] \end{aligned} \qquad (2-43)$$

一阶条件的百分比形式为：

$$xwqh(r) + xwq\_f(r) = [RIGWQH(r) + RIGWQ\_F(r)] \times wqhf(r) \qquad (2-44)$$

TABLO 代码为：

```
Equation EQYHOLDHHDLCL
#shift variable wealth of firms [xwq_ f (r)] #
(all, r, REG)
[RIGWQH (r) + RIGWQ_ F (r)] × wqhf (r) = xwqh (r) + xwq_ f (r) + swqhf
(r);
```

其中，*swqhf*（*r*）是一个区域特定漂移变量。要指出的是，把来自公式（2－40）的 *wqtf* 和来自公式（2－42）的 *wqht* 通过替换代入公式（2－44），我们得到：

$$[RIGWQH(r) + RIGWQ\_F(r)] \times wqhf(r) = RIGWQH(r) \times wqht(r) + RIGWQ\_F(r) \times wqtf(r) \qquad (2-45)$$

该方程表明，*WQHFIRM*（*r*）的调整是 *WQTFIRM*（*r*）和 *WQHTRUST*（*r*）调整的加权平均值。

还要注意的是，如果我们给 *RIGWQH*（*r*）分配一个大值，给 *RIGWQ_F*（*r*）分配一个小值，那么 *xwqh*（*r*）会承担一个相对较大的值，而 *xwq_ f*（*r*）会承担一个相对较小的值，以至于 $xwqh(r) \approx RIGWQH(r) \times wqhf(r)$，$wqhf(r) \approx wqht(r) = RIGWQH(r)^{-1} \times xwqh(r)$，也就是如前文所言，家庭财富分配份额几乎是固定的。

2.1.4.5 全球信托的资产和负债

有三个核算恒等式与全球信托相关。首先，全球信托的资产价值，即 *WQTRUST*，等于外国对各区域企业的所有权的总和：

$$WQTRUST = \sum_{r} WQTFIRM(r) \qquad (2-46)$$

以百分比变化的形式，我们有：

$$WQTRUST \times wqt = \sum_{r} WQTFIRM(r) \times wqtf(r) \qquad (2-47)$$

其中 *wqt* 是 *WQTRUST* 的百分比变化，在 TABLO 代码中，我们有：

```
Equation TOTGFNDASSETS #value of assets owned by global trust#
WQTRUST × wqt = sum {s, REG, WQTFIRM (s) × wqtf (s)};
```

其次，信托的价值等于各区域在信托的股本的总和，也就是说，各区域对外国资产所有权的总和：

$$WQ\_TRUST = \sum_{r} WQHTRUST(r) \tag{2-48}$$

以百分比变化的形式，我们有：

$$WQ\_TRUST \times wq\_t = \sum_{r} WQHTRUST(r) \times wqht(r) \tag{2-49}$$

其中 wq_t 是 WQ_TRUST 的百分比变化，在 TABLO 代码中，我们有：

```
Equation TOTGFNDPROP #value of trust as total ownership of trust#
WQ_ TRUST×wq_ t = sum {s, REG, WQHTRUST (s) ×wqht (s)};
```

最后，该信托的总价值等于其资产总价值：

$$WQ\_TRUST = WQTRUST \tag{2-50}$$

所写的这个方程在模型中是多余的，因为它隐含在其他关系中。积累方程与全球投资和全球储蓄相等的关系式一并确保了物质资本的总价值总是等于地区所拥有的金融资产的总价值。

所以：

$$\sum_{r} WQ\_FIRM(r) = \sum_{r} WQHHLD(r) \tag{2-51}$$

然后有如下表示：

$$\begin{aligned} WQ\_TRUST &= \sum_{r} WQHTRUST(r) \\ &= \sum_{r} WQHHLD(r) - WQHFIRM(r) \\ &= \sum_{r} \mathrm{WQHHLD}(r) - \sum_{r} \mathrm{WQHFIRM}(r) \\ &= \sum_{r} WQ\_FIRM(r) - \sum_{r} WQHFIRM(r) \\ &= \sum_{r} WQ\_FIRM(r) - WQHFIRM(r) \\ &= \sum_{r} WQTFIRM(r) \\ &= WQTRUST \end{aligned} \tag{2-52}$$

为了验证模拟结果满足恒等式，我们在模型中包含：

$$WQTRUST = WTRUSTSLACK \times WQ\_TRUST \quad (2-53)$$

其中 *WTRUSTSLACK* 表示一个内生的自由变量。写成百分比变化方式：

$$wqt = wq\_t + wtrustslack \quad (2-54)$$

其中 *wtrustslack* 表示 *WTRUSTSLACK* 的百分比变化。在 TABLO 代码中，我们有：

```
Equation GLOB_ BLNC_ SHEET
#check that ownership by the trust equals ownership of the trust#
wqt = wq_ t + wtrustslack;
```

如果该模型数据库遵守资产核算的恒等式（并假设方程中没有错误），在任何模型中，变量 *wtrustslac* 内生为0。因此自由变量的结果为模型的有效性提供了一个检查。图 2 –2 说明了这些核算关系。

对应公式（2 –47），我们用一个价格方程计算资产价值。正如在前文讨论的，我们可以将资产和所有权增长归于投资和资本增值两个部分。对于全球信托，让资产和所有权的资本增值部分相等，则得到方程：

$$pqtrust = \sum_r \frac{WQTFIRM(r)}{WQTRUST} \times pcgds(r) = \sum_r WQT\_FIRMSHR(r) \times pcgds(r) \quad (2-55)$$

其中 *WQT_ FIRMSHR*（*r*）表示区域 *r* 在全球信托总资产中的股权份额。在 TABLO 代码中，这变成：

```
Equation PKWRLD
#change in the price of equity in the global fund#
pqtrust = sum {r, REG, WQT_ FIRMSHR (r) ×pcgds (r)};
```

2.1.4.6 金融资产收入

上述小节已经确定了金融资产的存量，我们现在确定相关的收入。我们用三个阶段来分析。首先，我们确定从企业到家庭和全球信托的付款。其次，我们计算了全球信托的总收入，并确定信托支付给区域家庭的付款。最后，我们计算区域家庭来自当地企业和全球信托的总权益收入。

为了对股权收益流动做出概述，我们参考图 2－3。区域 r 的公司向股东发放股权收益 *YQ_ FIRM*（r），其中 *YQHFIRM*（r）分给了当地的区域家庭，*YQTFIRM*（r）分给了全球信托。把 *YQTFIRM*（r）跨区域加总，我们得到了全球信托的总收入 *YQTRUST*。信托在区域家庭中分配，区域 r 收到的金额为 *YQHTRUST*（r）。因此，区域 r 总的股权收益 *YQHHLD*（r）等于来自当地公司的收益 *YQHFIRM*（r）和来自全球信托的收益 *YQHTRUST*（r）的总和。在此基础上加上非股权要素收入以及间接税收，得到总的区域收入 *INCOME*（r）。

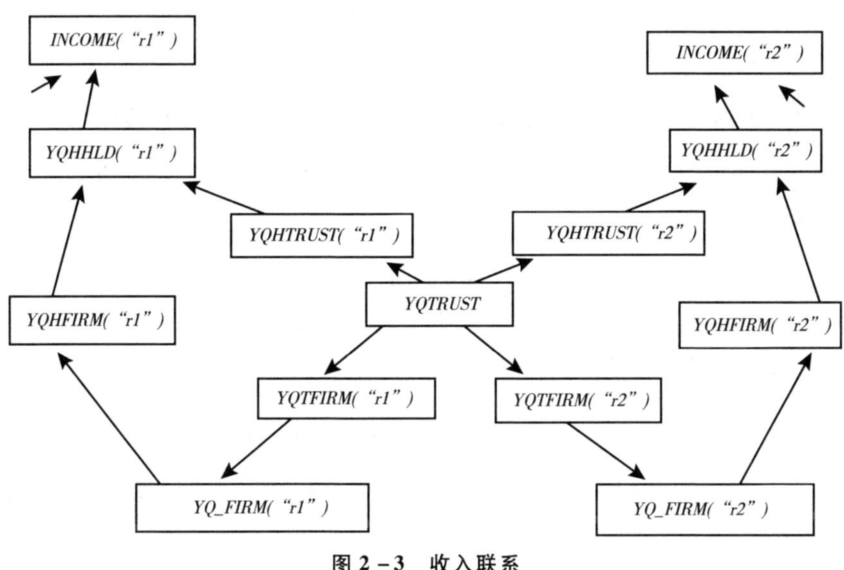

图 2－3　收入联系

我们首先对企业支付进行详细讨论。企业购买中间投入、雇用劳工、支付土地租金，但有固定资本。在零纯利润的条件下，不考虑任何其他生产要素的使用以及所得税，企业的利润等于资本使用成本减去折旧。最终这些利润都归股东持有。因此，位于区域 r 的企业支付给股东的总收入 *YQ_ FIRM*（r）等于税后净资本收益：

$$YQ\_FIRM(r) = VOA(\text{“}capital\text{”}, r) - VDEP(r) \qquad (2-56)$$

其中，*VOA*（“capital”，r）是资本收益的价值，*VDEP*（r）是资本折

旧的价值。全微分后，我们得到：

$$YQ\_FIRM(r) \times yq\_f(r) = VOA(\text{"}capital\text{"},r) \times [rental(r) + qk(r)] - VDEP(r) \times [pcgds(r) + qk(r)] \quad (2-57)$$

其中 $yq\_f(r)$ 表示区域 r 公司所支付的收入的百分比变化。$rental(r)$ 表示资本价格的百分比变化。在 Tablo 代码中，我们写作：

```
Equation REGINCEQY #income from capital in firms in region r#
(all, r, REG)
YQ_ FIRM (r) ×yq_ f (r)
=sum {h, ENDWC_ COMM, VOA (h, r) × [ps (h, r) + qo (h, r)]}
- VDEP (r) × [pcgds (r) + qk (r)];
```

为了把这个与方程的数学形式联系起来，我们注意到 *ENDWC_ COMM* 只有一个元素——“*capital*”，其中 *ps*（“*capital*”，*r*）= *rental*（*r*），*qo*（“*capital*”，*r*）= *qk*（*r*）。

$$YQHFIRM(r) = \frac{WQHFIRM(r)}{WQ\_FIRM(r)} \times YQ\_FIRM(r) \quad (2-58)$$

全微分以后，我们得到：

$$yqhf(r) = yq\_f(r) + wqhf(r) - wq\_f(r) \quad (2-59)$$

其中 $yqhf(r)$ 表示 $YQHFIRM(r)$ 的百分比变化。在 TABLO 代码中，我们写作：

```
Equation INCHHDLCLEQY
#income of the household from dom firms [yqhf (r)] # (all, r, REG)
yqhf (r) = yq_ f (r) + wqhf (r) - wq_ f (r);
```

同样的，全球信托的支付 $YQTFIRM(r)$，由以下公式给出：

$$YQTFIRM(r) = \frac{WQTFIRM(r)}{WQ\_FIRM(r)} \times YQ\_FIRM(r) \quad (2-60)$$

全微分以后，我们得到：

$$yqtf(r) = yq\_f(r) + wqtf(r) - wq\_f(r) \quad (2-61)$$

其中 *yqtf*（*r*）是 *YQTFIRM*（*r*）的百分比变化，在 TABLO 编码中，我们写作：

```
Equation INCFNDLCLEQY #income of trust from equity in firms r#
(all, r, REG)
yqtf (r) = yq_ f (r) + wqtf (r) - wq_ f (r);
```

其次，我们计算总收入和全球信托的各项收入支付。信托的总收入 *YQTRUST* 等于各地区公司的股本收益总和。在水平上，我们把它表达为：

$$YQTRUST = \sum_{r} YQTFIRM(r) \tag{2-62}$$

百分比形式是：

$$yqt = \sum_{r} \frac{YQTFIRM(r)}{YQTRUST} \times yqtf(r) \tag{2-63}$$

其中 *yqt* 表示 *YQTRUST* 的百分比变化。在 TABLO 编码中，我们写作：

```
Equation INCFNDEQY
#change in the income of the trust#
yqt = sum {r, REG, [YQTFIRM (r) /YQTRUST] × yqtf (r)};
```

信托在它的股东间分配收入，从而使每个地区收到与所有权份额成比例的收入。这在水平方程中表示为：

$$YQHTRUST(r) = \frac{WQHTRUST(r)}{WQ\_TRUST} \times YQTRUST \tag{2-64}$$

百分比变化方程为：

$$yqht(r) = yqt + wqht(r) - wq\_t \tag{2-65}$$

其中 *yqht*（*r*）表示 *YQHTRUST* 的百分比变化，在 TABLO 编码中，我们写作：

```
Equation REGGLBANK #income of hhld r from its shrs in the trust#
    (all, r, REG)
    yqht (r) = yqt + wqht (r) - wq_ t;
```

再次，我们计算区域家庭的总资产收入。区域家庭的总资产收入 *YQHHLD*（*r*）等于来自国内的企业和来自全球信托的股权收入的总和：

$$YQHHLD(r) = YQHFIRM(r) + YQHTRUST(r) \quad (2-66)$$

百分比变化形式：

$$yqh(r) = \frac{YQHFIRM(r)}{YQHHLD(r)} \times yqhf(r) + \frac{YQHTRUST(r)}{YQHHLD(r)} \times yqht(r) \quad (2-67)$$

其中 *yqh*（*r*）表示 *YQHHLD* 的百分比变化，在 TABLO 编码中，我们写作：

```
Equation TOTINCEQY #total income from equity of households in r#
(all, r, REG)
yqh (r)
= [YQHFIRM (r) /YQHHLD (r)] ×yqhf (r) + [YQHTRUST (r) /YQHHLD (r)]
×yqht (r);
```

2.1.5 黏性工资机制

在实际生活中，由于工人和企业之间一般都存在固定工资的劳动合约，且一般合约期限都比较长，工人的工资变动通常是“黏性的”，即在短期内变化很小。因此，在动态模型里，我们假设劳动者的工资在短期是“黏性的”，在长期（劳动者有足够的时间根据市场上的工资水平来调整自己找工作时的劳动力供给水平）是可以灵活变动的。在这种设定下，有利的冲击会在短期给社会带来就业率的增长，在长期带来实际工资水平的提高。

2.1.5.1 变量处理

在动态 GTAP 模型的模拟中，我们往往需要观察并调整外生（Exogenous）变量对内生（Endogenous）变量的影响。然而，在动态模拟的基线情景（Baseline Scenario）之中，一些内生变量（如 GDP、就业）是外生的，也就是说，这些变量的基础值（也可以看作在没有冲击情况下的“预测值”）是给定的。

但是，在很多模拟之中，我们又希望这些变量在年份的更迭之中可以随时变化。因此，我们引入“这些变量的当前值与其预测值的偏离程度”，用来代指这些变量。

例如 W_t表示 t 时期的实际工资，$W_{t,f}$表示 t 时期实际工资的预测值，因此（$W_t/W_{t,f}-1$）就表示 t 时期的实际工资与其预测值的偏离程度，借以指代实际工资水平。同理，（$W_{t-1}/W_{t-1,f}-1$）表示 $t-1$ 时期的实际工资偏离程度，（$E_t/E_{t,f}-1$）表示 t 时期就业率水平的偏离程度。

2.1.5.2　一般性“黏性工资”设定

为了实现工资在短期黏性、长期可变，我们将工资与就业联系起来。假设工资随着就业率的一定比例变动，这个比例为正参数 α_1，则有：

$$\frac{W_t}{W_{t,f}}-1=\frac{W_{t-1}}{W_{t-1,f}}-1+\alpha_1\left[\frac{E_t}{E_{t,f}}-F\left(\frac{W_{t-1}}{W_{t-1,f}}-1\right)\right] \tag{2-68}$$

其中，F 是长期劳动供给函数。在其他动态模型，如 MONASH 中，令 $F(X)=1$，此时 F 是一个竖直的长期劳动力供给曲线，则公式（2－68）就变成了：

$$\frac{W_t}{W_{t,f}}-1=\frac{W_{t-1}}{W_{t-1,f}}-1+\alpha_1\left(\frac{E_t}{E_{t,f}}-1\right) \tag{2-69}$$

即简单的“t 时期工资偏差 $=t-1$ 时期的工资偏差 + 就业偏差的 α_1 比例”，此时的含义为假设长期的劳动力供给与工资无关。α_1 即劳动力供给函数的斜率，模型中取值为 0.2。

我们假设技术水平、消费者偏好、国外价格、资本可及性都不变，那么在稳定状态下公式（2－68）可以演示为图 2－4。

对于基础预测值，劳动力供给为 S，需求为 D，两者的交点 I 即代表基线情景下的工资和就业均衡点，此时 $W_t/W_{old}=E_t/E_{old}=1$。假设在政策情景下的第 1 年，给模型施加一个有利的冲击（例如出口需求扩张），那么劳动力的需求曲线会向上移动至 D'，S 和 D'的交点是政策情景下的工资 W_1/W_{old} 和就业 E_1/E_{old}。

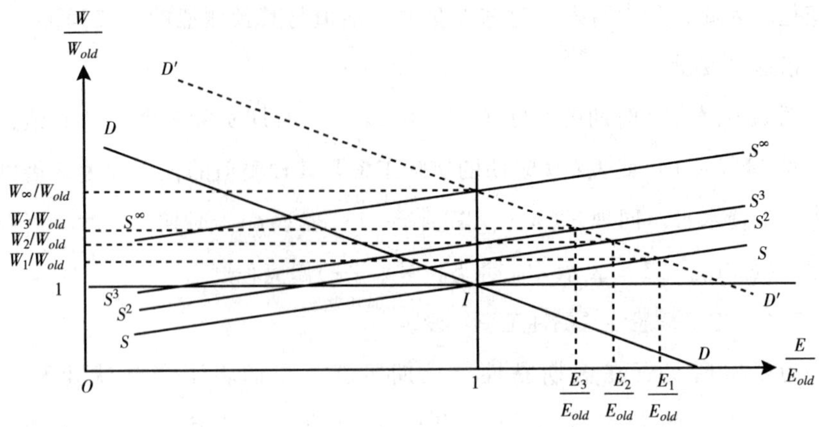

图 2－4　就业与工资的关系

接下来第 2 年，根据前文公式中的关系，工资的上涨（W_1/W_{old}比 1 要大）会拉动短期的劳动力供给增长，供给曲线向上移动到 S^2（根据前文公式可知，S^2 必定经过前一期的工资水平线与 I 处竖线的交点）达到新的工资点（W_2/W_{old}）和就业点（E_2/E_{old}），注意到工资水平在不断提高，但就业在回落。此后的年份将重复这一过程（注意，供给曲线上升的幅度越来越小）。

最终，当工资水平到达（W_∞/W_{old}）的时候，就业回落至基线情景的水平，此时供给曲线不再向上移动。这就是黏性工资在模型中的运行原理：在短期内就业变动；在长期就业不变，工资变动。

2.1.5.3　特殊“黏性工资”设定

在一些模拟之中，我们希望长期的有利冲击也可以带来就业的增长，也就是说保证 E 一直高于 E_{old}，我们可以通过调整劳动力的供给函数 F 来达到这一目的。之前的 $F(X)=1$，我们将其调整为 $F(X)=X^{\alpha_2}$，即：

$$F\left(\frac{W_{t-1}}{W_{t-1,f}}\right)=(W_{t-1}/W_{t-1,f})^{\alpha_2} \tag{2-70}$$

此时 F 是一个递增的长期劳动力供给曲线，长期的劳动力供给仍然与工资有关。因此在给模型有利冲击时，工资和就业将会一直增长。

具体到数值来说，开发 MONASH 模型的澳大利亚 COPS 中心利用澳大利亚的经济数据进行回归，估算了 α_2 的数值，发现其值相当小，于是参考已有研究将其取值为 0.15 的做法，在模型中将其取值为 0 ~ 0.15。

我们的模型采纳了这种较为完善的函数形式，但出于简化运算的考虑，我们这里将 α_2 取值为 0。

2.1.5.4　函数的线性化

以上介绍了黏性工资的理论和函数形式，还需要将其加入模型的 TABLO 代码之中。首先要做的就是将前文的函数进行线性化（Linearization），即计算其百分比变化形式（Percentage Change Form）。

结合公式（2 - 68）和公式（2 - 70）可以得到完整公式：

$$\frac{W_t}{W_{t,f}} - 1 = \frac{W_{t-1}}{W_{t-1,f}} - 1 + \alpha_1 \left[\frac{E_t}{E_{t,f}} - \left(\frac{W_{t-1}}{W_{t-1,f}} - 1 \right)^{\alpha_2} \right] \tag{2-71}$$

约掉公式两边的 1，并利用 $C = A + B$，$Cc = Aa + Bb$ 的规则将其线性化，得到：

$$\frac{W_t}{W_{t,f}}(w_t - w_{t,f}) = \frac{W_{t-1}}{W_{t-1,f}}(w_{t-1} - w_{t-1,f}) + \alpha_1 \frac{E_t}{E_{t,f}}(e_t - e_{t,f}) - \alpha_1 \alpha_2 \left[\frac{W_{t-1}}{W_{t-1,f}} \right]^{\alpha_2} (w_{t-1} - w_{t-1,f}) \tag{2-72}$$

以上就是核心函数的百分比变化形式。打开模型主程序 gtapism. tab，可以看到这一部分代码（其中的大部分都是对于文件的设定，对系数、参数、变量的声明，以及读取、更新、简单的关系运算，这些内容在这里就不再赘述），注意到模型中的函数并不是如公式（2 - 72）所设定的，而是如下：

```
Equation E_ d_ f_ realw
  # Relates deviation in CPI - deflated pre - tax wage to deviation in employment #
(all, i, ENDW_ LAB) (all, r, REG)
(RWAGE (i, r) /RWAGE_ F (i, r)) × (realwage (i, r) - realw_ f (i, r)) =
```

```
  100 × ((RWAGE@1 (i, r) /RWAGE@1_F (i, r)) - (RWAGE@2 (i, r) /
RWAGE@2_F (i, r))) × del_unity
   + LAB_SLOPE (i, r) × (EMPL (i, r) /EMPL_F (i, r)) × (employ_i (i,
r) - employ_io_f (i, r))
   - 100 × LAB_SLOPE (i, r) × [(RWAGE@1 (i, r) /RWAGE@1_F (i, r)) ^
LAB_LRSUP (i, r)
   - (RWAGE@2 (i, r) /RWAGE@2_F (i, r)) ^LAB_LRSUP (i, r)] × del_
unity
   + 100 × d_f_realw (i, r);
```

实际上，等号的左边与公式（2-72）一致，而等号右边利用了如下规则：

$$100 \times \Delta A = A \times a$$

用 $\frac{W_t}{W_{t,f}}(w_t - w_{t,f})$ 等多项式的差值形式（Δ 形式），替代了 $A \times a$ 的形式，如果逐项替换回去，就会发现这一段 TABLO 命令其实与公式（2-72）是一致的。

此外，值得注意的是，方程 E_ d_ f_ realw 的最后一项 d_ f_ realw 是一个用来控制税前黏性工资的漂移变量。同时，这一模块的最后两条公式，也是为了植入漂移变量而设计的。

2.1.5.5 模型闭合的切换

引入黏性工资模块到 TABLO 代码后，我们需要把该部分相应的外生变量添加到默认闭合里。如下：

```
f_employ_f  ! shift variable allows intro of f'cast employment in policy sims
f_realw_f   ! shift variable allows intro of f'cast real wage in policy sims
```

另外，政策模拟闭合里，我们可以根据劳动力市场的假设，来决定如何设定。

①就业不变，工资改变：这种情况我们只需要用默认闭合，不需要做任何替换（Swap）。

②工资固定，就业改变：需要做如下替换：

```
! labour market: fix realwage
swap qo (ENDW_ LAB, REG) = realwage (ENDW_ LAB, REG);
```

③激活黏性工资动态机制：需要加入以下置换：

```
! labour market dynamics
swap qo (ENDW_ LAB, REG) =  d_ f_ realw (ENDW_ LAB, REG);
swap f_ realw_ f = realw_ f;
swap f_ employ_ f = employ_ io_ f;
```

2.1.6 模型特性和问题

上文介绍了 GTAP - Dyn 模型的理论框架，下面讨论 GTAP - Dyn 模型的一些属性以及在运用过程中可能出现的问题。

2.1.6.1 累积的和比较的动态结果

GTAP - Dyn 模型被设计成一个递归的动态模型。要获得长期预测，需要运行一个序列的模拟，每一个时间都要模拟一次来获得长期预测。要获得比较动态结果，就要运行两个系列的模拟，一个是对基本情况的预测（照常发展），另一个是对变化后的预测。从每一期相对上期的变化，可以计算得到累积变化结果。最后，比较两个系列的累积变化就能获得比较的动态结果。

在 GEMPACK 中针对不同类型的变量——变化和百分比变化，用于计算累积变化的公式是不同的，对于一个变化变量 dV，1 期和 2 期两期之间的累计变化为：

$$dV_{02} = dV_{01} + dV_{12} \tag{2-73}$$

其中，下标 01 表示从 1 期期初到 1 期期末之间的变化，12 表示 1 期期末到 2 期期末之间的变化。对于一个百分比变量 V，公式更复杂：

$$V_{02} = 100 \times \left[\left(1 + \frac{V_{01}}{100}\right)\left(1 + \frac{V_{12}}{100}\right) - 1\right] \tag{2-74}$$

这两个公式适用于模型中的大多数变量，但不是所有。它不适用于度量效用的等价变动 *EV*（*r*）和相关变量。第一期，等价变动被定义为：

$$EV_{01} = E(U_1, P_0) - E(U_0, P_0) \tag{2-75}$$

其中 *E* 是支出函数，*U* 是效用，*P* 是价格，下标 0 和 1 是指第一期期初和期末。在第 2 期，等价变动为：

$$EV_{12} = E(U_2, P_1) - E(U_1, P_1) \tag{2-76}$$

第 1 期和第 2 期的累计等价变动为：

$$EV_{02} = E(U_2, P_0) - E(U_0, P_0) \tag{2-77}$$

但我们不能通过对 EV_{01} 和 EV_{12} 的计算得到 EV_{02}。因此，我们无法通过此种方式得到等价变动的累积结果和比较动态结果。同样，我们无法计算等价变动分解的比较动态结果（Huff and Hertel，1996），但这并不意味着我们不能获得等价变动的比较动态结果。

2.1.6.2 路径依赖

GTAP-Dyn 模型本身就是一种路径依赖模型。也就是说，在 GTAP-Dyn 模型中，外生变量变化的影响不仅取决于外生变量的整体变动，还取决于它们的时间路径。在 GTAP-Dyn 模型中，当冲击时间变量时，其对经济的影响不仅取决于冲击的幅度，而且取决于冲击的时间。

路径依赖在 GTAP-Dyn 模型理论中体现在三个方面：财富的积累、资本存量的局部调整，及预期资本回报率和资本正常增长率的适应性预期调整。

在 GTAP-Dyn 模型理论中，一个地区的财富在很大程度上取决于它的过去而不是当前，比如收入。在任何模拟中，一个地区财富的最终水平取决于期初和模拟中外生变量受冲击的时机。例如，某一地区的技术进步通常会增加该地区的财富，但是如果技术进步主要发生在期初，对财富的增加作用会比它主要发生在期末更大。在资本存量滞后调整和投资预期调整中也存在路径依赖。

同样，区域资本存量也不能从其他当前变量中推断得到。第一，从全球来看，实物投资的货币价值等于积蓄，所以全球资本存量的货币价值是由财富积累（和资本收益）决定的，而不是由一个均衡状态决定的。第二，资本跨区域的分配不是由均衡条件给定的，而是存在一个局部调整过程。投资行为确实能够重新分配资本，使资本回报率趋同，但这种调整是逐步的。因此，冲击如果发生在更遥远的过去，那么对当前资本分配的影响会更大；如果发生在更近的过去，这种影响会小。第三，投资水平并不取决于实际回报率，而是取决于预期回报率。而且预期回报率并不能从其他当前变量中推断出，只是滞后地向实际回报率调整。因此，结果不仅取决于受冲击的幅度，还取决于受冲击的时间。

给定 GTAP-Dyn 模型的目标，路径依赖不应被视为缺陷，而应该是一项功能。事实上，为更好地模拟短期动态，我们需要加入更多宏观内容来扩展 GTAP-Dyn 模型，比如像 G-Cubed 模型或 FAIR 模型，这个时候路径依赖将变得更普遍。总之，GTAP-Dyn 模型中的路径依赖是不会改变的。

但是路径依赖会导致一些操作上的不便，这就是有人将它视为缺陷的原因。在大多数没有必要的情况下，它要求用户准确解释外生变量的时间路径。在计算过程中，用户需要在几个地方注意。

首先，为了获得冲击时间表的足够多的细节，需要在整段预测时间中划分时期。在 GTAP-Dyn 模型中用连续时间的方法，可以以十年为间隔模拟关税削减方案，并得到相应结果。然而，如果希望关税削减不是一步实施而是逐步削减，那么需要设置几个较短的时间间隔，这样可以在较早的间隔中指定较低的关税削减率，并在以后的时间间隔中指定较高的关税削减率。

其次，如果研究者不喜欢 TABLO 规则在求解过程中对冲击的分配，即使想在时间范围内均匀地冲击变量，也可能依然需要避免长的时间间隔。在 TABLO 分配规则中，所有步骤中水平变量的变化是相同的。（Harrison and Pearson，1998，第 2.4 节，GEMSIM 和 TABLO 生成的程序）。举一个极端的例子，如果研究者模拟使一个变量增加300%，使用两步求解法，TABLO代码将在每一步中以一个相当于初始水平150%的量冲击那个变量，也就是说在第一步冲击150%（初始值的1~1.5倍），在第二步冲击60%（初始值的1.5~3倍）。

在大多数应用中，对于大多数百分比变化的变量来说，一个更吸引人的默认假设是，在所有步骤中变量的百分比是不变的。例如，随着时间的推移，与人口以一个不变的数量（例如，每年增加20万人）变化相比，假定人口以不变的速率增长（例如，每年1%）显然更合理。同样，在先前的例子中，我们通常更愿意在每个步骤以100%的幅度冲击变量，而不是在第一步150%，在第二步60%。GEMPACK专家也许知道一些迫使TABLO在每一步采取相同百分比冲击的方法，但在现有文献资料中尚未有这种方法。

在冲击很小时，冲击分配规则并不是很重要；但冲击很大时这就很重要，即使那个冲击在各个步骤被分解成了很小一部分。解决该问题的一个办法是避免长时间间隔，即使所有的冲击在所有时间内是均匀分布的。

最后，路径依赖规则使一些常见的闭合交换策略不可行。在GEMPACK里，一个常用的冲击目标变量的方法是通过在闭合中互换工具变量和目标变量的内外生性质，使工具变量（原来是外生变量）内生、目标变量（原来是内生变量）外生，达到能够对目标变量进行冲击的目的。例如，为了对福利进行冲击，我们可以通过使技术进步变量内生化和福利变量外生化来实现。如果我们使用原来的闭合再进行第二次模拟，根据第一次模拟的结果冲击技术进步变量同样的百分比，由于模型路径独立，我们可以得到与第一次模拟相同的结果。这样，我们也可以通过原有闭合和校准过的技术冲击分析其他因素变化对福利水平的影响。

但是当存在路径依赖时，这种策略就不可行。技术进步变量的路径在两次模拟中是不同的。在第二次模拟中，技术进步变量在时间间隔中均匀变化。在第一次模拟中，技术进步是为了保持GDP在时间间隔中均匀变化。这很容易影响到模拟结果。例如，在GTAP-Dyn模型中，与技术在时间范围内均匀进步相比，技术在期初进步对期末财富的影响更大。

对于这个问题，我们需要的是一个能找到支撑目标变量增长的工具变量固定增长率的自动算法。这样的工具对单模拟和多模拟预测都有益。例如，在一个每期两年且涉及不同的关税冲击的五期模拟中，我们希望通过对这十年的完整预测，能够找到支撑这段时间福利增长的固定技术进步增长率。这种多模拟工具对于不存在路径依赖的模型也是非常有益的。

2.1.6.3 资本账户波动和储蓄倾向

GTAP-Dyn模型从标准的GTAP模型中继承了区域家庭需求系统的设定，特别是对储蓄的处理。正如标准GTAP模型，GTAP-Dyn模型假设固定的平均储蓄倾向，换句话说，在每个地区储蓄是收入的一个固定比例。

这种设定，第一个问题是，资本账户和净外债在GTAP-Dyn模型中波动较大。在现实中，每个国家的储蓄和投资是高度相关的，国际资本流动比简单理论（Feldstein and Horioka，1980）所描述的要小得多和稳定得多。但在GTAP-Dyn模型中，我们没有强加这种关联，所以相对温和的经济冲击可能会导致不合理的大规模国际资本流动和地区净外债大规模变化。第二个问题是，高储蓄倾向国家（比如中国）经济增长会导致全球的储蓄、投资和资本存量过多，从而导致资本回报率大幅度没有限制地下降。这个问题使得GTAP-Dyn模型不适用于进行时期特别长的模拟。修正这种缺陷是GTAP-Dyn模型理论工作未来一个很有前途的方向。

2.1.7 结束语

为了构建一个动态的世界AGE模型GTAP-Dyn，这篇文章分析了添加到GTAP模型中的一系列的新方程。这个新理论提出了一种在动态一般均衡下内生化国际资本流动，并考虑到存量流动动态和外国资产收益流动的非均衡方法。该方法的递归求解过程对政策建模者特别有吸引力，该求解过程使研究者可以在不对模型规模施加限制的情况下将动态过程简单添加到任何静态的 AGE 模型中。

该方法的关键是投资者对资本潜在回报的适应性预期。这种类型的预期强调投资者对潜在资本回报存在评估误差，正如我们在亚洲金融危机所观察到的一样。它可以确保模型最终收敛到一个稳定均衡，并且提供修改模型以吻合实际数据的灵活性。

尽管 GTAP-Dyn 模型有一些缺陷，如缺乏股权和债务的替代，缺乏双边细节和前瞻性的行为，该模型提供了在 AGE 背景下对国际资本流动的独特和简单的处理。它反映了资本和财富内生积累对整个经济的影响，以及外国资产所有权的收入效应。

2.2 动态 GTAP 模型的行为和熵参数

2.2.1 引言

前一节的动态理论介绍了国际资本流动相关的各种新参数。本节将探讨从国家面板数据了解到的它们的值、相应的校准程序及使用加总程序对参数的操作。动态理论用到的参数文件是一个 GEMPACK 标题数组文件，其内容见表 2-1。参数可以根据其在模型中的作用进行分组：资本收益率相对于资本存量的弹性、决定区域财富分配和区域资本组成的参数以及黏性工资滞后调整参数。

表 2-1 列出的前四个是决定 MONASH 投资函数的参数。其中 *DIFF* 是投资增速最大值与正常平均历史增速之差，它的大小决定了资本供应曲线右上角的形态；*SMURF* 是资本对预期回报率的弹性，它决定了供应曲线在正常条件下的斜率；*TREND_ K* 是正常条件下，资本历史平均增速；*RWACC* 是历史平均实际融资成本。黏性工资滞后调整参数包括 *LAB_ SLOPE* 和 *LAB_ LRSUP*，分别是劳动力短期和长期供给对工资的弹性。这一节我们重点讨论决定区域财富分配和区域资本组成的参数——

RIGWQH 和 *RIGWQ_ F*，这两个参数决定了居民资产配置的比例和企业融资渠道的比例。

表 2-1　动态参数表的内容

参数名称	维度	描述
DIFF	REG[a]	投资增速最大值与正常平均历史增速之差
SMURF	IND[b] × REG	资本对预期回报率的弹性
TREND_K	IND × REG	资本历史平均增速
RWACC	IND × REG	历史平均实际融资成本
RIGWQH	REG	区域家庭财富分配的刚性
RIGWQ_F	REG	企业资金来源的刚性
LAB_SLOPE	LAB × REG	劳动力短期供给对工资的弹性
LAB_LRSUP	LAB × REG	劳动力长期供给对工资的弹性

注：REG[a]表示地区的数目，IND[b]表示部门的数目。

2.2.2　决定一个区域财富和资本组成的参数

2.2.2.1　参数选取和模型的行为

GTAP-Dyn 的投资理论决定了任何给定的区域内每一时期的投资额，这些区域性投资包括国内投资和通过全球信托的国外投资。第 1 章描述了区域的储蓄是如何在模型的国内外资产间分配的，要提醒读者的是，一个区域的公司的股权 *WQ_FIRM*（*r*）有两个组成部分——国内所有的股权 *WQHFIRM*（*r*）和国外所有的股权 *WQTFIRM*（*r*），即：

$$WQ\_FIRM(r) = WQHFIRM(r) + WQTFIRM(r) \qquad (2-78)$$

区域家庭持有的股权价值（或者地区财富）*WQHHLD*（*r*）也有两个组成部分——拥有的外国股权或区域家庭在全球信托拥有的股权 *WQHTRUST*（*r*）以及国内股权 *WQHFIRM*（*r*），即：

$$WQHHLD(r) = WQHTRUST(r) + WQHFIRM(r) \qquad (2-79)$$

因此，对每个区域我们有两个计算方程，但有三个未知数。公式（2－78）和公式（2－79）决定国外净资产，但不是国外总资产。

由于不同区域在短期至中期收益率不同，我们有必要了解国外总资产价值以决定来自国外所有权的收入，从而了解区域财富是如何受模型模拟影响的。一种自然地确定一个区域国外总资产价值的方式是采用基于国内外资产风险收益平衡的投资组合方法。但是在这个模型中，各个经济主体不是风险厌恶的，没有内生机制来决定风险，因此，我们被迫采用非理论方法。这种方法考虑了一系列限制。第一，*WQHFIRM*（*r*）、*WQHTRUST*（*r*）和 *WQTFIRM*（*r*）需要为正；第二，公式（2－78）和公式（2－79）应该成立；第三，这三个变量应该满足 Feldstein 和 Horioka（1980）提出的经验规则，即区域家庭倾向于投资国内资产。

国际投资组合多样化的决定因素引起了很多研究者的注意（Lewis，1999）。大多数研究发现国际多样化程度比投资组合分配模型预测得要低，这个现象叫“国内偏差影响”。Kraay 等（2000）证明了在合理的假设下，国际性危机一个世纪发生两次的概率足以形成一系列大体上与数据一致（也就是投资的国内偏差）的国家投资组合。如果区域家庭在初始数据库中强烈地倾向于投资国内资产，那么我们就想在整个模拟期间保持这种关系。这在 GTAP-Dyn 模型中通过熵理论实现。

交叉熵最小化为我们提供了一种在一些限制条件下将严格正的总体分割成严格正的部分，同时份额保持尽量接近初始时期的方法。具体而言，这种方法保证了两点：①尽管区域家庭的股权随时间改变，但本国公司和外国公司的股本分配比例保持尽量接近初始数据库的分配比例；②尽管一个区域的公司资本随时间改变，但属于外国人和本地家庭的资本分配比例保持尽量接近初始数据库的分配比例。交叉熵最小化可以总结为下面的公式：

$$
\begin{aligned}
&[RIGWQH(r) + RIGWQ\_F(r)] \times wqhf(r) \\
&= RIGWQH(r) \times wqht(r) + RIGWQ\_F(r) \times wqtf(r)
\end{aligned}
\qquad (2-80)
$$

其中，*wqhf*（*r*）是区域家庭所有的本国公司股本 *WQHFIRM*（*r*）的百分比变化，$wqht(r)$ 是区域家庭所有的全球信托股本 $WQHTRUST(r)$ 的百分比变化，$wqtf(r)$ 是全球信托所有的一个区域股本 $WQTFIRM(r)$ 的百分比变化。$RIGWQH(r)$ 和 $RIGWQ\_F(r)$ 是刚性参数，刚性参数的相对大小很重要：如果赋给 $RIGWQH(r)$ 一个大的值，赋给 $RIGWQ\_F(r)$ 一个小的值，那么从公式可以看到 $wqhf(r) \approx wqht(r)$。也就是，家庭财富分配近乎固定，大多数调整放在本地资本份额上。如果赋给 $RIGWQH(r)$ 一个小的值，赋给 $RIGWQ\_F(r)$ 一个大的值，则发生相反的情况。设定 $RIGWQH(r)$ 等于 $RIGWQ\_F(r)$ 是基于家庭财富份额与区域公司资本份额的变化相等的假设。

间接地看，这些参数决定了区域储蓄在外国和本地资产间的分配，以及一个地区新投资在国内外投资间的分配比例。注意到：

$$SAVE(r) = VQHFIRM(r) + VQHTRUST(r) \tag{2-81}$$

一个区域的储蓄 $SAVE(r)$ 在国内公司 $VQHFIRM(r)$ 和国外公司 $VQHTRUST(r)$ 的投资间分配。类似的，

$$NETINV(r) = VQHFIRM(r) + VQTFIRM(r) \tag{2-82}$$

公式（2-82）描述了区域投资由两部分组成，即来源于区域家庭的投资价值［$VQHFIRM(r)$］和来源于全球信托的投资价值［$VQTFIRM(r)$］。我们可以说明，区域家庭所有的国内公司股本的变化 $WQHFIRM(r) \times wqhf(r)/100$ 是由区域家庭所有的国内公司旧股本的价格 $pcgds(r)$ 和新投资的百分比变化决定的：

$$WQHFIRM(r) \times wqhf(r)/100 = WQHFIRM(r) \times pcgds(r)/100 + VQHFIRM(r) \tag{2-83}$$

类似的，

$$WQHTRUST(r) \times wqht(r)/100 = WQHTRUST(r) \times pqtrust(r)/100 + VQHTRUST(r) \tag{2-84}$$

公式（2-84）表明了区域家庭所有的全球信托股本的变化是由区域家

庭所有的全球信托旧股本的价格 *pqtrust*（*r*）和新投资 *VQHTRUST*（*r*）的变化决定的。最后，

$$WQTFIRM(r) \times wqtf(r)/100 = WQTFIRM(r) \times pcgds(r)/100 + VQTFIRM(r) \quad (2-85)$$

公式（2－85）表明全球信托所有的区域股本的变化是由区域旧股本的价格 *pcgds*（*r*）和新投资 *VQTFIRM*（*r*）的变化决定的。假设资本商品价格变化的影响很小，如果赋给 *RIGWQH*（*r*）一个大的值，赋给*RIGWQ_ F*（*r*）一个小的值，那么区域储蓄在本地和国外投资之间的分配比例将几乎不变，并在另一个分配比例的附近波动。这个分配比例是初始数据库中区域家庭财富 *WQHHLD*（*r*）在本地资产财富 *WQHFIRM*（*r*）和国外资产财富 *WQHTRUST*（*r*）之间的分配比例；一个区域内大部分的调整只能体现在资本和投资的结构上，即 *VQTFIRM*（*r*）和 *VQHFIRM*（*r*）上。

下面假设的例子基于 GTAP 5.4 数据库 3×3 的加总，说明了刚性参数相对大小的重要性。为了对模型产生干扰，假设在一个 30 年的模拟中，前 5 年每年都有对欧盟（EU）经济整体的一个 5% 的生产率冲击，比较两个模拟：①决定地区财富组成和储蓄分配的刚性参数 *RIGWQH*（*r*）是另一个参数 *RIGWQ_ F*（*r*）的 10 倍；②刚性参数相等。

图 2－5a 和图 2－5b 表明一个区域的投资水平和储蓄在两个模拟中相等，对 EU 的正刺激导致 EU 投资迅速增加。两个模拟的区别在于这个投资增加的来源。由图 2－5a 可知，当 EU 财富和区域储蓄的组成比 EU 资本组成更具刚性时［*RIGWQH*（*r*）/*RIGWQ_ F*（*r*）＝10 时］，EU 投资的增加主要来自国外，外国人从 EU 得到更高的收益。由图2－5b可知，当 *RIGWQH*（*r*）/ *RIGWQ_ F*（*r*）＝1 时，EU 投资的增加来自国内和国外的量几乎相等。也就是说，EU 储蓄用于国内投资的份额在对 EU 经济刺激之后增加，EU 储蓄用于国外投资的份额减少。这样 EU 投资者从对国内经济的正刺激中获利更多。

刚性参数的设定影响 EU 财富在本地和国外资产间的分配（见图

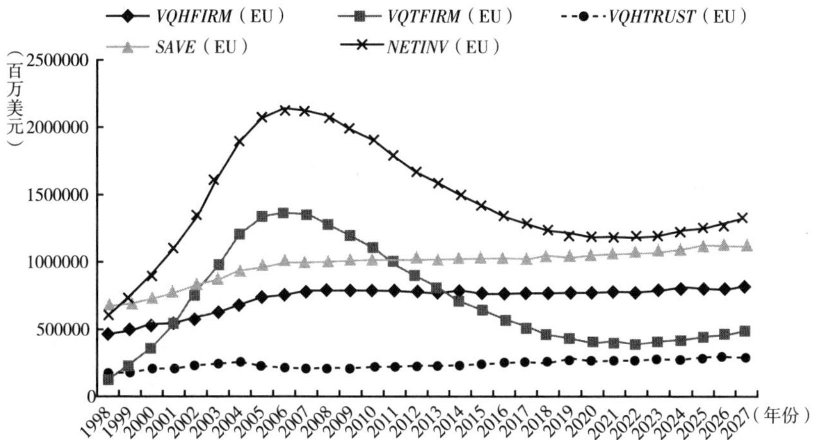

图 2-5a　欧盟投资与储蓄的组成［*RIGWQH*（*r*）/*RIGWQ_ F*（*r*）= 10］

注：以 1997 年美元价格为基准。

资料来源：作者用 GTAP-Dyn 模型的模拟。

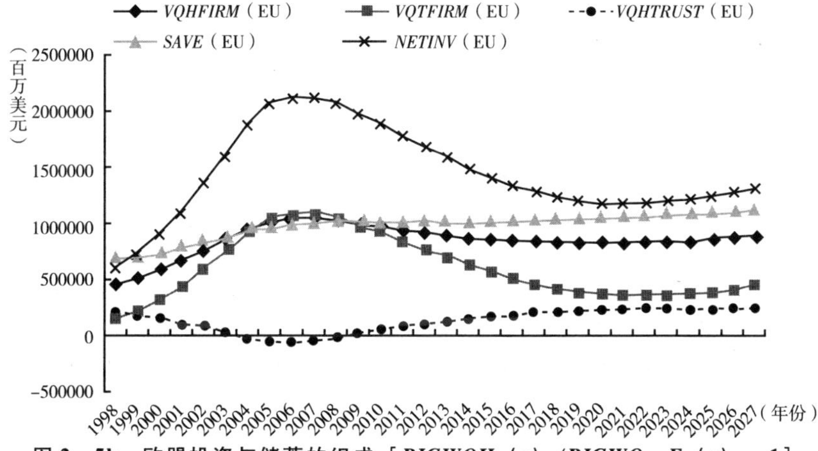

图 2-5b　欧盟投资与储蓄的组成［*RIGWQH*（*r*）/*RIGWQ_ F*（*r*）= 1］

注：以 1997 年美元价格为基准。

资料来源：作者用 GTAP-Dyn 模型的模拟。

2-5c和图 2-5d），也影响长期 EU 资本所有者的份额分配。这说明在长期，国外收入支付和国民生产总值（GNP）的路径也依赖于刚性参数的相对大小。在短期，它们对这个模型的任何动态一般均衡分析都至关重要。

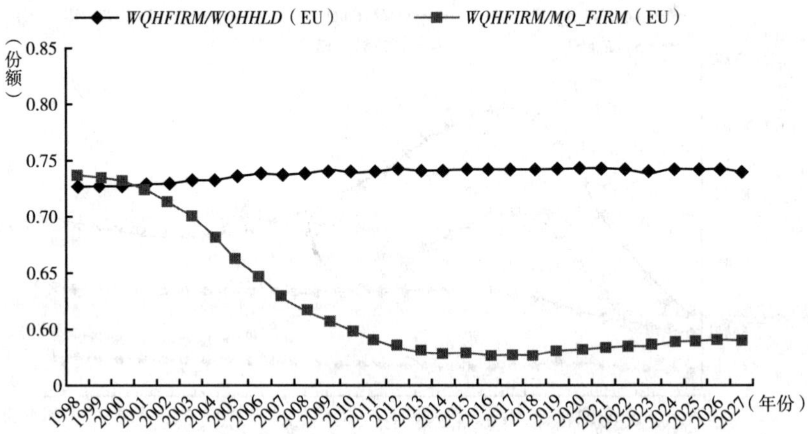

图 2－5c　作为欧盟资本份额的欧盟地方资产财富［*RIGWQH*（*r*）/*RIGWQ_ F* ＝10］

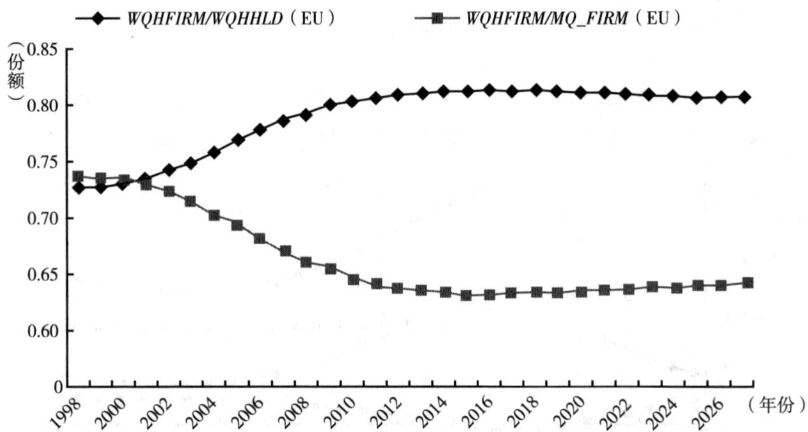

图 2－5d　作为欧盟资本份额的欧盟地方资产财富［*RIGWQH*（*r*）/*RIGWQ_ F* ＝1］

2.2.2.2　计量模型和数据

为了估计刚性参数的相对大小，我们对公式（2－80）进行整理，两边同时除以 *RIGWQH*（*r*）＋*RIGWQ_ F*（*r*），得到：

$$wqhf(r) = \alpha wqht(r) + \beta wqtf(r) + e(r)$$
$$s.t.\ \alpha + \beta = 1 \tag{2-86}$$

其中系数 α ＝ *RIGWQH*（*r*）/［*RIGWQH*（*r*）＋ *RIGWQ_ F*（*r*）］，β ＝ *RIGWQ_ F*（*r*）/［*RIGWQH*（*r*）＋*RIGWQ_ F*（*r*）］。

注意公式（2-86）并未衡量*wqhf*（*r*）、*wqht*（*r*）和*wqtf*（*r*）间的因果关系，而只是衡量变量间相关性的强弱。影响*WQHFIRM*（*r*）、*WQTFIRM*（*r*）和*WQHTRUST*（*r*）的增长率的变量不在模型内，因此如果公式（2-86）的解释能力低，这并不意外。

为了估计公式（2-86），我们需要核算国民财富的方法。幸运的是，这些财富核算方法之前已经设计好了，基于这些方法的分析得到了有意义的结果。Kraay等（2000）设计了国家财富核算方法来检验国家如何保持其金融财富。Kraay和Ventura（2000）使用同样的数据集，研究了经常项目对贸易条件改变、来自国外的转移支付和生产波动的反应。Calderon等（2003）也使用同样的数据集，探究在工业化国家和发展中国家的国外净资产价值变化中风险和收益的角色。Calderon等（2003）发现对适度限制资本项目的中高收入国家而言，以下几个变量之间存在一种长期关系：国外净资产（相对于国家财富）和国内投资的相对回报率，投资的相对风险和国外与国内财富之比。在GTAP-Dyn模型中，国外净资产被定义为国家财富减去国家资产，即*WQHHLD*（*r*）-*WQ_ FIRM*（*r*）。原则上可以用Calderon等（2003）的数据建立新的模块代替非理论熵的方法。但是，如果使用这种理论方法，我们不仅要去除熵模块，还要改变预期机制，这会产生一个全新的、比原来大得多的模型。因此，我们选择保留目前的设定并且使用这个数据集来估计关键的刚性参数。

回到财富核算方法和计量公式（2-86），我们需要三个增长率，分别是*WQHFIRM*（*r*）、*WQHTRUST*（*r*）和*WQTFIRM*（*r*）的增长率。我们使用Kraay等（2000）建立的国家投资组合数据库，如表2-2所示。这个数据库跨度是1966~1997年，涉及68个国家，包括所有的工业化国家和许多发展中国家。数据库包含以下变量的估计：国内资本存量、国外居民所有的国内股权、国内居民所有的国外股权、国外居民购买的国内居民发行的贷款、国内居民购买的国外居民发行的贷款。国外总资产*WQHTRUST*（*r*）是国内居民所有的国外股权和国内居民购买的国外居民发行贷款之和；国外总负债*WQTFIRM*（*r*）是国外居民所有的国内股权和国外居民购买的国内居民发行的贷款之和；*WQHFIRM*（*r*）是国内资本存量与国外总资产之差。关于数据来源、方法论和建立数据库的假设，我们建议读者参考 Kraay 等(2000)。建立 Kraay 等（2000）数据库的来源和符号标准：国内资本初始存量来自宾大世界表（Penn World Tables）；直接股权和投资组合的存量及流量、负债的存量及流量来自国际货币基金组织（IMF）国际收支平衡统计年鉴和其他来源；发展中国家负债的存量及流量来自世界银行全球金融发展部门。

表 2－2　Kraay 等（2000）数据库：各国家/地区和各时期

国家/地区	代码	年份跨度	观测点
东亚及太平洋地区(EAP)			
中国	CHN	1981～1997	17
印度尼西亚	IDN	1966～1994	29
韩国	KOR	1969～1997	29
马来西亚	MYS	1976～1994	19
菲律宾	PHL	1967～1997	31
新加坡	SGP	1966～1997	32
泰国	THA	1969～1997	29
拉美及加勒比海地区(LAC)			
阿根廷	ARG	1966～1974 1976～1989 1991～1997	30
玻利维亚	BOL	1966～1985 1987～1997	31
巴西	BRA	1966～1997	32
智利	CHL	1967～1973 1977～1999 1981～1995	15
哥伦比亚	COL	1967～1994	28
哥斯达黎加	CRI	1966～1995	30
多米尼加共和国	DOM	1969～1984 1986～1994	25
厄瓜多尔	ECU	1966～1996	31
危地马拉	GTM	1966～1994	29

国家/地区	代码	年份跨度	观测点
工业化国家(INDC)			
澳大利亚	AUS	1966～1997	32
奥地利	AUT	1967～1997	31
比利时－卢森堡	BLX	1967～1977 1986～1996	22
加拿大	CAN	1966～1997	32
瑞士	CHE	1983～1997	14
德国	DEU	1968～1997	30
丹麦	DNK	1968～1996	29
西班牙	ESP	1966～1997	32
芬兰	FIN	1966～1997	32
法国	FRA	1968～1997	30
英国	GBR	1966～1997	32
希腊	GRC	1966～1996	31
爱尔兰	IRL	1966～1997	32
意大利	ITA	1968～1997	30
日本	JPN	1971～1986 1991～1997	23
荷兰	NLD	1966～1997	32
挪威	NOR	1975～1997	23
新西兰	NZL	1973～1997	25
葡萄牙	PRT	1971～1997	27
瑞典	SWE	1966～1996	31
美国	USA	1969～1997	29

续表

国家/地区	代码	年份跨度	观测点
洪都拉斯	HND	1966 ~ 1997	32
牙买加	JAM	1968 ~ 1995	28
墨西哥	MEX	1966 ~ 1997	32
尼加拉瓜	NIC	1966 ~ 1981 1983	17
秘鲁	PER	1975 ~ 1993	19
萨尔瓦多	SLV	1966 ~ 1997	32
特立尼达和多巴哥	TTO	1974 ~ 1994	21
乌拉圭	URY	1967 ~ 1973 1980 ~ 1997	25
委内瑞拉	VEN	1974 ~ 1997	24
中东及北非地区（MENA）			
阿尔及利亚	DZA	1966 ~ 1991	26
埃及	EGY	1988	2
伊朗	IRN	1966 ~ 1982	17
以色列	ISR	1969 ~ 1997	29
约旦	JOR	1966 ~ 1989	24
摩洛哥	MAR	1966 ~ 1982 1988 ~ 1997	27
阿曼	OMN	1973 ~ 1989	17
沙特阿拉伯	SAU	1966 ~ 1999 1981 1985 ~ 1999	10
叙利亚	SYR	1966 ~ 1987	21
突尼斯	TUN	1966 ~ 1997	32
土耳其	TUR	1966 ~ 1998	32
撒哈拉以南非洲地区（SSA）			
科特迪瓦	CIV	1970 ~ 1985 1987	17
喀麦隆	CMR	1979 1986 ~ 1993 1995	10
刚果	COG	1993 ~ 1996	4
莱索托	LSO	1980 ~ 1994	15
毛里求斯	MUS	1974 ~ 1997	24
塞内加尔	SEN	1968 ~ 1970 1972 ~ 1981	13
南非	ZAF	1968 ~ 1997	30
南亚地区（SA）			
孟加拉国	BGD	1972 ~ 1981 1983	11
印度	IND	1966 ~ 1997	32
斯里兰卡	LKA	1966 ~ 1975 1980 ~ 1997	28
巴基斯坦	PAK	1966 ~ 1971 1974 ~ 1997	30

注：基于数据可得性，本节将比利时 - 卢森堡视为一个国家处理。

尽管 Kraay 等（2000）的讨论专注于国家的金融财富如何在国内资本持有和国外资产间分配，我们对国内财富分配和资本组成的相对刚性更感兴趣。图 2 - 6 和图 2 - 7 汇集了所有国家和年份的 1717 个完整混合横截面数据，分别展示了国外总资产占财富份额和国外总负债占资本份额的分布。国外总资产价值很小：对于 75% 的观测点，国外总资产占财富份额小于 14%，国外总负债占资本份额大一点，但对于 75% 的样本仍然占比小于25%。在两图中，值大于1的观测点代表比利时-卢森堡。比利时-卢森堡在样本期间一直保持多数的财富在国外，同时借款金额比它的资本存量高，这导致观测到的国外总资产和总负债份额比1大。

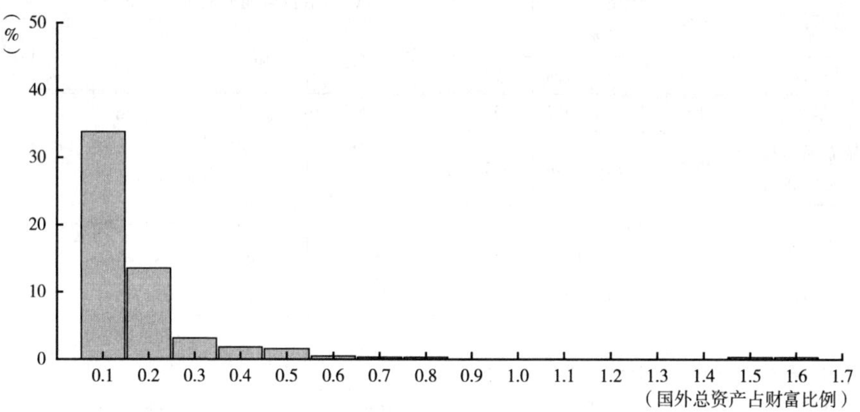

图2-6　国外总资产占财富份额的分布

注：汇集所有国家和年份的完整混合横截面数据，共有1717个观测点。
资料来源：Kraay等（2000）数据库。

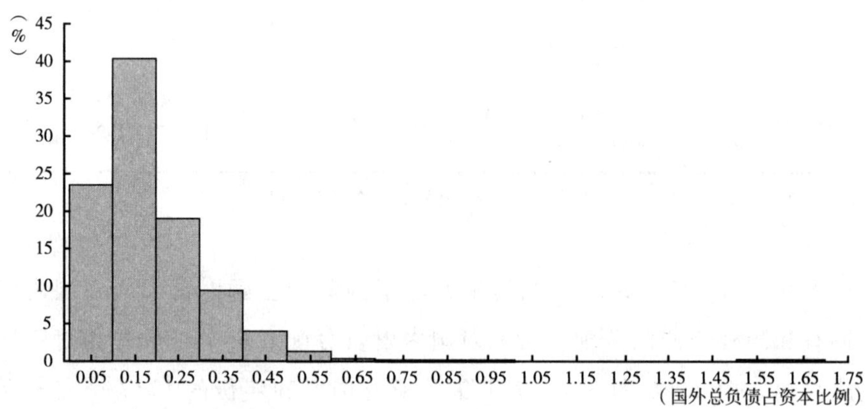

图2-7　国外总负债占资本份额的分布

注：汇集所有国家和年份的完整混合横截面数据，共有1717个观测点。
资料来源：Kraay等（2000）数据库。

表 2 - 3 展示了不同国家在不同时期内的国外总资产和总负债差异。1966 ~ 1997 年，在发展中国家，国外资产所有权仅占财富的 4.3%，而外国人的本土资产所有权占本土资本的 11%；对于工业化国家，国外资产所有权和外国人的国内资产所有权是平衡的，分别占财富的 14.8% 和资本的 14.9%。对于工业化国家，国外总资产和国外总负债的占比呈上升趋势，表明资本市场正在一体化。相比之下，发展中国家的数据变化趋势不明显。

表 2 - 3　在各区域各时期，作为财富份额的国外总资产和作为资本份额的国外总负债

类别	1966 ~ 1973 年	1974 ~ 1981 年	1982 ~ 1999 年	1990 ~ 1997 年	1966 ~ 1997 年
作为财富份额的国外总资产					
工业化国家	0.076	0.088	0.152	0.211	0.148
发展中国家	0.025	0.045	0.043	0.046	0.043
东亚及太平洋地区	0.044	0.046	0.035	0.050	0.045
拉美及加勒比海地区	0.018	0.032	0.038	0.049	0.038
中东及北非地区	0.043	0.114	0.130	0.065	0.098
南亚地区	0.007	0.011	0.008	0.012	0.01
撒哈拉以南非洲地区	0.096	0.061	0.054	0.056	0.061
作为资本份额的国外总负债					
工业化国家	0.061	0.082	0.154	0.218	0.149
发展中国家	0.114	0.114	0.117	0.102	0.110
东亚及太平洋地区	0.130	0.125	0.082	0.080	0.086
拉美及加勒比海地区	0.102	0.122	0.161	0.134	0.135
中东及北非地区	0.186	0.136	0.171	0.161	0.160
南亚地区	0.062	0.051	0.058	0.071	0.061
撒哈拉以南非洲地区	0.243	0.167	0.138	0.105	0.148

资料来源：作者基于 Kraay 等（2000）数据库的计算。

有趣的是，国外总资产和总负债主要组成部分是贷款，而不是股本（Kraay et al.，2000）。然而，国外总资产和总负债的组成部分不是我们感兴趣的地方，因为 GTAP-Dyn 模型只有一种金融资产——股本。GTAP-Dyn 模型中金融资产的角色是支持国际资本流动的，而不是代表金融部门本身。因此，我们选择包括股本和贷款两者在内的国外总资产和负债的数据做分析。

使用非平衡面板数据计算每组8年的加权平均。对国外资产份额，权重是国家财富；对国外负债份额，权重是国家资本。

2.2.2.3 经验分析结果

我们从分析增长率 *wqhf*（*r*）、*wqht*（*r*）和 *wqtf*（*r*）开始。图2-8a～图2-8c分别展示了这些变量在工业化国家、低收入发展中国家和中等收入发展中国家的相关关系，横轴上的国家以同时间内人均收入大小排列。[①] 图2-8a展示了对于大多数工业化国家，相对于 *wqhf*（*r*）和 *wqht*（*r*）之间的相关性或 *wqhf*（*r*）和 *wqtf*（*r*）之间的相关性，*wqht*（*r*）和 *wqtf*（*r*）之间的相关性强很多，这个发现说明全球经济一体化程度很高。图2-8b和图2-8c展示了发展中国家与工业化国家情况大不相同。总体来看，相关系数比图2-8a的低，*wqht*（*r*）和 *wqtf*（*r*）之间的相关性比 *wqhf*（*r*）和 *wqtf*（*r*）、*wqhf*（*r*）和 *wqht*（*r*）之间的相关性低很多。

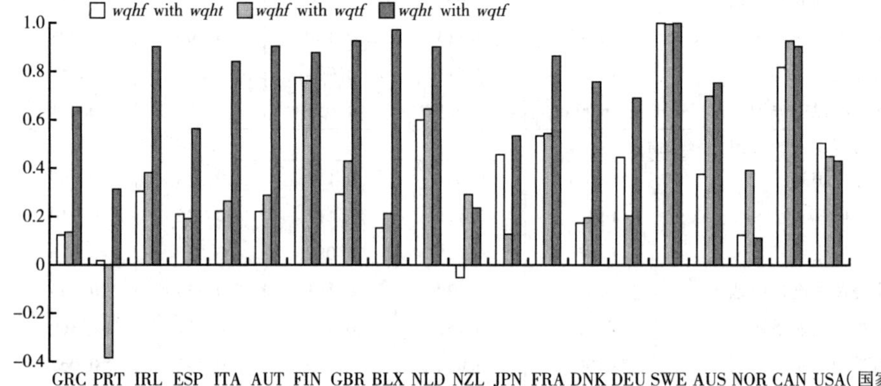

图2-8a 工业化国家 *wqhf*（*r*）、*wqht*（*r*）和 *wqtf*（*r*）之间的相关性

是什么使发展中国家的情景如此不同？有两种解释。第一，发展中国家全球经济一体化程度低。图2-8b和图2-8c的比较显示，当我们在人均收入图谱上从左向右看时——国家按照1966～1997年的人均收入排列，图

① 9个国家由于观测点数量小于15在这里省略，这些国家是孟加拉国、瑞士、智利、喀麦隆、刚果、埃及、沙特阿拉伯、塞内加尔和莱索托。

2-8b从印度（IND）开始，图2-8c到特立尼达和多巴哥（TTO）结束——发展中国家的相关性越来越像工业化国家。当发展中国家变得富有时，外部头寸增长率间的相关性变高，说明全球经济一体化程度更高。第二，基于数据的特点。由于发展中国家的数据更少而且不全，建立数据库使用了一系列的假设（Kraay et al.，2000），这些因素可能导致我们看到的图2-8a、图2-8b和图2-8c之间的差异。

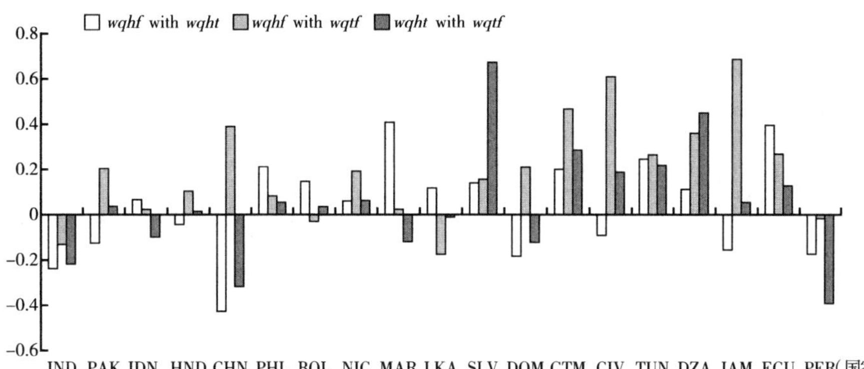

图2-8b　低收入发展中国家 *wqhf*（*r*）、*wqht*（*r*）和 *wqtf*（*r*）之间的相关性

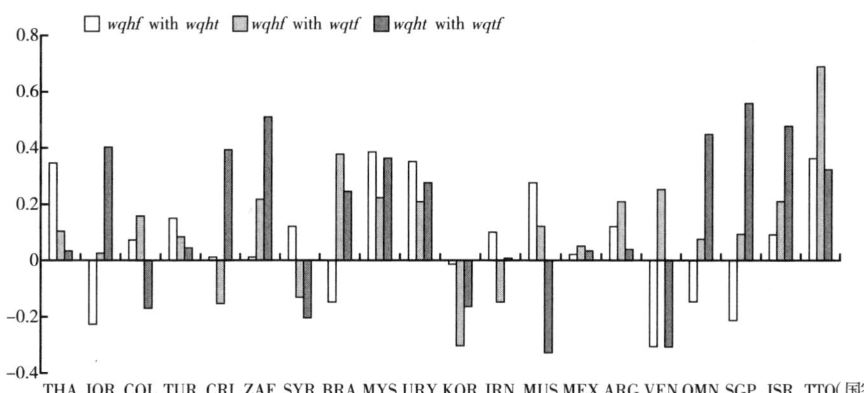

图2-8c　中等收入发展中国家 *wqhf*（*r*）、*wqht*（*r*）和 *wqtf*（*r*）之间的相关性

我们在工业化国家观测到的全球一体化影响产生了一个问题。由于计量公式（2-86）的自变量相关性很强，其中瑞典（SWE）是个极端的例子，公式存在多重共线性的问题，因此我们无法判断公式（2-86）的系数是否为0。世界经济一体化掩盖了财富和资本的组成部分增长率间的关系。为了克服多重共线性的问题，我们把限制条件重新写为$\beta = 1-\alpha$，将限制条件代入公式（2-86），得到：

$$wqhf(r) - wqht(r) = \beta[wqtf(r) - wqht(r)] + e(r) \qquad (2-87)$$

公式（2-87）允许财富分配和资本组成的刚性比较，即使是在工业化国家 $wqht(r)$ 和 $wqtf(r)$ 之间的相关性很强的情况下。

最小二乘法（OLS）是标准的线性回归程序，它假设误差项之间没有关系，且误差项是同方差的。当数据是时间序列时，如公式（2-87），这些假设可能不成立，因此在做OLS之前需要检验这些假设。如果回归的误差项是自回归的，或者方差随时间改变，那么最小二乘法的方差估计有偏，不能用来检验我们的假设。我们用Durbin-Watson检验一阶自相关。为了看方差是否随时间改变，我们用由Engel（1982）设计的①自回归条件异方差（ARCH）来检验。ARCH模型识别连续时间的相对波动性和稳定性，并将异方差作为模型的一个方差。注意我们不是对方差本身感兴趣，而是想通过修正标准差来精确检验统计假设。

我们发现所有的工业化国家和一些发展中国家存在一阶自相关。② 同方差的原假设只有在英国、以色列、爱尔兰和希腊被拒绝。在英国和爱尔兰，检验结果受1997年很大的误差平方项驱动。1997年，这两个国家的财富向国外资产转移，驱使其区域家庭所有的国内公司股本的比例变化为负，且绝对值不正常的大。从估计中去除1997年得到的同方差的结果。在希腊和爱尔兰的情况中，对异方差的检验似乎反映出自回归误差，因为在修正一阶自相关后我们不能拒绝同方差的假设。而在英国和以色列的情况中，在修正一

① 我们使用 q 阶ARCH过程的标准检验，其中将模型（1）中OLS方差与不变的 q 阶滞后项做回归。然后我们将 $N \times R^2$（N 是样本容量，R^2 是拟合优度）与自由度为 q 的 χ^2 分布做比较（比如参考Shazam的使用手册）。

② 我们发现一阶自相关存在于所有的工业化国家，除了比利时-卢森堡我们没有做自相关检验，因为时间序列数据不连续。

阶自相关后还是存在异方差。对这 4 个国家我们估计了 ARCH（1）模型（Engel，1982）。[①] 公式（2－87）的系数 β 的估计结果与简单修正一阶自相关系数后得到的估计结果相似，并与检验 $\beta = 1$ 的结果相同。由于更复杂的 ARCH 结果和简单的模型结果相似，对于以色列我们报告 OLS 的结果（没有发现自相关）。对于其他三个国家报告基于极大似然估计的结果，极大似然估计允许一阶自相关存在。

公式（2－87）的估计结果在表 2－4 中展示，其系数 β 的估计值和显著水平在第 2 列显示。必要时，我们修正一阶自相关。[②] 它们的自回归参数和显著水平在第 3 列显示。我们在修正一阶自相关后计算 Durbin-Watson 统计量，它和模型拟合优度结果分别在第 4 列和第 5 列展示。第 6 列我们报告对 β 等于 1 的假设检验。这在资本组成是刚性的、财富分配有弹性的情况下发生。如果系数 β 不等于 0，我们也需要检验 α（等于 $1-\beta$）是否不等于 1，从而在财富分配有弹性的情况下看资本组成是否刚性。

表 2－4　模型 *wqhf*（*r*）*t* － *wqht*（*r*）*t* ＝β［*wqtf*（*r*）*t* －*wqht*（*r*）*t*］＋*et* 对每个国家的回归结果

国家	β 估计值	自回归参数	DW 值	拟合优度	β＝1 的 F 检验	1－β＝1 的 F 检验	观测点个数
INDC							
AUS	1.223 ***	－0.648 ***	1.999	0.947	15.81 ***		31
AUT	0.425	－0.571	1.729	0.297	1.69	0.93	30
BLX	2.731 *		2.323	0.145	1.29		20
CAN	1.100 ***	－0.446 **	1.895	0.670	0.30		31
DEU	0.343	－0.760	2.141	0.573	4.00 *	1.09	29
DNK	1.240 ***	－0.309	1.831	0.218	0.33		28
ESP	1.183 ***	－0.573 ***	1.790	0.601	1.11		31

① 高阶 ARCH 的系数在方差的等式中不显著。

② 如果回归干扰项是自回归的，回归系数的最小方差估计量就不是渐进有效的，并且估计量的方差有偏，不能用于检验假设。在这些情况下，我们向模型引入自回归系数，使用完全的非条件极大似然估计方法，估计它和系数 β。

续表

国家	β 估计值	自回归参数	DW 值	拟合优度	β = 1 的 F 检验	1 - β = 1 的 F 检验	观测点个数
FIN	0.703***	-0.454**	1.720	0.322	1.37		31
FRA	0.783	-0.457	1.892	0.395	0.20	2.64	29
GBR	-0.342	-0.449*	1.700	0.139	6.76**	0.44	31
GRC	1.078***	-0.523***	1.782	0.900	1.42		30
IRL	1.309*	-0.733***	1.660	0.374	0.22		31
ITA	1.024**	-0.568	1.762	0.438	0		29
JPN	0.291	-0.567***	1.470	0.660	4.12*	0.69	15
NLD	2.249***	-0.567***	1.503	0.322	4.17**		31
NOR	0.391**	-0.601	2.023	0.148	12.80***	5.26***	22
NZL	1.011***	-0.357*	1.983	0.793	0.01		24
PRT	0.918***	-0.523***	1.715	0.602	0.17		26
SWE	0.477	-0.567***	1.607	0.314	3.18*	2.64	30
USA	0.184	-0.768***	2.426	0.509	42.80***	2.17	28
LAC							
ARG	0.943***		1.861	0.783			27
BOL	0.841***	2.041	0.756	3.120*	86.67***		31
BRA	1.056***	-0.256	1.943	0.866	0.47		31
COL	0.949***		1.533	0.921	0.89		27
CRI	0.685***		1.653	0.227	1.74		29
DOM	1.029***		1.694	0.867	0.11		23
ECU	0.765**	-0.372**	1.883	0.751	9.90***	105.14***	31
GTM	0.938***		2.232	0.700	0.28		28
HND	0.899***		2.004	0.612	0.59		31
JAM	1.222***		1.919	0.749	2.56		27
MEX	1.065***	-0.333*	1.703	0.620	0.22		31
NIC	1.229***		2.686	0.689	1.07		15
PER	0.956***		1.540	0.801	0.14		20
SLV	1.103***		2.147	0.677	0.55		31
TTO	0.916***		1.862	0.875	1.12		20
URY	0.865***		1.877	0.787	1.97		23

续表

国家	β估计值	自回归参数	DW值	拟合优度	$\beta=1$的F检验	$1-\beta=1$的F检验	观测点个数
EAP							
CHN	1.141***	-0.606**	2.044	0.781	1.02		16
IDN	0.997***		1.784	0.999	0.58		28
KOR	0.901***	-0.367*	1.835	0.614	1.27		28
MYS	0.610**		1.566	0.424	5.10**		18
PHL	0.884***	-0.337*	1.660	0.283	2.12		30
SGP	0.162	-0.385*	1.713	0.112	6.56**	0.25	31
THA	0.653***		1.777	0.654	14.44***	51.12***	28
MENA							
DZA	1.035***	-0.285	1.883	0.829	0.15		25
IRN	0.975***	-0.497*	1.213	0.974	0.37		16
ISR	1.037***		1.635	0.366	0.02		28
JOR	0.494*		1.548	0.152	4.12*	3.96*	23
MAR	0.449***		2.020	0.377	21.78***	14.51***	25
OMN	0.741***		1.236	0.393	1.19		16
SYR	0.926***	-0.280	1.905	0.927	1.34		20
TUN	0.905***	-0.288	1.870	0.739	0.80		31
TUR	0.811***		2.038	0.677	3.42*		31
SA							
IND	1.020***	-0.465***	1.898	0.947	0.17		31
LKA	0.688***		1.791	0.548	6.21**		26
PAK	1.019***		2.085	0.888	0.08		28
SSA							
CIV	0.788**		2.298	0.378	0.61		15
MUS	0.624***		1.642	0.683	17.28***		23
ZAF	1.294***	-0.770***	1.516	0.586	1.77		29

注：***、**和*分别代表在0.01、0.05和0.1的水平上显著。

估计方法是最小二乘法，在必要时，我们修正一阶自相关并使用完全的非条件极大似然估计方法。由于没有截距项，拟合优度进一步得到改进。报告第7列的F检验仅是为了看在系数β不偏离0时，$\alpha = 1-\beta$是否偏离1，以及在系数β偏离0时，$\alpha=1-\beta$是否偏离1，但同时小于1。

基于表2-4的结果，不同国家可以归为四类。第一类国家资本组成是刚性的，财富分配是有弹性的，这类国家包括样本中的多数发展中国家，除了新加坡（SGP）和20个工业化国家中的13个。[①] 对这些国家，系数β十分显著，在多数情况下不显著偏离1，说明$\alpha = 1-\beta$为0，财富分配十分有弹性。第二类国家的系数β绝对值很小，不显著偏离0，$\alpha = 1-\beta$不显著偏离1。这些国家是工业化国家，包括德国（DEU）、英国（GBR）、日本（JPN）、瑞典（SWE）、美国（USA）和新加坡（SGP）。这些经济体的财富分配是刚性的，资本组成则是有弹性的。第三类则为两种组成都是刚性的国家。在这里，系数β和α都是显著的且小于1，从它们相对的大小来看，一种组成比另一种更加具有刚性。这类国家由一个工业化国家挪威（NOR）和一些发展中国家［玻利维亚（BOL）、厄瓜多尔（ECU）、马来西亚（MYS）、泰国（THA）、约旦（JOR）、摩洛哥（MAR）、斯里兰卡（LKA）和毛里求斯（MUS）］组成。第四类国家包括奥地利（AUS）和法国（FRA）。在这两个国家，系数β不偏离0，但同时不偏离1，同理，$\alpha = 1-\beta$既不偏离1也不偏离0，我们的解释是资本组成和财富分配的弹性或刚性相等。

对Kraay等（2000）数据库的国家，决定了其资本组成和财富分配的刚性后，我们还需要处理一个问题，即如何将这个结果推广到其他国家。对这个问题，我们建立了包括40个国家在内的平衡面板数据，跨度为1975～1994年（20年）。对比表2-4中按区域划分的国家，这40个国家代表了工业化国家（INDC）中的17个，拉美及加勒比海地区（LAC）中的11个，

① 虽然新加坡是一个高度工业化的国家，其居民有很高的人均收入，我们把它并入东亚及太平洋地区的组中，这只是因为它在Kraay等（2000）中是这样分类的。

东亚及太平洋地区（EAP）中的5个，中东及北非地区（MENA）中的3个，南亚地区（SA）中的2个和撒哈拉以南非洲地区（SSA）中的2个。因此，所有 Kraay 等（2000）数据库的国家在面板数据中都具代表性，除了 MENA。表2-4对不同国家的回归年限更长，为了与此比较，看更短年限内的面板数据是否会潜在地影响面板的估计结果，我们对每个国家重复表2-4的估计，时间跨度为1975~1994年。我们发现系数β的估计值和$\beta=1$的检验结果在时间区间选择上是稳健的。

在估计计量公式（2-87）时，我们使用与 Kmenta（1986）相似的混合横截面的方法。具体而言，我们假设模型的横截面存在异方差，时间序列存在自回归。由于公式（2-87）很可能存在影响所有横截面单位的遗漏变量，我们同样假设误差项在横截面是相关的。但是，在这三个关于误差项的假设下，公式（2-87）的估计看起来有问题，即对这个特定的数据集，其中横截面单位的数量是时间跨度的两倍，因此方差-协方差矩阵接近于奇异矩阵，不能求逆。有两种方法克服这个问题，第一种方法是用这三个假设估计公式（2-87），但是减少横截面单位的数量，即使用40个国家的子数据集。第二种方法是放弃横截面在时间维度上相关的假设。我们将看到，两种方法得到的结果一致，它们与表2-4中的结果也一致。

对每个区域，表2-5的第一部分展示了公式（2-87）在横截面相关和时间序列自回归模型下的估计结果。对工业化国家（INDC），系数β的估计值为0.948，这接近于1，但统计上偏离1。表2-4报告了对每个 INDC 单独回归的结果，可以看到，β估计值在每个国家都不同，其中20个国家中的8个都偏离1。因此，使用混合横截面的方法得到的结果与对每个 INDC 单独回归的结果一致，说明 INDC 资本组成比财富分配的刚性大得多。对拉美及加勒比海地区（LAC），β估计值为0.884；$\beta=1$的假设被显著拒绝，这有点令人惊讶，因为从对于每个国家的单独回归（表2-4）来看，大多数 LAC 国家不能拒绝$\beta=1$的假设。然而，混合横截面模型和单独回归模型均支持在 LAC 资本组成比财富分配更有刚性的假设。在 MENA，混合横截面数据仅包括以色列（ISR）、突尼斯（TUN）和土耳其（TUR）；β 估计值为0.772，显著地偏离1。这也有点令人惊讶，因为在这三个国家的单独回归中，只有在土耳其 β 显著偏离1。然而，混合横截面的方法得到的结果没有改变单独回归的结果：在MENA地区资本组成比财富分配更有刚性。为了支持这个结论，我们检验并拒绝了 $\beta=0.5$ 的假设，该假设表示两种组成的刚性相等。

表2-5　对每个地区，整个面板的回归结果

类别	β 估计值	拟合优度	$\beta=1$ 的F检验	国家数量	观测点个数
假设横截面相关					
INDC	0.948***	0.907	9.767***	17	340
EAP	0.970***	0.825	0.463	5	100
LAC	0.884***	0.839	19.742***	11	220
MENA	0.772***	0.545	6.082**	3	60
SA	1.108***	0.943	0.205	2	40
SSA	0.653***	0.656	21.000***	2	40
假设横截面独立					
INDC	0.996***		0.693	17	340
EAP	0.956***		0.796	5	100
LAC	0.920***		4.296**	11	220
MENA	0.732***		8.366***	3	60
SA	1.021***		0.269	2	40
SSA	0.676***	0.73	13.925***	2	40
所有国家	0.947***	0.716	6.364**	40	800

注：***、**和*分别表示在0.01、0.05和0.1的水平上显著。

在东亚及太平洋地区（EAP）和南亚地区（SA），β 估计值没有显著偏离1，这与表2-4中这两个地区的国家是一致的。在撒哈拉以南非洲地区（SSA），β 估计值显著偏离0但比1小。为了看资本组成和财富分配的刚性是否相同，我们检验 $\beta=0.5$ 的假设，显著水平为10%。这意味着在SSA国家，资本组成和财富分配的刚性很接近。注意MENA、SA和SSA的结果可以推广到这些地区的其他国家［不在Kraay等（2000）数据库中的］，但需要小心，因为每个地区使用的面板数据都不具有代表性。

现在我们假设时间序列存在自回归，横截面存在异方差，但横截面不相关，将40个国家汇总成混合横截面，从而估计公式（2-87）。我们限制系数斜率，使之在6个类别相同，然后允许斜率不同来检验类别差异，结果在表2-5的第二部分显示。就β大小和$\beta=1$的检验而言，除INDC以外，表2-5的第一部分和第二部分结果很相似。在INDC中，将横截面相关考虑进去很重要，尤其是检验β是否偏离1。当我们忽略工业化国家的遗漏变量问题时，β的估计值没有显著偏离1。最后，限制所有国家的β，使之都相等，得到的结果十分接近1，这说明对所有国家而言，资本组成比财富分配的刚性大得多。

2.2.2.4 刚性参数

为了对设定GTAP-Dyn模型的刚性参数提出建议，本节我们总结关于资本组成和财富分配的相对刚性。

一个地区的资本存量由两种资产组成：国内居民所有的国内资本和国外总负债。一个地区的财富也是一个由两种资产组成的投资组合，两种资产分别是国内居民所有的国内资本和国内居民持有的外国资产，即在全球信托的股本。财富和资本组成的变化由投资者将储蓄分配到国内和国外的投资决策确定。现实世界中的投资者在建立投资组合时不仅考虑资本相对收益，还考虑风险。在GTAP-Dyn模型中，投资者会重新分配资本，将资本从低收益率地区向更高收益率地区转移；但是，模型没有考虑投资决策与风险相关的部分。因此，为了确定资本组成和财富分配，我们采用交叉熵最小化方法［公式（2-80）］。这个方法间接地确定了一个地区的储蓄在国外和本地资产间的分配，以及一个地区新投资在国内和国外的分配比例。公式（2-80）中刚性参数的相对大小决定了资本组成和财富分配的相对刚性。

刚性参数是两个交叉熵加权之和的权重——其中一个是关于本地资本所有权的份额，另一个是关于财富分配的份额。为了使资本组成和财富分配与初始数据库的分配比例尽可能接近，我们最小化加权之和。只有非负的刚性参数与交叉熵最小化一致，且两个刚性参数中，只有一个可以为0[①]。虽然我们可以设定其中一个刚性参数为0，但这样做会使模型更脆弱。如果设定*RIGWQH*（*r*）为0，一个地区有了高额投资，那么当地家庭可能被要求将100%以上的储蓄投资于本地公司，这种情况不是我们想要的。

通过使用这些发展中国家和工业化国家的财富和资本组成数据（Kraay et al.，2000），我们分析了资本组成和财富分配的相对刚性。为了对设定GTAP-Dyn模型的刚性参数提出建议，我们的发现在表2－6中展示。在设定参数时，我们考虑之前讨论的对参数的限制。

表2－6　GTAP-Dyn模型的刚性参数

国家	β估计值	β=1的F检验	1－β=1的F检验	*RIGWQH*	*RIGWQ_F*
INDC					
AUS	1.223***	15.81***		0.01	1
AUT	0.425	1.69	0.93	1	1
BLX	2.731*	1.29		0.01	1
CAN	1.100***	0.3		0.01	1
DEU	0.343	4.00*	1.09	1	0.01
DNK	1.240***	0.33		0.01	1
ESP	1.183***	1.11		0.01	1
FIN	0.703***	1.37		0.01	1
FRA	0.783	0.2	2.64	1	1
GBR	－0.342	6.76**	0.44	1	0.01
GRC	1.078***	1.42		0.01	1
IRL	1.309*	0.22		0.01	1
ITA	1.024**	0		0.01	1
JPN	0.291	4.12*	0.69	1	0.01
NLD	2.249***	4.17**		0.01	1
NOR	0.391**	12.80***	5.26***	1	1
NZL	1.011***	0.01		0.01	1

① 设定两个刚性参数为0会去除公式（2－80）中资本组成与财富分配的关系。

续表

国家	β 估计值	$\beta=1$ 的 F 检验	$1-\beta=1$ 的 F 检验	*RIGWQH*	*RIGWQ_F*
PRT	0.918***	0.17		0.01	1
SWE	0.477	3.18*	2.64	1	0.01
USA	0.184	42.80***	2.17	1	0.01
ALL	0.948***	9.767***	3278.64***	0.05	1
LAC					
ARG	0.943***			0.01	1
BOL	0.841***	3.12*	86.67***	0.189	1
BRA	1.056***	0.47		0.01	1
COL	0.949***	0.89		0.01	1
CRI	0.685***	1.74		0.01	1
DOM	1.029***	0.11		0.01	1
ECU	0.765**	9.90***	105.14***	0.307	1
GTM	0.938***	0.28		0.01	1
HND	0.899***	0.59		0.01	1
JAM	1.222***	2.56		0.01	1
MEX	1.065***	0.22		0.01	1
NIC	1.229***	1.07		0.01	1
PER	0.956***	0.14		0.01	1
SLV	1.103***	0.55		0.01	1
TTO	0.916***	1.12		0.01	1
URY	0.865***	1.97		0.01	1
ALL	0.884***	19.74***	1143.07***	0.13	1
EAP					
CHN	1.141***	1.02		0.01	1
IDN	0.997***	0.58		0.01	1
KOR	0.901***	1.27		0.01	1
MYS	0.610**	5.10**		1	1
PHL	0.884***	2.12		0.01	1
SGP	0.162	6.56**	0.25	1	0.01
THA	0.653***	14.44***	51.12***	1	1
ALL	0.970***	0.463	468.93***	0.01	1
MENA					
DZA	1.035***	0.15		0.01	1
IRN	0.975***	0.37		0.01	1

续表

国家	β估计值	$\beta=1$的F检验	$1-\beta=1$的F检验	*RIGWQH*	*RIGWQ_F*
ISR	1.037***	0.02		0.01	1
JOR	0.494*	4.12*	3.96*	1	1
MAR	0.449***	21.78***	14.51***	1	1
OMN	0.910***	0.14		0.01	1
SYR	0.926***	1.34		0.01	1
TUN	0.905***	0.8		0.01	1
TUR	0.811***	3.42*		0.233	1
SA					
IND	1.020***	0.17		0.01	1
LKA	0.688***	6.21**		1	1
PAK	1.019***	0.08		0.01	1
SSA					
CIV	0.788**	0.61		0.01	1
MUS	0.624***	17.28***		1	1
ZAF	1.294***	1.77		0.01	1
ALL	0.947***	6.364**	1996.26***	0.06	1

注：***、**和*分别表示在0.01、0.05和0.1的水平上显著。

在第一类国家，包括除新加坡（SGP）外的发展中国家和13个工业化国家，资本组成比财富分配刚性大得多。系数β没有偏离1，且系数α没有偏离0。对这些国家我们合理地设定*RIGWQH*（r）为0，设定*RIGWQ_ F*（r）为1。然而，*RIGWQH*（r）=0会使模型脆弱，我们建议设定*RIGWQH*（r）为一个很小的正数，如0.01。在很多情况下，β估计值大于1，这意味着$\alpha=1-\beta$为负。如果β没有显著偏离1，系数α为负但没有显著偏离0，那么这没什么问题。但是，有些情况则有问题，如澳大利亚（AUS）和荷兰（NLD），β显著大于1（见表2-6第2列和第3列），系数α显著且为负，导致*RIGWQH*（r）为负。因为模型不允许负的刚性参数，我们设定澳大利亚（AUS）和荷兰（NLD）的*RIGWQH* （*r*）为0.01，*RIGWQ_ F*（*r*）为1。

在第二类国家中，财富分配比资本组成的刚性大得多，如德国（DEU）、英国（GBR）、日本（JPN）、瑞典（SWE）、美国（USA）和新加坡（SGP），β不显著偏离0，α不显著偏离1，对这些国家我们设定*RIGWQH*（*r*）为0.01，*RIGWQ_ F*（*r*）为1。在由玻利维亚（BOL）、厄瓜多尔（ECU）、马来西亚（MYS）、泰国（THA）、约旦（JOR）、摩洛哥（MAR）、斯里兰卡（LKA）、毛里求斯（MUS）和挪威（NOR）组成的第三类国家中，两者都是刚性的。对这些国家我们检验$\alpha = \beta = 0.5$是否成立，对除了玻利维亚（BOL）和厄瓜多尔（ECU）的9个国家，我们拒绝资本组成和财富分配的刚性相近的假设，并设定*RIGWQ_ F*（*r*）= *RIGWQH*（*r*）= 1。在玻利维亚（BOL）和厄瓜多尔（ECU），资本组成比财富分配的刚性稍微高些，对这两个国家设定*RIGWQ_ F*（*r*）为1，*RIGWQH*（*r*）的计算方法是（$1-\beta$）/β。最后，在奥地利（AUT）和法国（FRA），两种分配比例都有很高的弹性。由于我们不能在模型中设定刚性参数为0，我们就使它们相等，在这个情况下设定它们均为1。

根据表2-6最后一列，我们可以得出结论，在“一般”国家中资本组成比财富分配的刚性大得多。然而，β显著小于1。设定参数*RIGWQ_ F*（*r*）为1，*RIGWQH*（*r*）=（$1-\beta$）/β = 0.06。表2-6中报告的几个类别β可能也有用，对于INDC、LAC、EAP的国家，设定*RIGWQ_ F*（*r*）为1，*RIGWQH*（*r*）的计算方法是（$1-\beta$）/β，其中β为表2-5第一部分报告的估计值。这个计算使得INDC的*RIGWQH*（*r*）=0.05，LAC的*RIGWQH*（*r*）=0.13，EAP的*RIGWQH*（*r*）=0.01。对于MENA、SA和SSA的国家，“一般”国家的刚性参数设定*RIGWQ_ F*（*r*）= 1、*RIGWQH*（*r*）=0.06是我们更想要的，因为表2-5中这三个地区的结果仅仅基于两个或三个国家。由于在我们考虑的大多数国家资本组成比财富分配的刚性大得多，对加总后的地区可以设定*RIGWQ_ F*（*r*）为1，*RIGWQH*（*r*）为0.06。

尽管不同国家的资本组成和财富分配之间存在相对刚性的差异，在大多数国家，相对于本地公司和外国公司之间的股本分配比例而言，属于外国人和属于本地家庭之间的资本分配比例有大得多的刚性。有6个工业化国家在此规律之外。这个明显的经验规律保证了我们可以进行进一步的理论和经验研究。对这种现象，一个可能的解释为信息不对称。对于大多数国家，国内投资者相对国外投资者可能更了解本土经济体的投资机会。经济好的时候，国内投资者重新分配他们的投资组合以获取国内资产更高的收益，而且他们行动起来比国外投资者更快更简单。类似的，当国内资本收益降低时，国内投资者很快就重新分配投资组合并更倾向于国外资产。这种不对称信息可能导致我们观测到财富分配是有弹性的，资本组成是刚性的。

2.2.2.5 参数加总的问题

对动态模型参数的加总问题，其解决办法很简单。我们只需要参照表2－7的权重来进行加总。

表2－7 动态模型参数加总权重

系数名称	维度	权重
DIFF	REG[a]	区域的资本存量(*WQ_FIRM*)
SMURF	IND[b] × REG	区域部门的资本存量(*VKE*)
TREND_K	IND × REG	区域部门的资本存量(*VKE*)
RWACC	IND × REG	区域部门的资本存量(*VKE*)
RIGWQH	REG	区域家庭的财富(*WQHHLD*)
RIGWQ_F	REG	区域的资本存量(*WQ_FIRM*)
LAB_SLOPE	LAB × REG	区域部门的劳动力报酬(*EVFA*)
LAB_LRSUP	LAB × REG	区域部门的劳动力报酬(*EVFA*)

注：REG[a]表示地区的数目；IND[b]表示部门的数目。

在大多数国家，相对于本地公司和外国公司之间的股本分配比例而言，属于外国人和属于本地家庭的资本分配比例有大得多的刚性，加总后的区域 *RIGWQ_F*（*r*）＝1，*RIGWQH*（*r*）＝0.06。表2－6中报告的类别特定的参数也可能用在不同类别或特定类别的国家。如果使用者想使用表2－6中国家水平的不同参数值，以此确定一个区域的参数（不同国家的加总），那么就需要使用区域水平的加总方法。在我们的加总方法中，我们使用区域家庭的财富［权重为 *WQHHLD*（*r*）］来加总 *RIGWQH*（*r*），使用国内资本存量［权重为 *WQ_ FIRM*（*r*）］来加总 *RIGWQ_ F*（*r*）。

我们有配套的加总程序允许使用者加总 GTAP 区域和部门水平的数据库和参数，得到可以用来分析和应用的加总。

2.2.3　结论和总结

本节在计量基础上讨论 GTAP-Dyn 模型的表现和熵参数，为模型加入了现实元素。模型长期均衡定义为不同区域在风险调整后的净资本收益率的收敛值。在本节中，资本收益率的计算使用了 SourceOECD 数据库的总经营盈余和 Larson 等（2000）记录的资本存量。这些收益率用来检验不同国家收益率收敛的假设，并测量国际资本流动性。在计量分析基础上，我们拒绝了不收敛的原假设。在 20 个 OECD 国家中净资本收益率的收敛速率为每年 9%。最可能的情况是，如果我们包括了 OECD 以外的国家，那么收敛速率会降低，因此每年 9% 的收敛速率代表了模型中我们想要的净收益率收敛速率的上限。参数决定了预期收益率向实际收益率的滞后调整速率，及预期收益率向目标收益率的滞后调整速率，通过改变参数，我们可以得到模型中想要的资本流动性。但是，由于区域加总的差异，即使是相同大小的参数也可能得到不同的资本流动性。因此，对每个新的区域加总都应该根据模拟的收益率校准滞后的调整参数。对滞后的调整参数的校准基于 GTAP 数据库的 3×3 和 7×7 加总，证明了当滞后的调整参数分别设定为 0.5 和 0.4 时，可以实现 9% 的收敛速率。这也许意味着在加总程度不高的 GTAP 数据库中，模型中我们想要的资本流动性可以通过将滞后的调整参数设定为某些更低的值来得到。如要设定收益率对资本存量的弹性，最好的办法是校准加总后数据库的弹性，其次的办法是设定弹性为 1。如果设定的收益率弹性和模型一致的值相差甚远，则会给模型的收敛性带来负面的影响。滞后的调整机制决定区域投资，该投资包括国内投资和通过全球信托的外国投资。而区域家庭的储蓄用于本土经济体的投资和全球信托的投资。投资者关于投资和储蓄组成的逐期决策影响一个区域的资本组成和财富分配。本节中使用国家投资组合数据库来估计一些参数，这些参数决定了GTAP-Dyn模型中的资本组成和财富分配的相对刚性。尽管不同国家的资本组成和财富分配的相对刚性不同，在大部分国家，相对于本地公司和外国公司之间的股本分配比例而言，属于外国人和属于本地家庭的资本分配比例有着大得多的刚性。这一计量经济研究的结果被用来设定模型中的刚性参数。

2.3 动态GTAP数据库概览、数据库的构建和加总程序

2.3.1 引言

GTAP-Dyn模型使用的GTAP-Dyn数据库是以GTAP数据库为基础的数据库。GTAP数据库描述了在给定时间内全球的经济情况（数据库GTAP 6对应2001年；Dimaranan，2006）。GTAP-Dyn数据库在GTAP数据库基础上加入了动态模型所需的新数据。本节将讨论为GTAP-Dyn数据库①这些新增数据做的准备，以及使用不同效用程序对GTAP-Dyn数据库进行的操作和加总。

我们对GTAP数据库（Dimaranan，2006）在以下五个方面做了改变，得到GTAP-Dyn数据库。

第一，如表2-8所示，我们在标准的GTAP数据文件（basedata.har）中新增了3个关于居民跨境收入的数组（*YQHT*、*YQTF*和*YQHF*）。尽管数组的维度不变，但由于引入了该跨境收入，区域储蓄（*SAVE*）与标准GTAP数据库中的储蓄变量不同。

① 在不同时间段我们必须参考GTAP-Dyn数据库特定的版本。我们使用版本标号系统，形式为< GTAP release >：< GTAP-Dyn version >。元素< GTAP-Dyn version >是< GTAP-Dyn major version >.< GTAP-Dyn minor version >的形式。我们采用一种新的主要版本来标记数据内容的差异；一个新的次要版本来标记格式的改变或内容的小变化。例如，GTAP-Dyn数据库的6：1.0版本基于GTAP数据库的第6版，版本6：2.0基于同一个GTAP版本，但加入了更多GTAP-Dyn特定的近期数据。

第二，创建一个新的动态数据文件（dyn. har），该文件包含了动态理论中表2-9的前6个新参数。计量估计的方法和一些校准这些参数的情形在前文详细讨论过，本节着重讨论这些标准 GTAP-Dyn 数据库的参数赋值的程序。

第三，静态 GTAP 数据库里的资本存量（*VKB*）和投资相关数据并不区分部门，为了弥补这些不足，我们在动态数据文件（dyn. har）里，引入了区分部门的投资和资本数据：*VKB*2、*VKE*2、*VDP*2 和 *VIN*2。由于新增的 *VKB*2（*j*，*r*）的信息已经包含了原来 *VKB*（r）的信息，因此，我们在原数据库（basedata. har）里把 *VKB* 数组删除。类似的，原 GTAP 参数文件中的投资弹性参数（*RORDELTA*）在新投资理论中没有使用，我们也从原文件中删去。

第四，在动态数据文件（dyn. har）里，我们还添加了几个用于处理滞后运算的数组：*CPI*、*CPIL*、*PCG*0 和 *PCG*1。

第五，由于引入了工资黏性机制，我们需要创建一个新的数据文件（WDAT. har）用于存放劳动力市场相关指数与参数，如表2-8中最后的两个指数数组：*EMPL* 和 *RWAG*；如表2-9中最后两个控制劳动力供应的参数：*LAB_ SLOPE* 和 *LAB_ LRSUP*。

表2-8　标准 GTAP 数据文件中新加入的数组

标题名称	参数名称	维度	单位	描述
YQHT	*YQHTRUST*	REG	百万美元	区域居民从国际信托得到的收入
YQTF	*YQTFIRM*	REG	百万美元	国际信托从区域公司得到的收入
YQHF	*YQHFIRM*	REG	百万美元	区域居民从本地公司得到的收入
*VKB*2	*VKB*	IND × REG	百万美元	年初区域部门的资本存量
*VKE*2	*VKE*	IND × REG	百万美元	年末区域部门的资本存量
*VDP*2	*VDEP*	IND × REG	百万美元	区域部门的资本折旧价值
*VIN*2	*VINV*	IND × REG	百万美元	区域部门的投资量
CPI	*LEV_CPI*	REG	无量纲	当期区域居民消费价格指数
CPIL	*LEV_CPI_L*	REG	无量纲	上一期区域居民消费价格指数
*PCG*0	*PCGDS*0	REG	无量纲	年初区域资本购买价格指数
*PCG*1	*PCGDS*1	REG	无量纲	年末区域资本购买价格指数
EMPL	*EMPL*	REG	无量纲	区域就业指数
RWAG	*RWAGE*	REG	无量纲	区域税前实际工资

表 2-9　动态参数表的内容

参数名称	维度	描述
DIFF	REG[a]	投资曲线区间参数
SMURF	IND[b] × REG	资本对预期回报率的弹性
TREND_K	IND × REG	资本历史平均增速
RWACC	IND × REG	历史平均实际融资成本
RIGWQH	REG	区域家庭财富分配的刚性
RIGWQ_F	REG	企业资金来源的刚性
LAB_SLOPE	LAB × REG	劳动力短期供给对工资的弹性
LAB_LRSUP	LAB × REG	劳动力长期供给对工资的弹性

注：REG[a]表示地区的数目；IND[b]表示行业的数目。

2.3.2 GTAP-Dyn 数据文件

我们按如下方法获得新的 GTAP-Dyn 数据。首先，我们获取国外收入和支出；从这些收入和标准 GTAP 数据我们得到数组 *YQHT*，即由每个区域家庭在全球信托的股本创造的收入；*YQTF*，即由全球信托所有在区域公司的股本创造的收入；*YQHF*，即地方家庭在地方公司的股权收入。其次，我们发现国外收入会影响区域收入。由于区域收入必须等于区域支出，在加入国外收入时区域支出必须变化。据此，我们计算初始区域收入的值，并通过区域储蓄变化调整区域支出。储蓄调整后的数据存储在标准数据文件的 SAVE 标题下。

2.3.2.1　收入和储蓄

对于 GTAP-Dyn 数据库 6：2.0 的版本，数据参考年是 2001 年。① 标准国家 GDP 数据集来自用来建立标准 GTAP 6 数据库的国家宏观数据集，加上来自 CIA *World Factbook* 的估计。

对国外收入和支出，我们使用来自世界银行的世界发展指标（WDI）数据集。对 GTAP-Dyn 6 数据库：2.0，我们使用 WDI 的 2002 年版本。我们

① 版本 5：1.0 是基于 1997 年的数据。

提取 2 个数据序列：

①国外收入（国际收支，现今的美元）；

②国外支出（国际收支，现今的美元）。

我们获得了 154 个国家的收入数据和 155 个国家的支出数据。国内外总收入中的收入和支出份额同样用来决定国内外区域资本所有权的份额。还可以使用财富/所有权数据来得到收入份额。[①] 不幸的是，有财富/所有权数据的国家很少，且无法得到基准年的正确数据。例如 Kraay 等（2000）数据库包括 1997 年 38 个国家的数据，比 154 个国家收入数据明显要少。鉴于此，我们选择使用收入数据，从中得到财富数据。

我们从 1997 年和 2001 年 WDI 收入和支出数据得到区域资本的国外所有权份额，在图 2－9 中将它与 Kraay 等（2000）的份额比较。数据表明，当使用 Kraay 等（2000）的财富而不是 WDI 的收入计算份额时，国外所有权的份额更高。2001 年的国外所有权份额高于 1997 年，这反映出国外所有权的份额在这段时期内增加了。让我们欣慰的是，从 Kraay 等（2000）数据中得到的份额与从 WDI 数据得到的份额在不同国家表现相似。

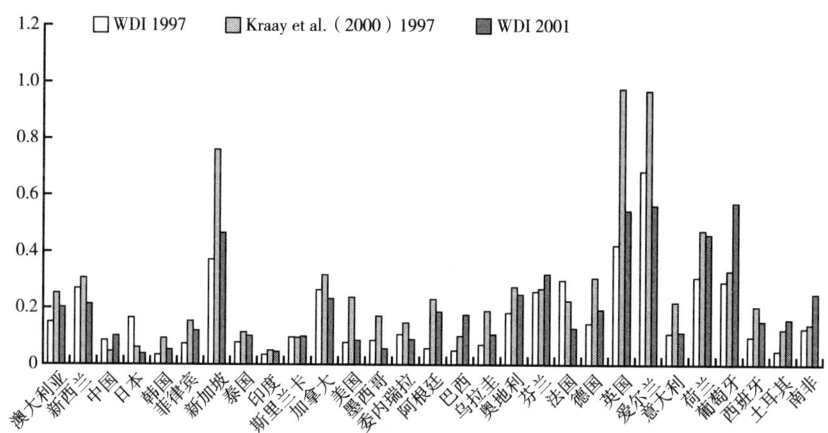

图 2－9　国外所有权份额在收入和财富上的比较

资料来源：GTAP-Dyn 数据库 5：1.0 版和 6：2.0 版，Kraay 等（2000）。

① 这种方法在 GTAP-Dyn 数据库的早期版本中使用过。

我们按照以下五步获得新的外国收入和储蓄数据。

①填补外国收入数据缺失；

②填补外国支出数据缺失；

③平衡外国收入和支出；

④加总外国收入数据到 GTAP 模型；

⑤计算国内资本产生的新收入、所有区域收入和各区域储蓄。

对有国外收入数据的国家，我们计算国外收入对 GDP 的平均占比（*FYRFFACT*）。假设对缺失数据的国家，国外收入对 GDP 的占比等于有数据国家的占比平均值，即国家 c 的国外收入缺失值的计算方法为 $FYRFFACT \times GDP$（c），这样我们就扩大了国外收入数据，使之包括所有标准国家。我们从标准国家的 GDP 数据集中获取 GDP 值，使用类似的计算方法扩大国外支出数据，使之包括所有标准国家。

国外收入数据是不平衡的：国外收入的世界总和不等于国外支出的世界总和。一个新的共同目标总和通过两个新的总和几何平均计算得到。[①] 通过对所有国家重新调节收入和支出匹配共同目标总和，我们得到平衡的数据，然后加总平衡的国外收入数据到 GTAP 区域，从而得到数组 *YQHT* 和 *YQTF*。

然后我们从标准的 GTAP 标准数据文件中得到各区域的资本收益（*VOA*），用这个数字减去国外支出（*YQTF*），然后从各区域的国内资本（*YQHF*）得到地方收入的估计。这样做暗含的假设是所有国外支出都是资本的收入。考虑到新的国外支出和收入数据，我们计算各区域收入总和的新值 *INC* 以及储蓄 *SAVE*：

$$SAVE(r) = INCOME(r) - PRIVEXP(r) - GOVEXP(r) \quad \forall r \in REG \qquad (2-88)$$

其中：

$$INCOME(r) = \sum_{i \in ENDWNA} VOA(i,r) + YQHHLD(r) + TAXREV(r) \quad \forall r \in REG \qquad (2-89)$$

① 对所有标准国家的所有支出/收入要素总和（包括有数据的国家和通过计算而得到数据的国家）。

2.3.2.2　区分部门和区域的资本与投资数据

GTAP-Dyn 模型的资本存量数据［*VKB*（*r*）］和投资相关数据［*VDEP*（*r*）和 *REGINV*（*r*）］并不区分部门维度。但即使在同一区域各部门的特性也可能相差较大，比如部门的资本回报率、投资增速等。因此我们有必要将这些在各区域的投资相关数据进一步拆分，细分到各部门。

为了给这些投资相关的数据增加部门维度，我们在部门和地区层面构造以下矩阵：

①净运营盈余，*GOS*（*j*，*r*）；

②资本回报率，*ROR*（*j*，*r*）；

③折旧率，*D*（*j*，*r*）；

④资本增长率，*K_ G*（*j*，*r*）。

GTAP v9 数据库已经拥有 2011 年的 GOS 矩阵数据，即 *VFM*［"capital"（*j*，*r*）］。至于上述其他三个矩阵，我们基于美国标普公司旗下的 Capital IQ 公司的全球 3 万多家上市公司数据，估算出 2011 年对应的数值。有了这 4 个矩阵信息，我们可以通过以下 4 个公式来推算和拆分行业维度：

$$VKB(j,r) = \frac{GOS(j,r)}{ROR(j,r) + D(j,r)} \tag{2-90}$$

$$VINV(j,r) = \frac{[K\_G(j,r) + D(j,r)] \times GOS(j,r)}{ROR(j,r) + D(j,r)} \tag{2-91}$$

$$VDEP(j,r) = VKB(j,r) \times D(j,r) \tag{2-92}$$

$$VKE(j,r) = VKB(j,r) \times [1 - D(j,r)] + I(j,r) \tag{2-93}$$

根据公式（2－90）～公式（2－93），推算出包含部门维度的投资相关矩阵以后，我们会发现在区域 *r* 加总所有部门维度的数值［如 $\sum_j VKB(j,r)$］通常与原来 GTAP 数据库的数值［$VKB^{GTAP}(r)$］不一致。因此我们需要同比例地增加或减少部门的数值使新生成的矩阵既包含了 Capital IQ 数据的信息，也能满足以下条件：

$$\sum_j VKB(j,r) = VKB^{GTAP}(r) \tag{2-94}$$

$$\sum_j VDEP(j,r) = VDEP^{GTAP}(r) \tag{2-95}$$

$$\sum_j VINV(j,r) = VINV^{GTAP}(r) \tag{2-96}$$

公式（2-90）和公式（2-91）的推导过程如下。

在这里为了简化方程，我们省略区域和部门的下标。期末资本等于期初资本加上净投资，其中净投资是投资减去折旧。

$$VKE = VKB \times (1 - D) + I \tag{E1-1}$$

VKB 和 VKE 分别是期初和期末资本；

D 是折旧率；

I 是投资。

资本增速可以由以下公式表达：

$$K\_G = \frac{VKE}{VKB} - 1$$

那么我们可以把方程（E1-1）转换为：

$$I = VKB \times (K\_G + D) \tag{E1-2}$$

另外根据资本回报率的定义，我们有方程（E1-3）：

$$ROR = \frac{GOS}{VKB} - D \tag{E1-3}$$

其中 GOS 是净运营盈余。方程（E1-3）可以写成：

$$VKB = \frac{GOS}{ROR + D} \tag{E1-4}$$

从方程（E1-2）和（E1-3）可以得到：

$$VINV = \frac{(K\_G + D) \times GOS}{ROR + D} \tag{E1-5}$$

2.3.2.3　资本存量的正常增长率 *TREND_ K* 与投资曲线区间参数 *DIFF*

对于资本存量的正常增长率 *TREND_ K*，我们从 Capital IQ 的上市公司数据里提取出 2007～2011 年的总资产、有形资产和投入资本作为资本存量的数据。为了去除汇率的影响，我们都以本地货币的形式来提取上述数据。

我们根据上市公司的 GICS 分类对应 GTAP 的部门分类，加总上述公司数据，相应的我们得到 GTAP 部门的区域分类的值。然后分别计算总资产、有形资产和投入资本在 2007～2011 年的平均增长率，最后我们取三个年增长率的平均值代表 GTAP 各区域和各部门的资本存量增长率。

2.3.2.4　历史平均资本回报率（*RWACC*）

类似的，我们通过全球上市公司数据估算 GTAP 各区域和部门的资本回报率。首先我们根据 GICS 分类把公司的净收入（*NI*）加总到 GTAP 分类，然后，用净收入除以总资产计算资本回报率。这样我们可以求得 2007～2011 年各行业各地区的实际历史资本回报率（*RORE*）。

但由于历史回报率波动比较大，因此这里我们介绍另一种方法估算回报率。这种方法的假设前提是金融市场具有有效性。就是说在长期均衡情况下，行业的资本回报率不能明显高于其融资成本（*WACC*）。根据金融理论，我们知道融资成本分别是股权成本和债权（借贷）成本的加权平均：

$$WACC_{j,r} = S_{j,r}^{E}R_{j,r}^{E} + (1 - S_{j,r}^{E})(R^{rf} + \delta_{j,r})(1 - T_{r}) \tag{2-97}$$

$$R_{j,r}^{E} = R^{rf} + \beta_{j,r} \times ERP_{r} \tag{2-98}$$

其中，*WACC* 是融资成本，*S* 是股权与总资产的比例，R^{E} 是发行股权的成本，R^{rf} 是无风险利率，δ 是风险的速度，*T* 是资本利得税。第二个方程是 CAPM，β 是风险系数，*ERP* 是风险溢价。

我们最后是通过取 *RORE* 和 *WACC* 的平均值来估算模型的历史平均资本回报率（*RWACC*）。

2.3.2.5 资本对回报率的弹性（*SMURF*）

为了估算资本对回报率的弹性，我们根据上述的数据，建立以下计量模型：

$$K\_G_{j,r}^{2011} = \beta_0 + \beta_1 \times K\_G_{j,r}^{ave} + \beta_2 \times (ROR_{j,r}^{2011} - ROR_{j,r}^{ave}) + B \times Dummies \tag{2-99}$$

其中 K_G^{2011} 是 2011 年的增长率，K_G^{ave} 是平均增长率，ROR^{2011} 是 2011 年的资本回报率，ROR^{ave} 是平均回报率，*Dummies* 代表了行业和地区的哑变量。估算结果 β_2 的值为 1.5（统计意义上显著大于零），R^2 为 0.55。因此模型的 *SMURF* 采用 1.5。根据澳大利亚宏观模型中投资函数的估算，我们估计的 *SMURF* 值符合 1～3 的范围。

2.3.2.6 其他无量纲指数

模型中有 5 个无量纲指数，包括居民消费价格指数、购买资本的价格指数、重置资本的价格指数、就业指数和实际工资指数。在初始的基础数据库，我们统一把它们设定为 1。

2.3.2.7 黏性工资滞后的调整参数

黏性工资调整的参数会影响模型受到冲击后回调到均衡水平所需要的时间。具体到数值来说，开发 MONASH 模型的澳大利亚 CoPS 中心利用澳大利亚的经济数据进行回归，估算了短期劳动力供应对工资的弹性（*LAB_ SLOPE*）的数值约为 0.2（即大约 5 年工资才能到达均衡）；发现长期弹性（*LAB_ LRSUP*）的值相当小，在模型中通常取值为 0～0.15（默认为 0）。

2.3.2.8 刚性参数

GTAP-Dyn 模型有两个刚性参数：区域家庭财富分配的刚性 *RIGWQH* 和企业资金来源的刚性 *RIGWQ_ F*。我们使用刚性参数的经验估计（如表 2－10）来得到 226 个标准 GTAP 国家的刚性参数。

我们使用下面的步骤获得刚性参数。前文已经给出了包括比荷卢经济联盟在内的 5 个区域 50 多个国家的刚性参数估计。对比利时和卢森堡使用比荷卢经济联盟的参数后，有 59 个国家的数据可用。在这 59 个国家中，有 42 个国家包含在 GTAP 6 数据库中，它们各自的刚性参数在表 2－10 中。然后根据表 2 - 10，我们将表 2 - 10 中 4 个类别①的刚性参数赋值给 16 个 GTAP 区域分组，这些分组用于 GTAP 6 数据库的建立。②

表 2 - 10　16 个 GTAP 区域分组的刚性参数分配

区域	基于表 2 - 6 中的以下国家/区域	*RIGWQH*	*RIGWQ_F*
大洋洲	所有的	0.06	1
东亚	所有的 EAP	0.01	1
东南亚	所有的 EAP	0.01	1
南亚	所有的	0.06	1
北美洲	所有的	0.06	1
南美洲	所有的 LAC	0.13	1
中美洲	CRI, SLV, GTM, HND, NIC	0.01	1
加勒比岛	所有的	0.06	1
欧洲	所有的	0.06	1
东欧	所有的	0.06	1
苏联	所有的	0.06	1
中东	所有的	0.06	1
北非	所有的	0.06	1
南部非洲	所有的	0.06	1
中部和东部非洲	所有的	0.06	1
西非	所有的	0.06	1

将（16 个区域中的一个）区域刚性参数赋给剩下的标准国家（226 减去 42）。③

使用简单的算术平均，加总 226 个国家的刚性参数到 GTAP 6 数据库的 87 个区域。由于将所有不在 GTAP 数据库中的国家视为一个区域，赋予了区域平均值，因此加总的权重是不相关的。

① 所有的工业化国家（INDC），所有的拉美及加勒比海地区（LAC）国家，所有的东亚及太平洋地区（EAP）国家和其他国家。

② 由于加总问题，我们不使用剩下的不在 GTAP 6 数据库中的 17 个（59 减去 42）国家。一种方法可能是将估计分配给所有的 226 个国家，然后将这些国家的参数加总以得到区域估计。我们没有使用这种方法，因为缺少国家的估计来加总到区域，且很难得到数据计算加总的权重。

③ 由于所有区域的刚性参数差不多，这种分配方法没有产生任何区域间的差别，因此，对区域内没有包括在计量中的国家，使用“所有的”的参数来对应。

2.3.3 建立 GTAP-Dyn 数据库和参数的加总

GTAP-Dyn 模型的加总程序允许使用者加总 GTAP 区域和部门水平的数据库和参数，得到可以用来分析/应用的加总。在设计加总程序时，加总的公式是一个问题。加总数据库的所有部分不一定都来自原始数据库。其他方法，比如校准程序，可能对一些参数有用。对一些参数我们则不明确应该使用哪些加总公式。总的来看，我们计算未加总参数的加权平均值作为加总参数，但不总是清楚应该选择哪些权重。

2.4 动态 GTAP 模型的基准情景

2.4.1 简介

开发基准情景是利用动态模型评估政策影响的重要组成部分。基准情景描绘了在没有政策影响的情况下，经过一段时间，世界经济状况可能会如何发展。所以基准情景所做的最主要工作，就是尽可能地模拟世界经济中可能发生的任何变动，但不包括所关注的政策带来的影响。

基准情景的组成取决于区域和部门的加总状况，一个好的基准情景需要包含宏观经济变量——比如每个区域的 GDP、人口、科技进步和基础要素增长率，同时也应包括该区域已经或者即将开始实施的各项政策。一般来说，每当一个新的政策被提出，我们都需要设定一个新的基准情景，或者对已有的基准情景进行修改。比如，一个为了研究中国加入 WTO 而设置的基准情景就不适用于对南部非洲自由贸易协定的经济影响分析。这不仅是因为这两个模拟对于区域和部门的加总可能不同，更是因为我们在这两个模拟中实行的政策存在明显的差异。不仅如此，由于我们所研究的政策变化不同，两个模拟中关键的宏观政策变量也会不尽相同。比如，在我们研究一项投资政策对于东亚经济的影响时，对于投资变化的追踪就非常关键；而当我们对南部非洲的健康政策做评估时，工作的核心则变成了其人口和劳动力变化。

虽然设定一个适用于所有政策情景的通用基准情景是很困难的，但是一部分元素，特别是最主要的几个基本宏观变量，在大多数政策情景的模拟中都是需要用到的。这样的话，设定一个包含这些变量的通用基准模型，既可以节省时间，也可以方便做比较分析，何乐而不为呢?

在这一节中，我们讨论了 GTAP-Dyn 模型中基准情景的构建和应用。本章节分五个部分进行讨论。在第一部分的简介之后，接下来的两个部分讨论了构造基准情景的宏观经济和政策数据。作者提供了一份详细而深入的数据，包括宏观经济和政策预测值，还包含替代缺失值和用以推算宏观经济指标的方法。因为我们需要宏观经济预测值在所有的基准情景中保持一致，所以构建了一套所有国家和地区的预测，而且这套预测可以加总到任何 GTAP 区域的子集。与之相反，政策情景对于每项模拟都是独有的，因此我们把工作的重点放在基准情景预测的开发方法上。随后第四部分介绍了这些基准情景预测在模型中是如何运行的，并解释了构建基准情景时对于技术进步的两种不同处理方法。在第五部分，我们对整个章节做了整理和总结。

2.4.2 宏观经济指标的预测

这一部分对于宏观经济指标进行了讨论，包括 2001 ~ 2020 年 GTAP 标准数据库中 226 个国家和地区的 GDP、国内（地区）总投资、资本规模、人口、技术劳动力和非技术劳动力等。这一部分的讨论分为两块，第一块对宏观经济指标和数据进行了描述，第二块介绍了补充缺失数据的方法和过程。

2.4.2.1 指标预测值来源

（1）宏观经济指标预测值

宏观经济指标包括 GDP、国内（地区）总投资、人口、劳动力总量、技术劳动力和非技术劳动力等。

- 133 个国家和地区 1992 ~ 2010 年的 GDP、国内（地区）总投资、人口数据可用。[①]

① 经济指标的预测值数据与世界银行在《全球经济展望》（*Global Economic Prospects*）中的预测一致。

· 205个国家和地区以性别分类的劳动力数据可用。1990～2020年每5年为单位。男性劳动力和女性劳动力相加可以得到总的劳动力预测值。

· 技术劳动力数据有两个来源。对于欠发达国家，受过中等和高等教育的劳动力数据占总人口的比例来自71个发展中国家，其中有一份以5年为单位的1990～2020年的数据来自Ahuja和Filmer（1995）。对于发达国家，技术劳动力的数据来自12个发达国家和发展中国家在1994～2050年中技术劳动力占总人口的比例。这些数据都来自CPB（1999）。

（2）其他所需要的数据

除了宏观经济指标预测值以外，我们还收集了标准数据库中所有国家和地区初始年份（2001年）的宏观经济数据。GDP和人口数据来自世界银行，CIA的*World Factbook*对其做了补充。① 其他的宏观经济变量，包括国内（地区）总投资和资本规模等，都直接来自世界银行或者用GDP占比估算得到。这一基线数据（2001年）被用来确定数据比例、补充缺失数据，以及估算资本规模的预测值。这一章节中，这些数据被称为基线数据。

2.4.2.2 缺失数据

在所有情况下，上述来源中的预测值都是不完整的，有时甚至是相互矛盾的。我们需要做一些处理使所有预测值都有相同的格式，而且确保数据包括226个国家和地区所有需要研究的年份（1995～2020年）。这一部分说明了实现这一目标需要做出的假设和需要采取的步骤，并逐一讨论了各个宏观经济指标的预测值。

（1）GDP、国内（地区）总投资和人口

为了得到标准数据库中226个国家和地区的GDP、国内（地区）总投资和人口数据，我们采取了一系列的措施，包括外推、区域拆分、替代缺失数据、按比例推算以及计算年增长率。这里我们将逐一讨论这些步骤。

外推。由于可用的预测值只包含1998～2010年这一时间段，所以我们

① 这些数据与GTAP第六版数据库（Dimaranan，2006）中所使用的一致。

的第一步工作就是需要确定外推所用的 2010～2020 年的年增长率。假设使用人均增长率来进行外推,[①] 那么人均增长率取决于对人口的预测。实际用来进行外推的增长率数据是最后五年的平均增长率，一般是2005～2010 年。举个简单的例子，美国的数据并不完整，所以我们使用已有数据的最后五年对其进行外推。

区域拆分。虽然预测数据里的绝大多数都是针对单个国家的，但也有一小部分预测值是针对一个加总的区域。对于这些加总的区域，我们利用基线年份数据中各国所占的比例，对预测值中的加总进行拆分。比如我们对比利时、卢森堡的实际 GDP 预测值进行了拆分，拆分的标准就是两国在基线年份的 GDP 水平。人口预测根据两国人口数据进行了拆分，其中暗含着一个假设：同一区域中每个国家各自的增长率与区域的增长率相同。

替代缺失数据。这一步骤主要是为没有可用预测值的国家提供一个预测值。这里只有 18 个国家缺失数据，我们假设这 18 个国家的增长率等于所有已有数据国家的平均值。预测这 18 个国家的增长率非常必要，因为它可以确保在加总时对世界其他国家（Rest of World，ROW）这一区域的预测没有偏向其中某个国家。

按比例推算。预测值数据是基于 1992 年的价格。此外，对于基线年份（2005）的预测值常常与从 GTAP 数据库中得到的数据不一致。为了保证两者之间的一致性，对所有预测值都进行了按比例推算，以保证对于基线年份的预测等于 GTAP 第四版或者第五版数据库中的均衡值。

计算年增长率。最后，我们把预测值转换为年增长率。图 2－10～图 2－11、图 2－12～图 2－13 和图 2－14～图2－15 分别给出了选定地区的实际 GDP、国内（地区）总投资和人口的增长率计算结果。

---

① 在推算国内（地区）总投资的例子中，我们确认了自 2007 年以后国内（地区）总投资占 GDP 的比例没有剧烈的变动。由于人口增长也是外推得到的，那么以年增长率和以人均增长率外推得到的结果就不存在显著差异。

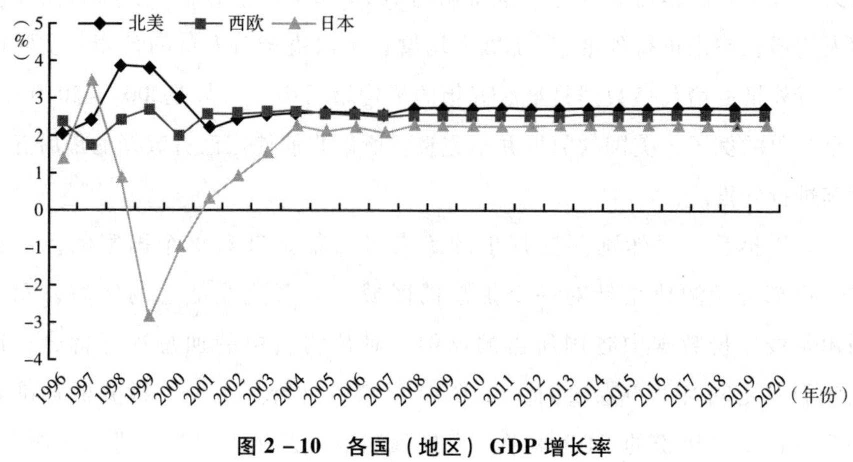

图2－10　各国（地区）GDP增长率

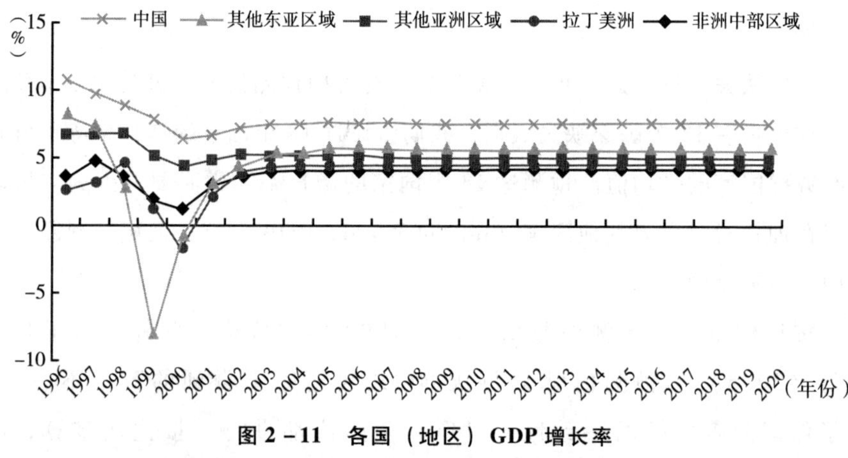

图2－11　各国（地区）GDP增长率

图2－10表明北美的平均GDP增长率要高于西欧。1998～1999年，日本的增长率大幅度下跌，直到2005年才逐渐恢复。造成这种低迷状态的原因是20世纪90年代亚洲金融危机中日本经济的艰难处境。我们在国内（地区）总投资的数据中也看到了类似的情况（见图2－12）。

图2－11再一次显示了亚洲、南美和拉丁美洲的经济危机带来的负面影响。从图中我们也可以清晰地看出中国经济在20世纪90年代之后的飞速增长。我们在国内（地区）总投资的数据中也看到了类似的情况（见图2－13）。

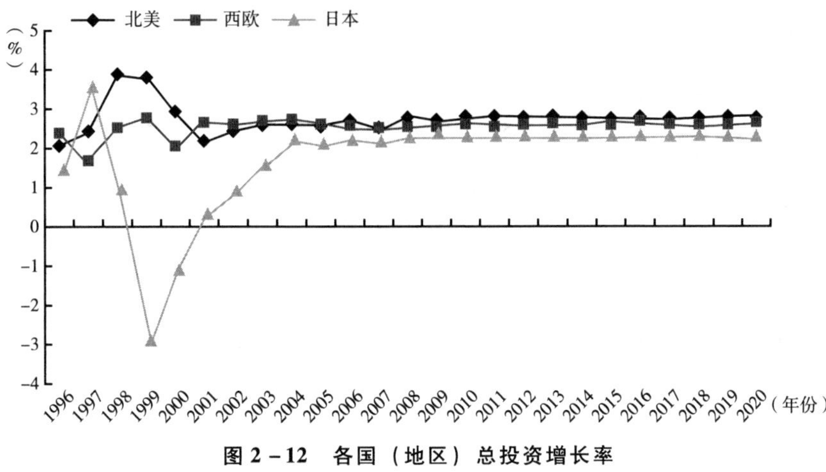

图2-12 各国（地区）总投资增长率

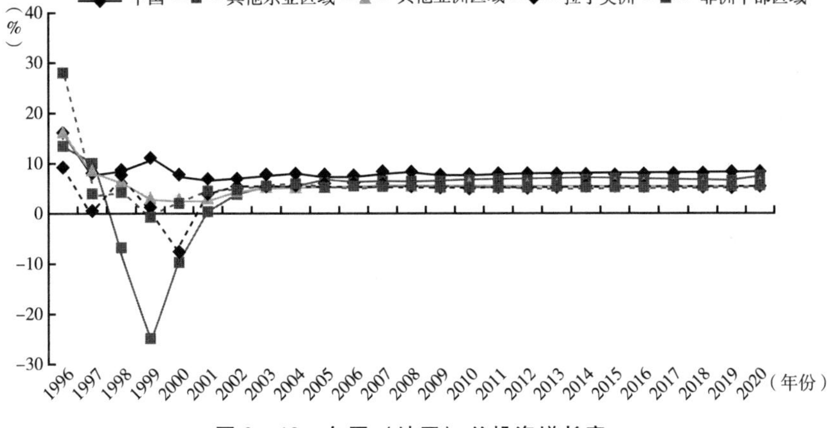

图2-13 各国（地区）总投资增长率

图2-14显示了众多发达国家（地区）不仅低迷而且逐渐下降的人口增长率。而发展中国家（地区）的这一指数就相对更高一些（见图2-15）。

（2）劳动力

对于劳动力的预测值包括总劳动力、技术劳动力和非技术劳动力。正如GDP、国内（地区）总投资和人口的例子一样，需要采取一系列措施来保证得到所有标准数据库中国家（地区）的劳动力预测。这些措施包括区域

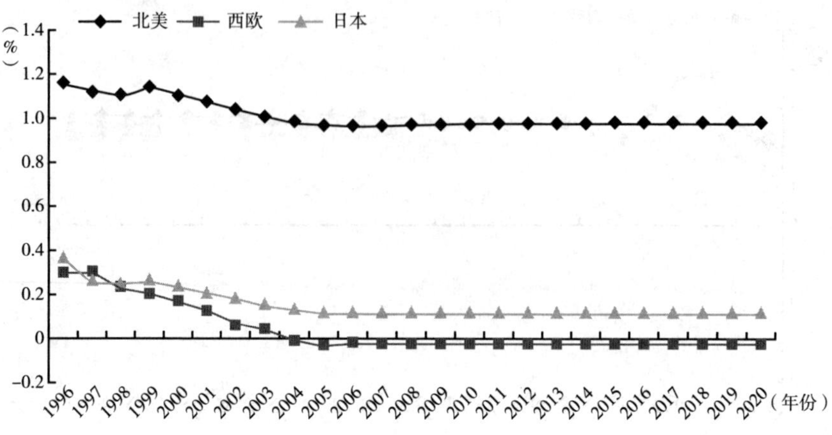

图2－14　各国（地区）人口增长率

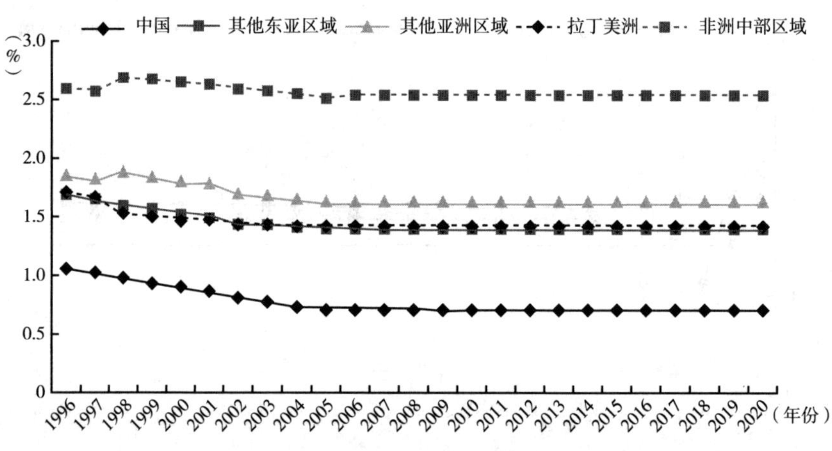

图2－15　各国（地区）人口增长率

拆分、替代缺失的国家（地区）数据和替代缺失的年份数据。这里我们逐一对这三种方式进行讨论。

（3）总劳动力的预测值

区域拆分。虽然劳动力预测数据里的绝大多数都是针对单个国家（地区）的，但也有一小部分预测值针对一个加总的区域。比如，对于组合地区，我们利用基线年份数据中各国（地区）占的人口比例，对预测值中的加总进行拆分。

替代缺失的国家（地区）数据。这一步骤是为了给标准数据库中劳动力预测值数据缺失的国家（地区）提供劳动力预测值。对于这些没有劳动力预测值的区域，假设整个区域的增长率等于所有拥有可用数据的国家（地区）劳动力增长率的平均值，我们利用这一数据替代缺失的预测值数据。

替代缺失的年份数据。1990～2020 年，每个五年段有一个劳动力预测值，这样我们需要做的就是把中间年份的数据添上。我们需要得到每个五年段的平均年增长率。对于一个给定的国家（地区），假设五年段内其每一年的年增长率都是相等的，那么就可以利用这些五年段的预测值计算得到每年的增长率预测值。

（4）技术劳动力的预测值

正如我们之前提到的，技术劳动力的预测值是从两个渠道得到的，发展中国家（地区）的劳动力比例预测值是根据五年段数据得到的，然而一些发达国家（地区）有每年的比例预测值。为了得到一个完整的预测值合集，我们必须在发展中国家（地区）和发达国家（地区）两个数据集里都采取一些措施。对于发展中国家（地区），缺失的技术劳动力年份数据需要由其他数据替代确定。对于发达国家（地区），区域内的技术劳动力比例来自对于发达国家（地区）的预测。然后我们将两组预测合并，并且替代其中缺失的数据。这里我们将逐一讨论这些步骤。

发展中国家（地区）。发展中国家（地区）最初的数据是对 1990～2020 年预测的技术劳动力比例的五年段数据。已有高等教育人数和中等教育人数的数据，其中高等教育人数被用来估算技术劳动力的增长率。为了得到最终的预测值，我们采取了两个步骤。首先，计算所有这些五年段数据的平均年增长率，并以之替代中间年份的数据。对于给定的国家（地区），我们假设在给定的五年段数据里每一年的年增长率都是相等的，根据这些增长率的数据就可以计算每年的预测值。其次，我们将对技术劳动力占比的预测和对总劳动力的预测联系起来，以确定接受中等教育和高等教育的人数。

发达国家（地区）。已有 12 个区域的技术劳动力占总劳动力比例的数据，这些区域既包括发展中国家（地区）也包括发达国家（地区）。其中 25 个发达经济体直接使用其所在区域的技术劳动力占总劳动力比例。然后将这一比例与总劳动力的预测值联系起来，得到技术劳动力的预测值。

技术劳动力占比与总劳动力相结合。这一步骤主要是利用对于国家（地区）总劳动力的预测，乘以技术劳动力占总劳动力的比例，进而为没有可用预测值的国家（地区）提供一个技术劳动力的预测值。技术劳动力占总劳动力的比例既用到了发达国家（地区）的数据也用到了发展中国家（地区）的数据。对技术劳动力的最终预测结果见图2－16和图2－17。

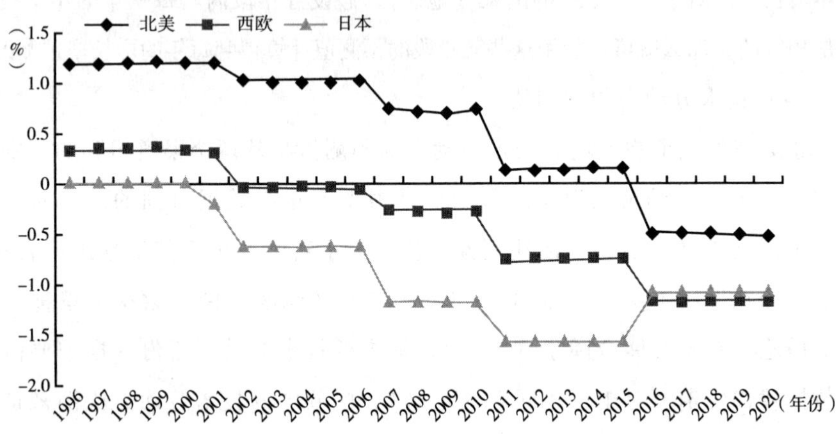

图2－16　各国（地区）技术劳动力增长率（a）

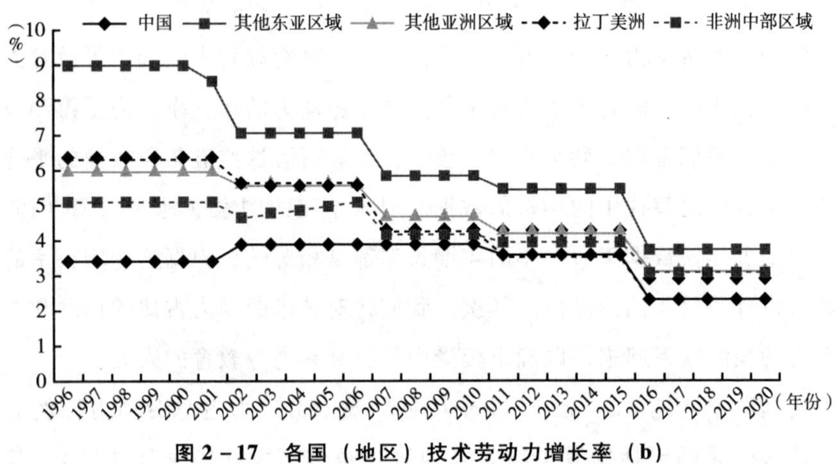

图2－17　各国（地区）技术劳动力增长率（b）

图2-16给出了技术劳动力增长率。由于总劳动力和人口的减少，这个指标在发达国家中有明显的下降趋势。图2-18显示非技术劳动力的数据在西欧和日本都呈现低迷的态势。北美的增长率为正但是也低于1%，这是因为北美更高的移民数量使得北美的人口减少并没有西欧和日本那么严重。

然而，在发展中国家中，技术劳动力和非技术劳动力数量的减少并不是特别严重，虽然其增长率一直在下降，但是仍一直保持不小的正值。一般来说，技术劳动力的增长率要比非技术劳动力高得多，也许是由于扶持教育和技能培训的政策在起作用。

（5）非技术劳动力的预测值

一旦总劳动力和技术劳动力确定了，非技术劳动力的预测值就是总劳动力预测值和技术劳动力预测值的差。图2-18和图2-19给出了非技术劳动力的预测结果。

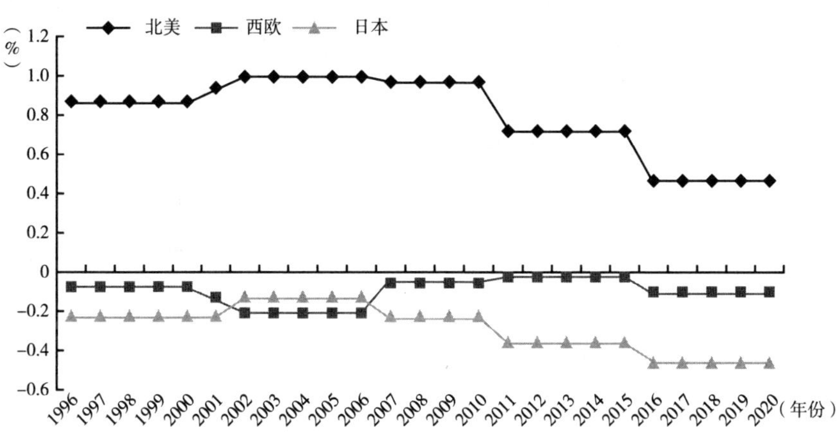

图2-18　各国（地区）非技术劳动力增长率（a）

2.4.3　基准情景中的政策变化

对于政策影响的预测是标准基准情景中的又一关键要素。在基准情景中，哪些政策会被实行主要取决于我们要研究的事件。比如，如果你对南美

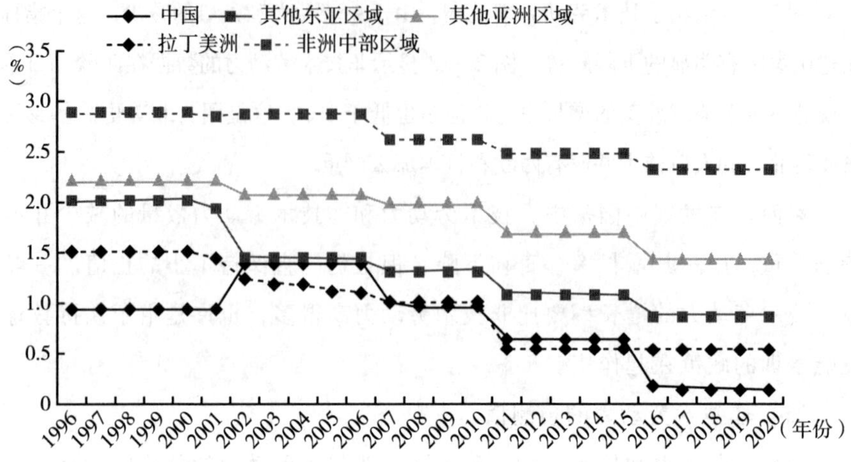

图 2-19 各国（地区）非技术劳动力增长率（b）

经济体之间的自由贸易协定感兴趣，那么你就需要将所有已经签订的协定加入模型之中，比如 ASEAN FTA。然而，如果你正在研究欧盟和南非之间的协定，那么 ASEAN FTA 协定就不那么重要了。① 某个特定的协定是否要加入基准情景之中？这是由研究者自己决定的。

这一章讨论的基准情景中的政策影响预测也是我们探讨过的问题：中国加入 WTO。接下来我们列出在这个案例的基准情景里可能需要考虑的一些贸易协定。

· 在乌拉圭回合（UR）取消的关税；

· 多种纤维协定（MFA）的签订；

· 中国在 2000 年以前为了准备加入 WTO 而做的关税减免。

这里的第一部分包括对于政策影响预测的来源描述，第二部分依次讨论各种政策影响预测，同时对于包含的假设和数据进行说明。

2.4.3.1 数据来源

我们已经得到下列关于 UR 协定和中国加入世界贸易组织的数据。

① 读者并不一定研究这个问题，基准情景中可能包括的其他政策也都与这里提到的问题类似。

· UR 协定之后的关税估算是来自 Francois 和 Strutt（1999）。这些估算值是基于 GTAP 第三版数据库和 GATT/WTO 整合数据库（IDB），并且是以乌拉圭回合后关税收入的形式统计的。McDougall、Elbehri 和 Truong（1998）对数据进行了更新，使之可以与 GTAP 第四版数据库对应。

· 加权平均关税税率的估计来自中国大陆和台湾地区加入 WTO 的数据（Martin et al.，2000）。这些数据基于中国和美国之间的最终协定，并且覆盖了 GTAP 数据库中 57 种产品中的 43 项，以及 66 个地区中的 64 个。已有 2000 年、2001 年和 2007 年的关税税率数据。而且 2000 年和 2001 年的数据反映了中国为了入世而做出的关税削减，所以这些都需要加入基准情景之中。中国台湾的入世协定中也有类似的信息。

· 在分析 MFA 削减纺织品出口配额的影响时，我们使用了取消出口关税等值的方法。相关的数据来自 GTAP 第四版数据库。

2.4.3.2　政策协定

在基准情境中设置政策的时机是最重要的问题。表 2－11 给出了基准情景中的一系列政策的时机设定。

表 2－11　政策预测值的时间设置

年份	关税	配额
1995～2005	乌拉圭回合（UR）：对除中国外其他区域减少关税（不冲击农业部门）	多种纤维协定（MFA）：欧盟和美国增加纺织和服装部门的出口配额（出口至中国区域除外）
1995～2001	中国入世之前的关税削减（Pre-WTO tariff reductions）：加入前由中国承担	

（1）乌拉圭回合（UR）

自从乌拉圭回合的数据第一次被加入 GTAP 第三版数据库中（Francois 和 Strutt，1999）之后，为了更新数据，我们需要解决一系列的问题。最后我们用以下两种方式对关税进行了调整。

· GTAP 第三版和第四版数据库中给出的饮料和烟草的实际关税之间有

巨大的差异，所以使用不同版本的数据模拟 UR 协定会造成不同的冲击。最终我们对饮料和烟草的关税进行了调整，以保证在使用第三版数据库和第四版数据库时最终的冲击是一致的。

· Francois 和 Strutt（1999）计算的 UR 协定之后的原始关税数据是建立在所有承诺都付诸实现的假设上的。然而，越来越多的事实说明，与农业相关的协定是很难完全实施的。因此在我们的基准情景中，UR 协定不对农业产生任何影响。

假设每年的关税都以同样的幅度下调直到最后一年关税水平达到目标值。1995～2005 年，乌拉圭回合协定承诺的关税削减一直在进行，但是关税削减的幅度非常小，正如在 1995 年之前 UR 协定难以实施一样。

（2）中国入世之前的关税削减

我们已经得到 2000 年、2001 年和 2007 年的中国关税预测值数据。每一年的关税都以同样的幅度下调，直到最后一年关税水平达到目标水平。中国在加入 WTO 之前的平均关税税率见表 2－12。中国入世之前的关税变化幅度很大，因此如果我们在基准情景中不考虑这些变化的话，势必高估加入 WTO 对于中国关税的影响。

表 2－12　中国加入 WTO 之前的平均关税税率

单位：%

项目	1995 年	2000 年	2001 年
农作物	4	0	0
家禽	7	3	3
食物和饮料	22	20	20
矿物制品	8	6	6
纺织	58	34	34
服装	76	32	32
金属和化工品	19	15	15
汽车	129	32	32
电子制品	22	13	13
其他制造业	23	18	18
公共事业	0	0	0
贸易和运输	0	0	0
其他服务业	4	4	4

（3）配额

在基准情景之中，配额和关税的处理方式则略有不同。我们假设关税的削减是逐年实行的，然而对于配额来说，配额租金的增长和最终配额的取消并没有逐渐实施，而是被严重拖延了。这与纺织品与服装协定（ATC）在北美和西欧的实施情景是一致的。图 2－20 说明了出口配额的移除在基准情景中是怎样运行的。

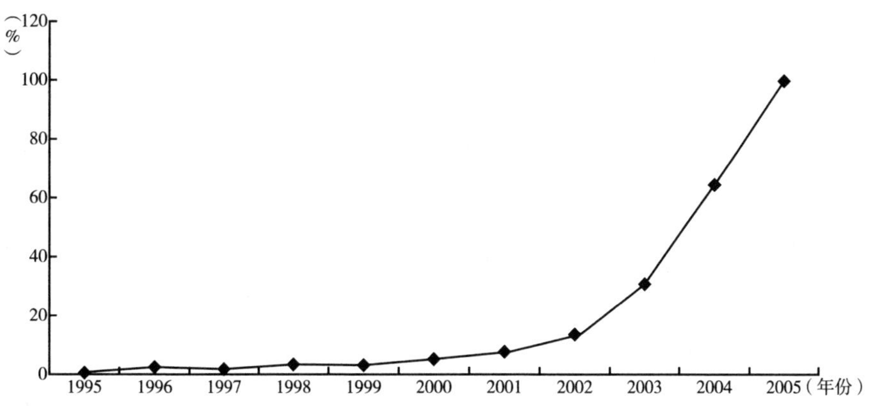

图 2－20　ATC 之下逐渐取消的纺织品配额比例

2.4.4　实施基准情景

2.4.4.1　区域加总

在这一阶段我们已经得到了标准数据库中 1995～2020 年的 226 个国家的 GDP、国内（地区）总投资、人口、劳动力总量、技术劳动力、非技术劳动力的数据。对于 GTAP 数据库的用户，尤其是 GTAP-Dyn 模型的用户，这些增长率和预测值会被加总到下列 12 个常用的区域之中：北美、西欧、日本、中国大陆、中国台湾、其他新兴工业国家、东南亚、南亚、拉丁美洲、非洲、中东、世界其他国家和地区。

2.4.4.2　模型闭合

实际 GDP 的增长率、国内（地区）总投资、人口、技术和非技术劳动力，包括关税和配额的变动，都被加入了基准情景之中。除了实际 GDP 和国内（地区）总投资，这些预测值在标准的模型闭合中都是外生的，这样一来当我们将增长率作为冲击引入模型的时候就不需要再做特别的修改了。现在我们对实际 GDP 和国内（地区）总投资进行更深入的讨论。

一般情况下，GDP 都是模型内生的，这样一来，为了涵盖这些预测的增长率，其他某个变量必须被设定为内生的。从增长核算的相关文献中我们发现，GDP 的增长依赖于要素禀赋的增长，主要是劳动力、资本以及技术进步。在这个基准情景中我们估计了劳动力的增长（技术劳动力和非技术劳动力）、资本［通过对国内（地区）总投资的预测］、土地假设是固定的（0 增长）。如果我们同时也获得了实际 GDP 的估计值，那么技术进步就必须被设置成内生的。这样我们先把实际 GDP 设定为外生，然后利用预测的增长率进行冲击，这样国家层面的技术进步就是内生的，并且为实际 GDP 的增长率和其要素禀赋增长率的差（我们用的是 afgreg）。最终的技术进步增长率见图 2－21 和图 2－22。

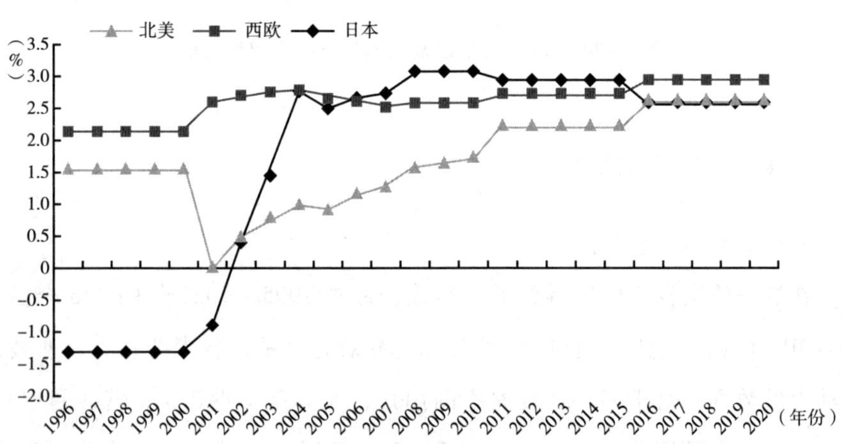

图 2－21　各国（地区）的技术进步增长率

对于技术进步的结果有几点需要进行说明。

①在 1996～2000 年、2011～2015 年和 2016～2020 年时间段内保持不变

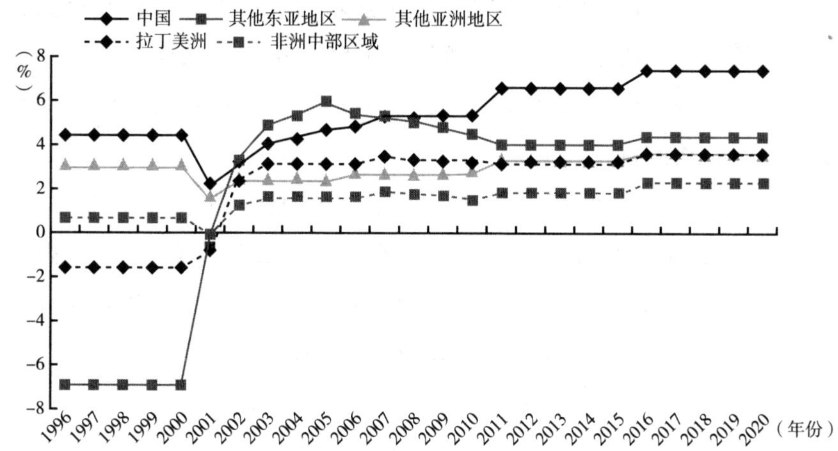

图 2－22 各国（地区）的技术进步增长率

的技术进步增长率是由于这些时间段在模拟中是加总在一块儿的。为了使表格更清晰易懂，我们把五年段的变化拆分成了年度的变化。

②如果只关注 2002 年以前的数据，我们发现技术进步也同样受到亚洲和南美经济危机的负面影响，因为投资（资本存量）的下降已经不足以解释实际 GDP 的降低了。此外，劳动力的增长与技术和非技术劳动力供给的增长高度相关，而不是与对劳动力的需求相关（很明显，这里我们做了充分就业的假设）。在这些时期内，这一假设并不能很好地反映实际的经济状况，所以实际上技术进步的变化也反映了劳动力需求的下降。

③实际上，特别是对于发展中国家（地区）来说，技术进步的增长率要比人们预期的高得多，而且持久得多。这是由于许多发展中国家（地区）现在正在经历飞速的发展，实际 GDP 的增长率非常高，所以技术进步也非常快。然后这个高位的实际 GDP 增长率被外推到 2020 年，所以技术进步仍然保持很高的水平。

④随着时间的推移，技术进步的平均增长率逐渐提高。实际 GDP 和国内（地区）总投资的增长率保持稳定，但同时人口和劳动力的增长率

却一直降低。因此保持实际GDP稳定快速增长唯一的方法就是提高技术进步的增长率，借此缓解劳动力增长率下降带来的负面影响。另外一个对于保持技术进步的平均增长率增长的解释是：亚洲和南美的经济危机拉低了初始时期的技术水平。

技术进步的增长特征取决于我们在构建基准情景时使用的假设，特别是与GDP相关的假设。如果我们在模型中设置实际GDP为内生并且引入一些对于技术进步更合适的预测值的话，模型会更加合理。这取决于研究者是重点关注实际GDP的预测值，还是更加关注技术进步。

此外，如果研究的重点是集中于某个确定的部门或者区域，我们建议可以在基准情景中设定专门针对某个部门或者某个区域的技术进步作为冲击。由于技术进步是内生的，所以某个特定部门的技术进步也会对整个国家（地区）的技术进步产生积极的影响。

2.4.4.3　中国获得的国外投资

最后，中国的国外资产增长幅度非常大，已经超出了资本回报率解释的范围，所以我们对中国的国外资产也进行了调整。经过讨论我们发现，这些都是中国开发资本市场、欢迎国外投资者进入并且主动降低投资风险的结果。由于我们的研究重点是中国的入世对于国外直接投资的影响，所以我们认为基准情景应该考虑中国在入世之前已经具有很高的国外投资量，这样才能更加准确地得到我们想要的结果。在这里，模型中决定多少投资归国内、多少投资归国外的机制被取消了（通过内生化 *swqht*），而且外国资产水平（*wqht*）被设置成外生了。

2.4.5　结论

在这一章节中，为了分析中国加入WTO的经济影响，我们构建了一个基准情景，其中包括了许多可能影响中国加入WTO的要素，包括宏观经济指标的预测值和预期的政策改变等。到底哪些需要被放入基准情景中呢？这取决于研究的目的和关注的重点。然而，其中的一些要素，特别是宏观经济指标的预测值，是对所有的模拟通用的。因此这一章节主要分析这些要素。

需要说明的是，虽然基准情景本身对分析并不会产生大的影响，但是由于基准情景决定着需要使用到数据库中多少比例的数据，这切实影响着模拟的结果。因此，一定要确保基准情景对于世界经济——至少是一个国家或者一个区域的经济——是合理而有意义的。

2.5　用 RunDynam 软件运行动态 GTAP 模型

2.5.1　简介

这一部分的目的是为读者介绍如何使用公开的 RunDynam 软件。RunDynam 软件是一款基于 GEMPACK 语言的程序（Harrison 和 Pearson，1998），而 GEMPACK 语言是专门为了解决非线性的一般均衡模型而特别设计的。其他利用 GEMPACK 语言编制的一般均衡模型还包括标准 GTAP 模型和澳大利亚的 Monash 模型。RunDynam 软件是特别为了 GTAP-Dyn 模型和其他动态模型而编制的程序，该软件在构建模型的过程中，为用户提供了非常高的灵活性。大家可以从澳大利亚 Monash 大学的政策研究中心获得这个软件。①

我们可以使用 RunDynam 软件来检验数据、构建模拟、运行模拟和检验模拟结果。如果用户想对模型的内在理论进行修改，还需要从澳大利亚 Monash 大学那里获得更多的软件。另外，希望自己对区域和部门进行加总的用户还需要购买美国普渡大学的 GTAP 数据库。② 在这里我们暂且不讨论对于模型理论和加总的修改。

运行 RunDynam 软件要求计算机使用的是 Windows XP 或者更新的操作

---

① http：//www. gempack. com. au.

② http：//www. gtap. agecon. purdue. edu.

系统，至少512MB内存和至少1GB的硬盘空间。

这一节的安排如下：第二部分介绍了如何安装应用程序；第三部分展示了如何查看数据；第四部分介绍了如何运行模拟；第五部分介绍了如何查看模拟结果。

2.5.2 安装和运行RunDynam软件

2.5.2.1 安装RunDynam

安装步骤：

· 在RunDynam光盘中双击install. EXE文件；

· RunDynam安装程序开始，一个Welcome对话框出现在屏幕上，单击next；

· 系统会询问你是否想直接将软件安装到默认的c:\RunDynam之下，单击next；

· 如果你已经准备好安装了，单击next；

· 安装完成，单击finish。

然后RunDynam的图标就会出现在电脑桌面上供你使用。

2.5.2.2 下载RunDynam应用档案

一旦你完成了对RunDynam的安装，你就可以在GTAP的网站上（http：// www. gtap. agecon. puredue. edu/models/Dynamic/applications. asp.）获得在这一节以及这本书的其他章节需要用到的应用程序。每个应用程序都是一个RunDynam的压缩包，你可以下载这些压缩版，并且把它们放在RunDynam的子目录下：C：\ RunDynam \ archive。

2.5.2.3 打开RunDynam

双击桌面上的RunDynam图标，就可以打开RunDynam软件。如果弹出一个对话框问你是不是想要加载zip archive里的模型或者模拟，请点击No。

接下来屏幕上方将会显示如下的内容：

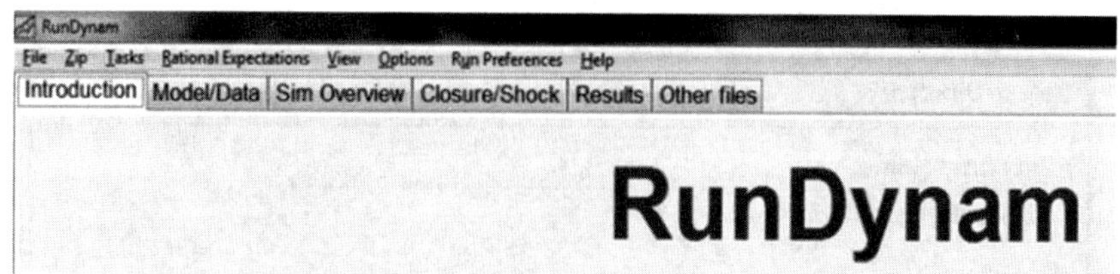

进入 RunDynam 程序之后，你会注意到页面的顶部有两个工具条。第一个工具条与你见过的其他 Windows 的工具条比较类似，这些都是主要选项，这些选项可以帮助你完成一些主要的功能。第二个工具条看起来比较像一个记事本或者选项卡，每一个选项卡里对应着一个新的页面，包含一些设计模拟所需要的基本要素。

2.5.2.4　读取模拟

在这一部分，我们将读取一个 RunDynam 本来已有的模拟，其利用 GTAP-Dyn 模型模拟了对世界其他国家（ROW）生产力的冲击。这项模拟需要用到的资料已经存储在 RunDynam 程序里了。

· 在 RunDynam 主页上选择 Zip—Restore Ingredients from ZIP Archive，出现一个下拉菜单。点开隐藏的部分，找到 Restore Ingredients from ZIP Archive，单击。

· 屏幕上会出现一个“ZIP File to Restore From”对话框，从下载的应用档案里选择 Ch7HO3X3_ GTAP-Dyn_ v3_ 97. zip，单击 OPEN 按钮。

· 屏幕上会出现关于这个 ZIP 资料的历史信息，单击 OK。

· 屏幕上会再次出现一个对话框询问是否确定读取你指定的 ZIP Archive，单击 OK。

· 选择如下目录：C：\ RunDynam \ HO3X3。单击 OK，如果你选择的目录不存在，程序会自动建立这个路径，点击 Yes。

· 弹出一个对话框，点击 OK。

· 文件解压以后，程序会询问，是否需要现在将模拟的细节信息加载到程序之中，点击 Yes。

· 软件提醒你现在已经成功加载了应用，点击 OK。

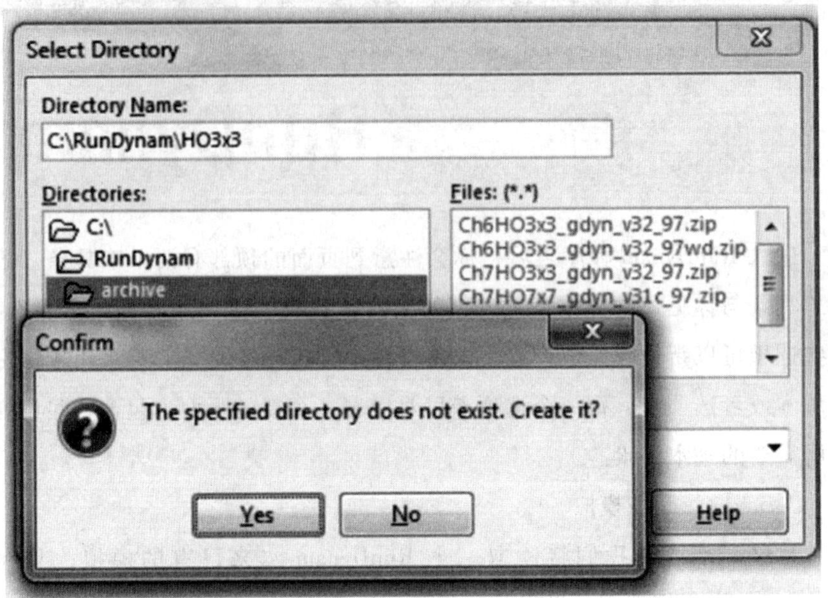

注意在你选择的路径之下新建了三个文件夹：C：\ RunDynam \ HO3X3 \ data，C：\ RunDynam \ HO3X3 \ model 和 C：\ RunDynam \ HO3X3 \ tabetc。

· 单击 Model/Data 标签，转到相关的界面。

· 屏幕上方的蓝条中显示的就是模型名称，确认所运行的是 GTAP-Dyn. exe。

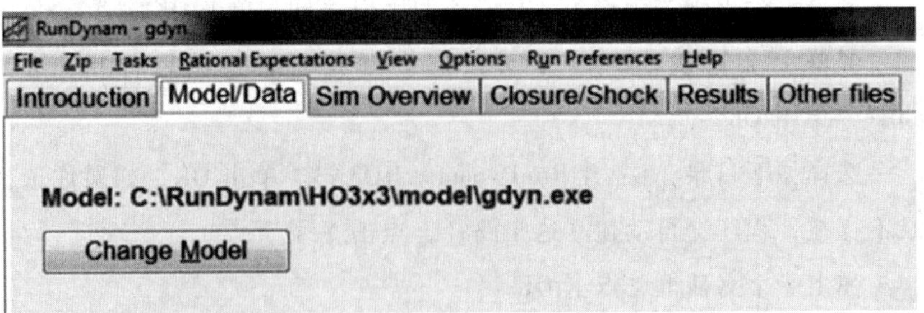

· 同时也确认一下，在屏幕中间的框体中列出了所有需要的数据资料，如下图所示：

Input files for First Year of Base Case:

Right click on any line below to select or change actual file

```
File GTAPSETS = C:\RunDynam\HO3x3\data\gdset.har ; ! file with set specification
File GTAPDATA = C:\RunDynam\HO3x3\data\gddat.har ; ! file containing all base data
File GTAPPARM = C:\RunDynam\HO3x3\data\gdpar.har ; ! file containing behavioral parameters
File GTAPPARMK = C:\RunDynam\HO3x3\data\gdpextra.har ; ! special parameters for dynamics
```

2.5.3 查看数据

在这一部分，我们将使用 RunDynam 模型查看 GTAP-Dyn 模型和关联的数据。这里给出两个例子来说明对于核心数据和数据集的检查。在这两个例子中，我们首先看看模型和 TABLO 文件是如何使用这些数据的，然后我们对数据文件本身进行检查。GTAP-Dyn 模型的内部公示都在 TABLO 文件（GTAP-Dyn. tab）中，这个 TABLO 文件是可执行的 GTAP-Dyn. exe 的可读版本。

就像我们之前看到的一样，GTAP-Dyn 模型需要四个并列的标题（扩展的 . HAR 文件），一个用来设定集合，一个用来设定数据，另外两个是用来设定参数和标准 GTAP 模型的动态扩展版的。

例 1：查看数据集。

我们可以通过在主菜单里选择 View——Main TABLO file 来查看 TABLO 指令。用 TABmate 打开 GTAP-Dyn. tab 文件的一个副本，副本标签为 tab1. tab。

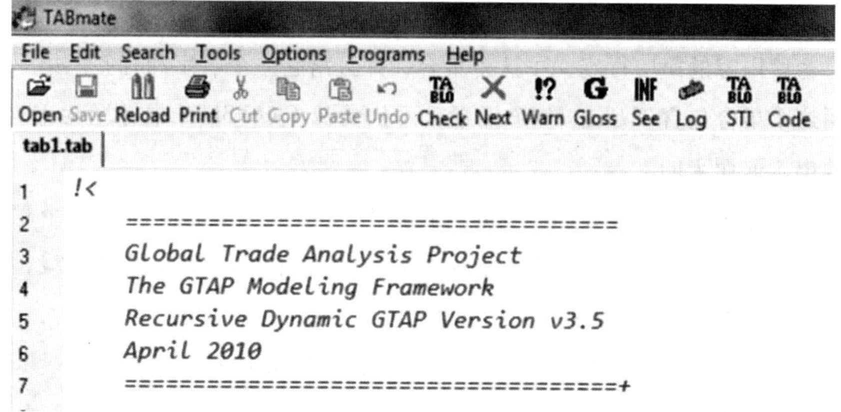

TABLO 文件包含了模型最主要的要素，包括变量、系数和公式。为了使软件可以执行我们在 GTAP-Dyn. tab 里设定的公式，我们需要事先设定一些规则：

· TABLO 文件中提到的所有的变量、系数、数据集、参数和文件，必须要先定义；

· 所有的系数，要么是从文件里读取的，要么是从其他的系数计算而来的，而且这里其他的系数必须是先定义过的；

· 为了帮助用户更好地理解模型，在 TABLO 文件中有很多说明和建议，即 TABLO 文件中两个感叹号之间的部分。

遇到任何问题都可以在 TABLO 文件中查找相关的解释。

· 在 TABmate（或其他版本）中，选择 Search——然后在主程序里点击 Find 查找你需要查看的部分。你会看到类似于下面的内容：

File

GTAPSETS #file with set specification#

这段命令定义了一个叫作 GTAPSETS 的文件。“#”号之间的内容就是这个文件的标签。

· 如果你现在使用 Search—Find 来查找 Set，你会看到如下内容：

Set

REG #regions in the model#

Maximum size 10 read elements from file GTAPSETS header “H1”

这段内容的第二行定义了这个集合，并且给它一个名字和标签。第三行申明这个集合包含不超过 10 个元素，而且是从 GTAPSETS 中标题为 H1 的文件中读取而来的。

· 如果你现在用 Search—Find 来查找 REG，你会看到在 REG 这个集合里有许多变量、系数和公式。你也能看到定义在其他集合里的变量，如 TRAD_ COMM 这个集合；

· 你现在可以通过选择 File—Exit 来退出 TABmate ；

· 回到 RunDynam，你应该还处于名叫 Model/Data 的页面之中。如果你查看含有数据文件的白色框体，你能看到文件的名字与 GTAPSETS 的名字一致。

File GTAPSETS = C：\ RunDynam \ HO3X3 \ data \ gdset. har

这告诉我们 gdset. har 就是含有这个集合信息的文件，其逻辑名称叫作 GTAPSETS。

· 为了打开这个文件，选中 GTAPSETS，右键点击弹出选项，选择 View this File。

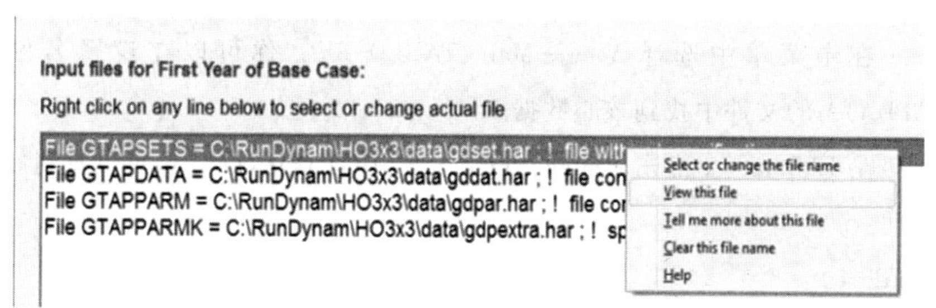

一旦你进入 ViewHAR，将会看到一个菜单条和一个包含集合的表格，这里的每一行都代表一个集合。

gdset.har in c:\rundynam\ho3x3\data

File Contents Edit Sets Export Import History Search Aggregation Programs Help

	Header	Type	Dimension	Coeff	Total	Name
1	H1	1C	3 length 12			regions in the model
2	H2	1C	3 length 12			traded commodities
3	H6	1C	5 length 12			endowment commodities
4	H9	1C	1 length 12			capital goods commodities
5	MARG	1C	1 length 12			margin commodities
6	HD0	1C	1 length 12			capital goods commodities
7	DREL	1C	1 length 36			GTAP data release identifier
8	DVER	RE	1		5.00	Format of GTAP Data

在目录中，第一列是集合的标题；第二列是数据的类别；第三列是数据的大小；最后一列是对于集合中包含的信息的特征描述。第三列中的 3 length 12意味着集合总有三个要素，每一个最多可能包含 12 个特征值。我

们在 TABLO 文件中看到，区域的集合 REG 是在 H1 中的，H1 最后一列的描述和我们之前看到的“#”号之间的描述是一样的。

· 你可以双击这一行的任意位置来查看其包含的数据；

· 点击窗口上方的 Contents 返回目录；

· 现在我们来查看贸易商品（TRAD_ COMM）。

例 2：查看核心数据。

在查看数据之前，我们先再看一次 TABLO 文件，tab1. tab，即 GTAP-Dyn. tab 的副本。

· 在主菜单中选择 View—Main TABLO file，你可以在逻辑名称为 GTAPDATA 的文件中找到核心数据。

· 在 TABmate 中点击 Search—Find，查找 GTAPDATA，你可以看到如下的说明：

File

GTAPDATA #file containing all base data#;

这一项说明定义了一个逻辑名称为 GTAPDATA 的文件，现在我们来查看一个包含一些数据的公式。

· 在 TABmate 中，选择 Search—Find 查找 TOTINCEQY，你会找到一个标签为 TOTINCEQY 的公式：

Equation TOTINCEQY

this equation determines the change in total income fore equity#

(all, r, REG)

yqh (r) = [YQHFIRM (r) /YQHHLD (r)] × yqhf (r) + [YQHTRUST (r) /YQHHLD (r)] × yqht (r)

第一行是公式的名称；第二行是一项说明，告诉你这个公式的定义和作用；第三行说明这个公式是针对 REG 中的每个区域 r 的。

标准 GTAP 模型的惯例是使用大写字母代表绝对值变化，小写字母代表百分比变化。我们可以通过在 TABLO 文件中查找这些文件，来发现它们代表什么意义，以及它们是怎么计算出来的。因为所有的变量和参数都必须是在之前使用过的，所以我们一般都使用往前搜索功能。

· 在 TABmate 的主程序中选择 Search—Find，并查找 YQHHLD，记得将查找选项设置为向前查找：

```
Coefficient(all,r,REG)
YQHHLD(r)#regional household equity income#;
Formula(all,r,REG)
YQHHLD(r) = YQHFIRM(r) + YQHTRUST(r);
```

这告诉我们 YQHHLD（r）被定义为一个系数，而且表示区域家庭均衡情况下的收入。它等于另外两个系数的和，分别是 YQHFIRM（r）和 YQHTRUST（r）。这个系数常常被定义为一个衍生变量，因为它并不是从数据库直接读取的。

· 现在你可以使用 Search—Find 来查找 YQHFIRM（r）和 YQHTRUST（r），你将在 TABLO 文件中看到如下内容：

```
Coefficient(ge 0)(all,r,REG)
YQHFIRM(r)#income of region r from local firms #;
Update(all,r,REG)
YQHFIRM(r) = yqhf(r);
Read
YQHFIRM from file GTAPDATA header"YQHF";
Coefficient(ge 0)(all,r,REG)
YQHTRUST(r)#regional income from global trust #;
Update (all,r,REG)
YQHTRUST(r) = yqht(r);
Read
YQHTRUST from file GTAPDATA header"YQHT";
```

以上信息说明 YQHFIRM（r）和 YQHTRUST（r）是两个系数，分别定义为区域 r 从当地企业获取的收入和从 global trust 获取的收入。与 YQHHLD（r）不同，这些系数是直接从逻辑名称为 GTAPDATA 的数据中标题为 YQHF 和 YQHT 的数据集中读取出来的。

· 如果你在这里上下拉动滚动条，会发现很多其他的系数也是从 GTAPDATA 里读取的。

回到RunDynam软件中，你现在应该仍然处于标签为Model/Data的页面之中。在包含数据文件的白色框体之中，你可以看见一些与GTAPDATA中相同的文件。

2.5.4 运行模拟

这一部分的目标是让读者获得一些运行RunDynam的实际操作经验。我们用一个在世界其他国家（ROW）中提高总要素生产率的例子来说明RunDynam的运行。为了实现这个过程，我们需要先浏览一下RunDynam的页面。接下来的两页，Sim Overview、Closure/Shock是运行模拟必不可少的组成部分，而第三页，Results，给出在模拟之中被更新的数据结果。

我们首先给出一个运行模拟必需的要素清单。注意，这里我们的政策变量是一项对于生产效率的冲击。运行模拟需要两个要素：模型和数据，分别对应着GTAP-Dyn. tab和之前介绍过的数据库。然而，这里两页中的要点是Sim Overview和Closure/Shock。

模拟概况

· 点击Sim Overview页面。

这个页面包含许多模拟的关键部分，包括起始年份、模拟时间段长度和模拟方式等，如下图。

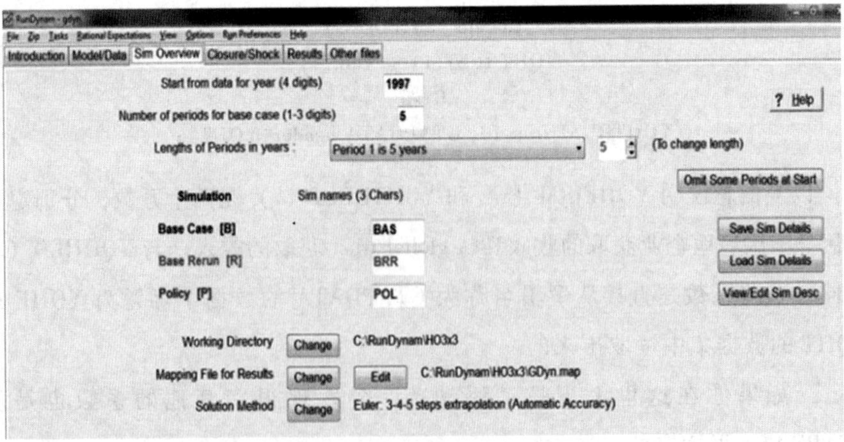

这个页面上，从上至下依次是如下内容。

· Start form data for year（4 个字符）是用来选择模拟的起始年份的。在这个例子中我们从 1997 年开始。

· Number of periods for base case（1 ~ 3 个字符）是用来确定需要检验多少个时间段的。在这个例子中我们需要关注 5 个时间段。

· 接下来的下拉菜单规定每个时间段的长度。在 GTAP-Dyn 模型之中，一个时间段也许并不是一年。在这个例子中，除了最后一个时间段，其他的时间段都是 5 年。

· 接下来是 Simulation 和 Sim names（三个空格），在 GTAP-Dyn 模型中将会进行三个模拟：基准情景、基准情景的再运行和政策情景。在这一部分需要对三次模拟起名字。在这个例子中我们将三次模拟起名为 BAS、BRR 和 POL，分别对应基准情景、基准情景的再运行和政策情景。

下面介绍一下三项模拟。

第一，基准情景的模拟展示了如果没有政策冲击，我们的经济将会怎样发展。模拟中包含一些宏观经济变量比如 GDP、人口等。

第二，基准情景的再运行利用了政策情景的闭合和基准情景的冲击，是一个校准模拟。如果有任何一个变量在基准情景的闭合中是内生的，但在政策情景的闭合中是外生的，那么程序会自动从基准情景中提取这些变量的取值，然后在基准情景的再运行中将其作为内生冲击。

第三，政策情景模拟检验了政策冲击的效果，当然需要与另一个基准情景的模拟结合使用。政策情景模拟带来了在政策冲击下的经济可能发生的改变，与基准情景中的情形对比计算，就可以得到政策冲击的效果。

· 下一个步骤要求我们选择当前的工作路径 C：\ RunDynam \ HO3X3 \ 。一定要确保这是当前的工作路径，如果不是的话，点击修改按钮，修改成为上面的路径。

· 接下来需要将路径精确到一个映射文件 GTAP-Dyn. map。这个映射文件包含了一个你想要进一步分析的变量列表。你可以点击底部的 Edit 按钮来查看这个映射文件。

· 最后，需要选择一种模拟方法。在这个例子中，我们使用 Gragg：2-4-6 steps extrapolation，选择完成之后还需要进行一下确认，选择的模拟方法将会出现在文本框中。如果确认，单击 OK。

闭合/冲击页面

· 点击 Closure/Shock 按钮移动到下一个页面，如下图所示：

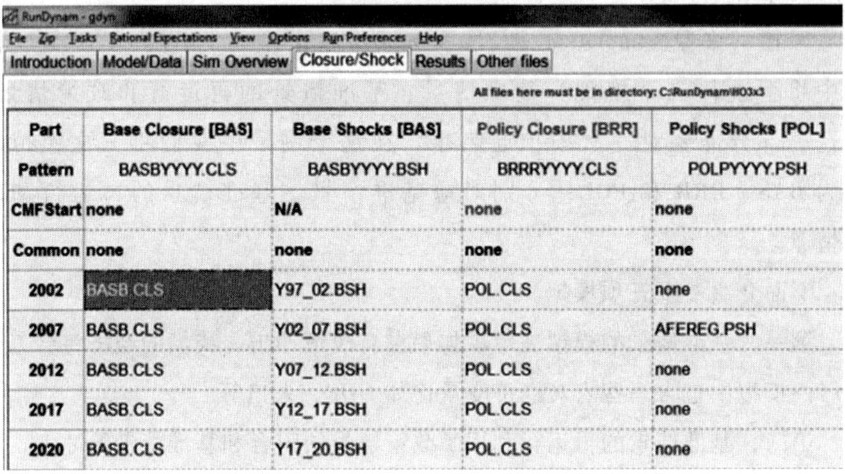

RunDynam - gdyn

File Zip Tasks Rational Expectations View Options Run Preferences Help

Introduction | Model/Data | Sim Overview | Closure/Shock | Results | Other files

All files here must be in directory: C:\RunDynam\HO3x3

Part	Base Closure [BAS]	Base Shocks [BAS]	Policy Closure [BRR]	Policy Shocks [POL]
Pattern	BASBYYYY.CLS	BASBYYYY.BSH	BRRRYYYY.CLS	POLPYYYY.PSH
CMFStart	none	N/A	none	none
Common	none	none	none	none
2002	BASB.CLS	Y97_02.BSH	POL.CLS	none
2007	BASB.CLS	Y02_07.BSH	POL.CLS	AFEREG.PSH
2012	BASB.CLS	Y07_12.BSH	POL.CLS	none
2017	BASB.CLS	Y12_17.BSH	POL.CLS	none
2020	BASB.CLS	Y17_20.BSH	POL.CLS	none

这个表格列出了每个时间段的冲击和闭合文件。我们会发现表格第一栏的标签会显示我们在 Sim Overview 中给出的信息，2002 年、2007 年、2012 年、2017 年是各个时间段的最后一年。

对于每一个时间段中的基准情景、政策冲击以及闭合，都必须详细地设置。闭合和冲击都包含在文件之中（*.CLS 是闭合文件、*.BSH 是基准冲击文件、*.PSH 是政策冲击文件）。

如果设置正确，所有这些文件名称会是黑体的，这可以帮助我们进行检验。

· 查看基准冲击文件的方法是把鼠标移动到想要打开的文件上，右键点击，选择 Edit。

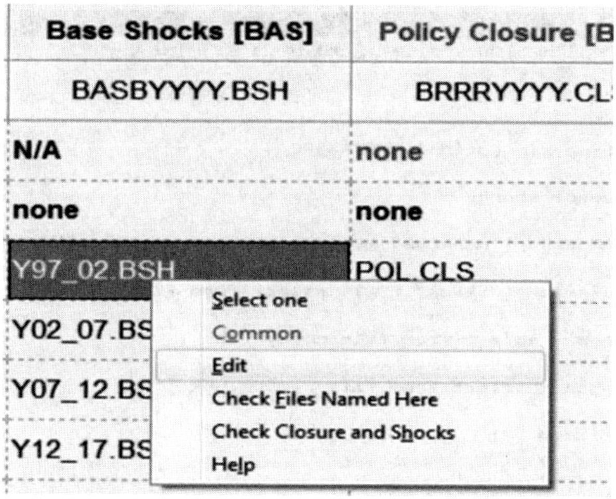

冲击文件包含一系列的变量和与变量关联的冲击。我们之前已提到过，基准情景描述了经济可能发生的情况。在这个例子中，我们有对于实际 GDP 增长率的预测值（qgdp），对于人口增长的预测值（pop）和对于技术与非技术劳动力的预测值（qfactsup），对于进口关税的冲击（tms）和对于出口补贴的冲击（txs）[①]，最后，模拟的时期被定为 5 年时间段，因此第一个模拟就是 1997～2002 年，所有的冲击依次按每 5 年一个的顺序进行。

在一些特例中，冲击文件会存放在特别的位置，比如说 ENDW002. shk，这个文件后来会被当作基准冲击文件。可以通过在 TABmate 中选择 File—Open 来查看这些文件。如果这些文件中的任何一个丢失，Y97_ 02. BSH 将会以绿色形式出现在 Closure/Shock 页面中。

政策冲击文件在 Closure/Shock 页面中的最后一栏给出。

政策冲击文件和集中冲击文件有两个主要区别。

第一，政策冲击文件仅包括政策冲击。在这个例子中是对于生产效率（afereg）的冲击。

① 如果有任何变量不确定，可到 TABLO 文件中进行查找。

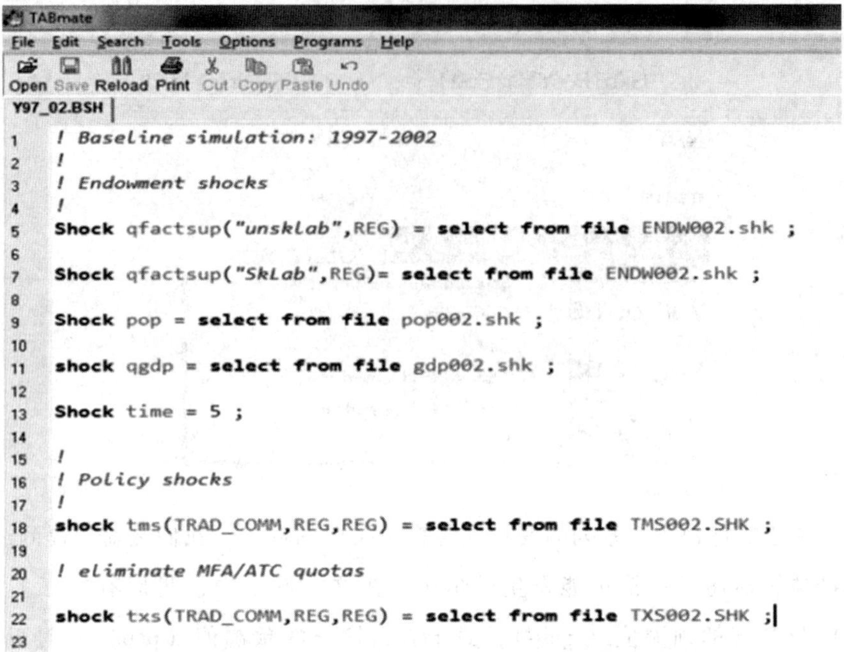

TABmate

File Edit Search Tools Options Programs Help

Open Save Reload Print Cut Copy Paste Undo

Y97_02.BSH

```
! Baseline simulation: 1997-2002
!
! Endowment shocks
!
Shock qfactsup("unsklab",REG) = select from file ENDW002.shk ;

Shock qfactsup("SkLab",REG)= select from file ENDW002.shk ;

Shock pop = select from file pop002.shk ;

shock qgdp = select from file gdp002.shk ;

Shock time = 5 ;

!
! Policy shocks
!
shock tms(TRAD_COMM,REG,REG) = select from file TMS002.SHK ;

! eliminate MFA/ATC quotas

shock txs(TRAD_COMM,REG,REG) = select from file TXS002.SHK ;
```

第二，政策情景中 shock 在某个地方被实行，同时也会有一个叫作 ashock 的文件在基准情景的同样位置被实行。ashock 的含义是额外冲击。这样 afereg 在基准情景中就被施加了一个额外冲击。

闭合文件（POL. CLS）可以通过右键点击并选择 Edit 来查看。

闭合文件是用来确定在模型之中哪些变量定为内生、哪些变量定为外生的。为了使模型闭合，内生变量的数量必须等于公式的数量，否则的话模型无解。闭合文件中，在 Rest Endogenous 之前，有一个外生变量的列表，表示未列出的变量均为内生。POL. CLS 文件给出了标准 GTAP-Dyn 模型的闭合。

运行模拟

· 选择 Tasks—Run Base，Base Rerun and Policy 来运行基准情景，再运行政策情景。

· 屏幕上会弹出一个对话框，提示你模拟开始。单击 OK。

· 如果成功的话，如下信息会显示：

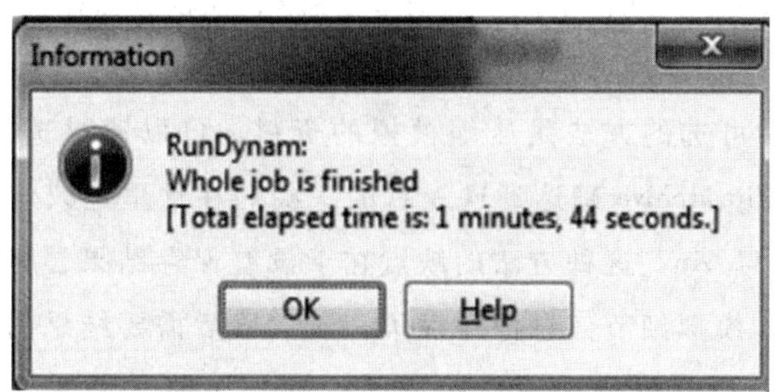

· 点击OK。注意你将会跳转到Results界面。

修改模拟

随着我们对这个程序的运行越来越熟悉，可能会需要设定自己的模拟。我们建议一开始对当前已有的应用程序做小的修改，比如改变闭合、修改冲击或者时间段。然后可以渐渐地修改自己的区域和部门加总。如果想要构造自己的闭合或者冲击，只需要简单地修改检查过的文件就行了。如果想要修改模拟的时间段，只需要在Sim Overview页面中进行修改。任何对于时间的修改都会自动调整到Closure/Shock中。然后就可以修改自己的闭合和冲击了。但是注意，如果修改了时间段的长度，我们将需要在冲击文件中修改对于时间的冲击，因为这一点程序不会自己调整，这也是常常被人们遗忘的一个步骤。

当开始构建自己的模拟时，需要遵循以下的步骤。

第一，在Sim Overview页面中对于基准情景、基准情景的再运行和政策情景进行重命名。这样防止新的模拟抹掉之前的模拟结果。

第二，同时也需要记得修改对于模拟的描述，在Sim Overview页面中点击Edit sim description，这可以帮助你记住每个模拟的特征。

第三，保存模拟的资料。

· 一种方法是通过选择File—Save simulation details as来保存模拟的详细信息，然后给模拟添加一个新的名称。以后的任何时候，如果需要这些模拟信息，只需要点击File—Load simulation details并且选择相关的文件。这种方法的缺点在于只保存了模拟的细节信息①，而没有保存模拟的资料②本身。这样如果更改某项资料的话，模拟本身又被修改了。

· 另一种可选的方法是压缩模拟的资料。可以通过选择 File—Save ingredient as Zip archive 来达到这一目的。我们在这里建议将模拟资料保存为 Example1f. zip。这种方法的缺点在于没有保存结果，但是因为所有的模拟资料和模拟细节信息都保存了，所以以后需要结果的时候只需要再运行一遍模拟就可以了。当然也可以直接压缩结果文件，单独进行保存。

2.5.5 查看结果

这些结果是为模拟基本情况、模拟基本重现和模拟策略的每一个阶段而获取的，可以通过多种方式浏览。Results 这一变量被分成两部分，第一部分允许我们立刻浏览一下所有阶段的结果，而第二部分则要分阶段地进行展示。

（1）查看所有阶段的结果

第一部分如下图所示：

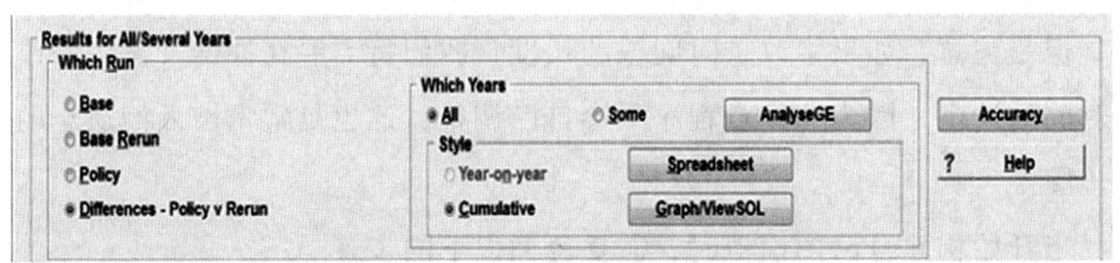

这一部分由三个方面组成。

第一，点击第一纵列的选项之一就可以查看模拟基本情况、模拟基本重现和模拟政策的结果，以及基本重现和政策之间的差异。这两者之间的差异显示了政策冲击的影响，相当于一个比较动态模型的输出。

第二，无论是某个时期的结果还是所有时期的结果都可以显示在

① 模拟细节信息指的是保存在 Sim Overview 和 Closure/Shock 页面的信息。

② 模拟资料指的是闭合和冲击文件。

AnalyseGE 程序、电子表格或者是在 ViewSOL 程序中。点击 AnalyseGE 框就可启动 AnalyseGE 程序，同样的，点击 Spreadsheet 框或者 Graph/ViewSOL 框可以看到模拟内容。

第三，这一方面是关于方式的，既可以显示年度同比结果（或者是在 GTAP-Dyn 模型中显示时期结果）又可以显示累计结果。年度同比结果显示了在某个特定时期变量发生的百分比变化，而累计结果则显示了初始期和特定期之间变量发生的总的百分比变化。

（2）使用 ViewSOL 查看结果

使用 ViewSOL 程序检查数据的方法类似于之前用过的 ViewHAR 程序，比起 Spreadsheet，ViewSOL 观察结果更加方便。要使用 ViewSOL 查看结果，首先要确定希望查看的模拟对象。

· 点击 Differences-Policy v Rerun 选项，在选定对象附近的白色区域会出现一个小黑点；

· 接下来确定方式：年度同比结果或者是累计结果，通过点击 Style 框中的 Year-on-year 来选择年度同比结果。

在这一阶段选择哪一种方式并不重要，因为这两种通过 ViewSOL 都是可行的。然而，模拟对象的选择是很重要的。

如果选择了 Base Case，那么只会有 Base Case 的结果，但是，如果选择了 Policy 或者是 Difference，那么所有模拟结果都可以在 ViewSOL 中即时查看。

· 点击 Graph/ViewSOL 框。

在 ViewSOL 程序中，屏幕将会如下图所示：

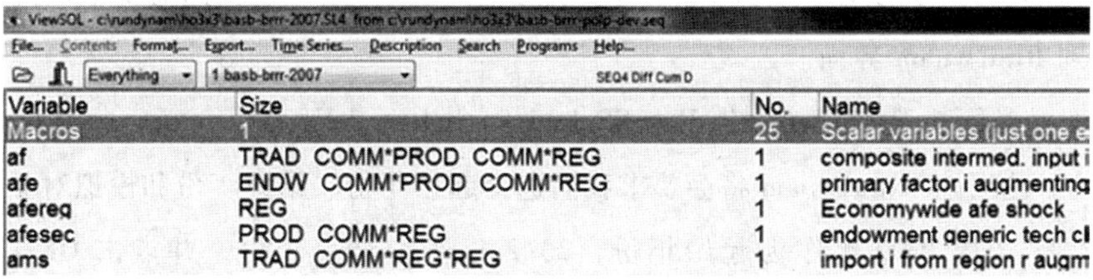

ViewSOL - c:\rundynam\ho3x3\basb-brrr-2007.SL4 from c:\rundynam\ho3x3\basb-brrr-polp-dev.seq

File... Contents Format... Export... Time Series... Description Search Programs Help...

Everything　1 basb-brrr-2007　SEQ4 Diff Cum D

Variable	Size	No.	Name
Macros	1	25	Scalar variables (just one e
af	TRAD COMM*PROD COMM*REG	1	composite intermed. input i
afe	ENDW COMM*PROD COMM*REG	1	primary factor i augmenting
afereg	REG	1	Economywide afe shock
afesec	PROD COMM*REG	1	endowment generic tech cl
ams	TRAD COMM*REG*REG	1	import i from region r augm

在 ViewSOL 中我们将会看到一个菜单栏和一个结果表格，表格分成四个纵列，第一列显示了不同的名称，第二列是变量的维度，第三列显示了列表中变量的编号，第四列则是变量的简单介绍。我们会注意到无论在 RunDynam 中选择哪一项，累计差分结果都会显示，在 ViewSOL 中我们需要再做一次选择。要查看模拟政策需要选择 Timeseries... | Show..Pert | Perturbed Solution。

要查看模拟策略的年度同比结果，需要选择 Timeseries... | Show..YonY | Year-on-year。

除非是顶部右上角的 SEQ4 Diff Cum d 这句话变成了 SEQ4 Pert YonY p，否则很少会出现变化。

现在可以双击变量名称，查看其中一个变量。向下移动并找到 qgdp，这是实际 GDP 中变量的百分比变化。

接着可以点击主菜单中的 Contents，返回到变量表格。

也可以检查预期中对 afereg 的冲击值。找到并点击 afereg，请记住，这种冲击将取决于施加在基本情景和政策情景中的冲击。

选择 Timeseries... | Show..YonY | Cumulative 同样也可以查看累计结果。再次检查位于右上角的 SEQ4 Pert Cum p 语句。

现在可以从 ViewSOL 中退出了。

(3) 查看某些年份的结果

例 3：使用 AnalyseGE 查看某些年份结果。

在某些实例中，我们可能不需要所有年份的累计差额。

· 在 RunDynam 结果界面中，如果选择 some 选项，并点击 AnalyseGE，RunDynam 将会要求一个 RSL 文件，为了获取 RSL 文件，我们需要取消并返回到 RunDynam 界面。

· 接下来选择 Tasks | Run SS Jobs for Selected Years。

· 接下来 RunDynam 将会要求我们选择起始年份、结束年份和模拟对象。

· 选择 2002 年作为起始年份，2012 年作为结束年份，并点击 OK 键。检查先决条件，并点击 OK 键。

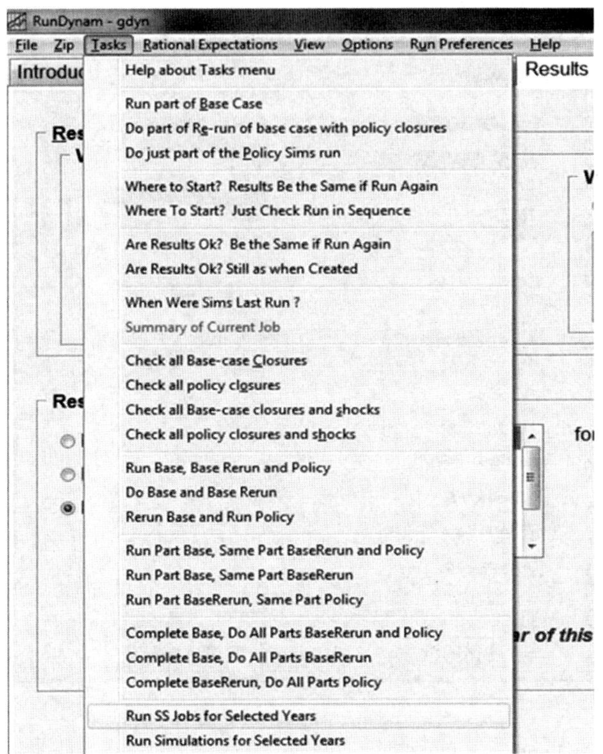

· 接着 RunDynam 将会运行 SS job，当选择 AnalyseGE 时，会出现一个 2002 ~ 2012 年的 RSL 文件，此时就可以下载了。

（4）查看个别时期的结果

这个部分可以查看每一个时期的基本情况和政策的模拟结果，以及每个时期结束后的更新数据和日志文件，同样还可以检查个别时期的 GTAP-DYNView、GTAP-DYNVol 和 Welfare 结果。

例 4：查看更新数据。

要查看 2012 年基本情况模拟的更新数据库，必须执行以下操作。

· 选择希望查看的模拟对象——基本情况或者是政策，在这种情况下，选择 Base。

· 选择要查看的输出类型，可以从包含结果为变量的 Solution file 中选择；Log file 包含模拟的日志文件，包括了可能发生的任何错误、模拟的

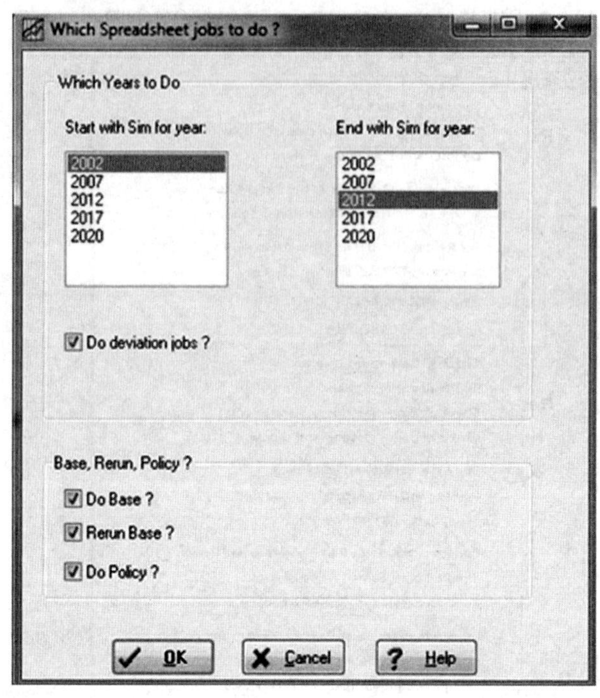

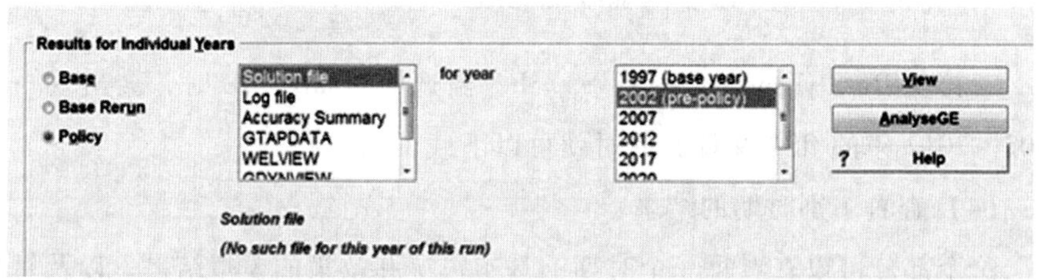

Accuracy Summary 或者是包含了更新数据库的 GTAPDATA。在这种情况下，通过点击 GTAPDATA 来选择更新数据库。

· 选择感兴趣的相应的时间标签，在这种情况下应该是 2002 年。

· 单击 View 键来查看这些结果，用于查看文件的 ViewHAR 程序是自动打开的。这看起来应该很熟悉，因为在查看核心数据库时已经使用过相同的工具了。

· 选择 File | Exit 从 ViewHAR 中退出。

打开 9 of GEMPACK 也能够进行后模拟处理，因此，除了 Solution file 和

GTAPDATA，用户通过 WELVIEW、GTAP-DYNView、TAXRATES 和 GTAP-DYNVol 都能够获得更加详细的更新数据文件。

如果仔细看，会发现实际上 GTAP-DYNView、GTAP-DYNVol 和 TAXRATES 都放置在 TABLO 文件的末尾，插在以下两个语句之间：

PostSim(Begin)
PostSim(End)

因此，后模拟处理使计算变量和系数的值变得可能，并取决于单个 TABLO 文件之前的模拟结果。GTAP-DYNView 收集了全球数据的特定部分，以及有关特定宏观变量的与有关贸易、运输和保护的重要信息。

按照同样的步骤来检查特定时期的 GTAP-DYNView 文件和 GTAP-DYNVol 文件。这些文件和 RunGTAP（Pearson and Nin Pratt，1999）中的文件都是相似的，有一些小的修改，包括 GTAP-Dyn 模型中的有用数据，例如收益和外汇收入的比率。GTAP-DYNView、GTAP-DYNVol 和 WELVIEW 的公式都包含在标准 GTAP-Dyn tab 文件中，以做 post-sim 处理。

例 5：查看福利分解。

福利分解（WELVIEW）的结果被认为跟 GTAPView 和 GTAPVol 的结果是一样的。但是请注意，如果时间受到了影响，那么模拟的结果将是零。在 WELVIEW 中，只有时间为零（即当你为建立一个有效的福利分解而进行比较静态模拟时），才会出现有效的结果。要求为动态模拟而承接福利分解的用户应该重新运行这一模拟（CH7HO3 ×3 GTAP-Dyn v35 97. zip），但是自动设置准确度为 90%。

以下是承接福利分解模拟所需步骤的简要总结。

· 重新运行动态模拟（CH7HO3 ×3 GTAP-Dyn v35 97. zip），并将准确率自动设置为 90%，在 ViewSOL 中打开结果，并留作后用。

· Model/Data 页面：从基础重新运行的最后一年修改更新数据文件中的基本数据（例如 dat-basb-brrr-2020. har）。

· Sim Overview 页面：更改标签避免覆盖文件。

· 年份和时间段（只需要一年，从 2019 年开始，长度为一年）。

·修改文件名（WDB，WDR，WDP）。虽然我们不会需要所有的这三个，却很容易因为按错键而将模拟中的某一个覆盖掉。

·Closure/Shock 页面：更改 closure 文件（记得用不同的名称保存新的 closure 并将其下载到基线中）。

这给出了正确的 EV 和福利分解。为了验证这一点，我们可以将结果的数据库相互对比，把可比性的静态福利模拟得到的结果，与动态模拟的结果进行对比。两者之间会有差异，但是差异不会很大，应该是小于单个模拟值的0.01%。如果差异很大，那么请尝试提升动态模型或者可比性静态模型的准确性。

参考文献

Ahuja, V., Filmer, D., Educational Attainmentin Developing Countries: New Estimates and Projections Disaggregated by Gender, World Bank Policy Research Working Paper 1489, Washington, D. C.: World Bank, 1995, July.

Anderson, K., Dimaranan, B., Hertel, T., Martin, W., "Asia-Pacifle Food Marketsin 2005: A Global, Economy-Wide Perspective," *Australian Journal of Agricultural and Resource Economics*1997a, 41 (1): 19 - 44.

Anderson, K., Dimaranan, B., Hertel, T., Martin, W., "Economic Growth and Policy Reform in the Asia-Pacifle: Trade and Welfare Implications by 2005," *Asia-Pacifle Economic Review*, 1997b, 3: 1 - 18.

Ando, A., Modigliani, F., "The 'Life Cycle' Hypothesis of Saving: Aggregate Implication and Tests," *American Economic Review*, 1963, 53 (1): 55 - 84.

Bach, C. F., Dimaranan, B., Hertel, T. W., Martin, W., "Market Growth, Structural Change and the Gains from the Uruguay Round," *Review of International Economics*, 2000, 8 (2).

Bach, C. F., Pearson, K. R., Implementing Quotas in GTAP Using GEMPACK or How to Linearize an Inequality, GTAP Technical Paper 4, Center for Global Trade Analysis, Purdue University, 1996.

Benjamin, N., "Investments, Expectations, and Dutch Disease: A Comparative Study (Bolivia, Cameroon, Indonesia)," in J. Mercenier, T. N. Srinivasan, eds., *Applied General*

Equilibrium and Economic Development (Arbor: University of Michigan Press, 1994): 235 - 251.

Bernard, A. B., Jones, C. I., "Comparing Apples to Oranges: Productivity Convergence and Measurement across Industries and Countries," *American Economic Review*, 1996a, 86 (5): 1216 - 1238.

Bernard, A. B., Jones, C. I., "Productivity across Industries and Countries: Time Series Theory and Evidence," *Review of Economics and Statistics*, 1996b, 78 (1): 135 - 146.

Burniaux, J., Nicoletti, G., Olivera-Marins, J., Green: A Global Model for Quantifying the Costs of Policies to Curb CO_2 Emissions, OECD Economic Studies 19, Paris: OECD, 1992.

Calderon, C., Loayza, N., Serv'en, L., Do Capital Flows Respond to Risk and Return? Policy Research Working Paper Series 3059, Washington, D. C.: World Bank, 2003.

CPB, World Scan: The Core Version, The Hague: CPB Netherlands Bureau for Economic Policy Analysis, December, 1999.

Dimaranan, B. V., ed., Global Trade, Assistance, and Production: The GTAP 6 Database, West Lafayette, IN: Center for Global Trade Analysis, Purdue University, 2006.

Dimaranan, B. V., McDougall, R. A., Global Trade, Assistance, and Production: The GTAP 5 Database, West Lafayette, IN: Center for Global Trade Analysis, Purdue University, 2002.

Dimaranan, B. V., Walmsley, T. L., "Chapter 18 A: Macroeconomic Data," in B. V. Dimaranan, R. A. McDougall, eds., Global Trade, Assistance, and Production: The GTAP 5 Database, West Lafayette, IN: Center for Global Trade Analysis, Purdue University, 2002.

Engel, R. F., "Autoregressive Conditional Heteroskedasticity with Estimates of the Variance of United Kingdom Inflation," *Econometrica*, 1982, 50: 987 - 1007.

Feldstein, M., Horioka, C., "Domestic Saving and International Capital Flows," *Economic Journal*, 1980, 90 (138): 314 - 329.

Francois, J., Strutt, A., "Post Uruguay Round Tariff Vectors for GTAP v. 4," Unpublished Memorandum, June, 1999.

Harrison, J., Pearson, K., Getting Started with GEMPACK: Hands-on Examples, GEMPACK Document No. 8, Melbourne: Centre of Policy Studies and Impact Project, MonashUniversity, 1998.

Hertel, T. W., ed., *Global Trade Analysis Modeling and Applications*, Cambridge: Cambridge University Press, 1997.

Hertel, T. W., Tsigas, M. E., "*Structure of GTAP*," in T. W. Hertel, ed., *Global*

Trade Analysis Modeling and Applications, Cambridge: Cambridge University Press, 1997: 13 - 73.

Horridge, J. M., Inequality Constraints, Paper Presented at GEMPACK Users Day, June, 1993.

Howe, H., "Development of the Extended Linear Expenditure System from Simple Saving Assumptions," *European Economic Review*, 1975, 6: 305 - 310.

Huff, K., Hertel, T. W., Decomposing Welfare Changes in GTAP, GTAP Tech-nical Paper 5, Center for Global Trade Analysis, Purdue University, 1996.

Ianchovichina, E. I., International Capital Linkages: Theory and Application in a Dynamic Computable General Equilibrium Model, PhD Thesis, Department of Agri-cultural Economics, Purdue University, 1998.

Ianchovichina, E., McDougall, R., Structure of Dynamic GTAP, GTAP Technical Paper 17, West Lafayette, IN: Center for Global Trade Analysis, Purdue University, 2001.

Kapur, J. N., Kesavan, H. K., *Entropy Optimization Principles with Applications*, New York: Academic Press, 1992.

Kmenta, J., *Elements of Econometrics*, New York: Macmillan, 1986.

Kouparitsas, M., "How Worrisome is the U. S. Net Foreign Debt Position?" *Chicago Federal Letter*, No. 2002, 2004.

Kraay, A., Ventura, J., "Current Accounts in Debtor and Creditor Countries," *Quarterly Journal of Economics*, 2000, 95: 1137 - 1166.

Kraay, A., Loayza, N., Serven, L., Ventura, J., *Country Portfolios*, Working Paper Series No. 7795, Washington, D. C.: National Bureau of Economic Research, July, 2000: 1 - 61.

Larson, D. F., Butzer, R., Mundlack, Y., Crego, A., "A Cross-Country Database for Sector Investment and Capital," *World Bank Economic Review*, 2000, 14: 371 - 391.

Levin, A., Lin., C. F., Unit Root Tests in Panel Data: Asymptotic and Finite-Sample Properties. Discussion Paper, San Diego: Department of Economics, University of California, San Diego, 1992: 92 - 123.

Lewis, K. K., "Trying to Explain Home Bias in Equities and Consumption," *Journal of Economic Literature*, 1999, 37: 571 - 608.

Martin, W., Dimaranan, B., Hertel, T., Ianchovichina, E., Trade Policy, Structural Change and China's Trade Growth, Working Paper No. 64, Stanford, CA: Institutefor Economic Policy Research, 2000.

McDougall, R. A., Elbehri, A., Truong, T. P., Global Trade Assistance and Protection: The GTAP 4 Database, West Lafayette, IN: Center for Global Trade Analysis, Purdue University, 1998.

McDougall, R. A. , ed. , Global Trade, Assistance, and Protection: The GTAP 3 Database, Center for Global Trade Analysis, Purdue University, 1997: 50.

McDougall, R. , A New Regional Household Demand System for GTAP, GTAP Technical Paper No. 20, WestLafayette, IN: Center for Global Trade Analysis, Purdue University, 2002.

McDougall, R. , Tsigas, M. E. , Wigle, R. , "Overview of the GTAP Database," in T. W. Hertel, ed. , *Global Trade Analysis Modeling and Applications*, Cambridge: Cambridge University Press, 1997: 74 - 124.

McKibbin, W. J. , Wilcoxen, P. J. , "The Theoretical and Empirical Structure of G-Cubed," Mimeo, Brookings Institution, 1995.

Modigliani, F. , Brumberg, R. , "Utility Analysis and the Consumption Function: An Interpretation of Cross-Section Data," in K. K. Kurihara, ed. , *Post-Keynesian Economics*, New Brunswick, NJ: Rutgers University Press, 1954: 388 - 436.

Nehru, V. , Dhareshwar, A. , "A New Database on Physical Capital Stock: Sources, Methodology and Results," *Revista de Analisis Economico*, 1993, 8 (1): 37 - 59.

Nin, A. , Hertel. , T. W. , Foster, K. , Rae, A. , "Productivity Growth, Catching-up and Uncertainty in China's Meat Trade," *Agricultural Economics*, 2004, 31: 1 - 16.

OECD, Methods Used by OECD Countries toMeasure Stocks of Fixed Capital, Paris: OECD, 1993.

Pearson, K. , Nin Pratt, A. , Hands-on Computing with Run GTAP and WinGEM to Introduce GTAP and Gempack, West Lafayette, IN: Center for Global Trade Analysis, Purdue University, 1999.

Pearson, K. , Hertel, T. , Horridge, M. , Analyse GE: Software Assisting Modellersin the Analysis of their Results, Melbourne: Centre of Policy Studies and Impact Project, Monash University, 2002.

Source OECD , Annual National Accounts Volume II-Detailed Tables-Main Aggregates , Volume 2004, Release 01.

Statistics Directorate OECD, Flows and Stocks of Fixed Capital, Paris: OECD, 1983, 1987, 1991, 1994, 1996, 1997.

Tyers, R. , Aging and Slower Population Growth: Effects on Global Economic Performance. Paper presented to the Experts' Meeting on Long Term Scenarios for Asia's Growth and Trade, Manila, November 10 - 11, 2005.

Walton, R. , "International Comparison of Profitability," *Economics Trends*, January, 2000a, 554.

Walton, R. "International Comparison of Company Profitability," *Economic Trends*, December, 2000b, 565.

第3章 实际应用*

3.1 2050年全球八大经济体BAU下的二氧化碳排放

——基于全球动态能源和环境GTAP-Dyn-E模型**

摘 要： 本节采用全球动态能源和环境GTAP-Dyn-E模型预测了2010～2050年全球八大经济体（美国、欧盟、日本、澳大利亚和基础四国）的二氧化碳排放情况。与现有研究不同，本节不但预测了排放总量，还预测了排放来源、能源产品和行业来源等方面的变化趋势。研究表明，在基准情景下，八大经济体中的日本的二氧化碳排放会在2040年前后达到峰值，其他七个经济体的二氧化碳排放在2050年前都未能达到峰值，而且发展中国家的排放增速明显快于发达国家。煤炭使用量的减少是各个国家共同的趋势，使用石油和天然气的比例将逐渐提高，尤其是对一些发达经济体（美国、欧盟和澳大利亚）来说。未

* 鉴于本章各小节内容均为作者早期研究，研究年份较早而无法观测刻画当前经济环境下的重要影响因素，所以研究结论与当前经济环境发展趋势存在一定偏差，下文将对主要偏差小节做详细解释。

** 本小节研究内容完成于2013年，因研究年份较早而无法对当前政策发展下的新形势加以考虑，在情景构建部分尚未考虑我国大力推动减排而带来的技术进步能效提升、能源使用结构向可再生能源偏移、电气化进程不断加快等内容，因此研究结论存在局限性。在目前我国技术水平不断提高，能效、碳价格、可再生能源等环境政策不断推进的背景下，碳达峰和碳中和目标将稳步实现。

来天然气将取代煤炭或者石油成为最主要的能源，而对发展中国家来说，煤炭仍然是主要能源。

关键词：BAU 二氧化碳 GTAP-Dyn-E

3.1.1 研究背景

以牺牲环境为代价，依靠大量消耗资源的传统经济增长方式已经难以为继。向低碳经济转型已经成为世界经济发展的重要目标，发达国家正在积极采取措施加强新兴低碳技术和新型能源研发，以期在竞争中抢占先机。发展中国家也积极推动经济发展方式的转型，走上可持续发展的道路。为此，世界大多数国家都将减排工作当作发展重点来抓，预测各国未来二氧化碳排放的基准情景（BAU）对全球温室气体减排具有重要的作用。第一，全球减排合作的关键在于确定不同国家的减排目标，预测全球和不同国家的未来碳排放的 BAU 则是制定减排目标的基础之一；第二，各个国家在未来某个时间上承诺的减排量也是与 BAU 密切相关的，通过承诺的减排量和 BAU 之间的比较可以分析各个国家减排压力和减排空间的大小；第三，通过建立各国二氧化碳排放的 BAU，可以确定各国二氧化碳排放的峰值，以为政策制定提供支撑；第四，通过较为详细的分行业的二氧化碳排放 BAU 预测，可以使各国未来的经济结构变化和高耗能产业的发展有一个清晰的框架，从而有利于制定二氧化碳减排的具体路径和方向，为国家制定节能减排政策提供依据。

国内外学者和研究机构采用不同方法对二氧化碳排放的 BAU 进行了预测。岳超等（2010）采用 Kaya 恒等式模型对 2005～2050 年我国二氧化碳排放的基线情景进行了预测。联合国开发规划署和中国人民大学（2010）采用 PECE（技术优化模型）分别估算了我国在基准情景、控排情景和减排情景下 2005～2050 年的二氧化碳排放。中国能源和碳排放研究课题组利用 IPAC-AIM 技术模型，预测了中国 2050 年排放情景。联合国环境规划署

(2008) 在《全球环境展望》中采用IMAGE模型（全球环境综合模型）测算了市场优先情景、政策优先情景、安全优先情景和可持续发展情景四个情景下的拉丁美洲和加勒比地区、北美、欧洲、亚太地区和非洲2050年的碳排放。国际能源署（IEA）(2010) 在《世界能源展望》中对全球八大经济体的450个减排情景和新政策情景进行了测算。其他研究也都采用了很多模型对二氧化碳排放的基线情景进行了预测，如Adage模型、Gains模型、Witch模型和Linkages模型等。

虽然现有研究利用各种方法对各国二氧化碳的排放基线进行了预测，但现有研究主要是对各国二氧化碳排放总量进行预测，并没有详细预测排放结构（包括排放的能源结构、产业结构等）。本节利用全球动态能源和环境GTAP-Dyn-E模型对八个主要经济体到2050年排放的BAU进行了预测，将私人排放和企业排放分开，将排放分产业进行了预测，并详细预测了不同能源产品导致二氧化碳排放的变化。

本章将主要集中回答以下问题：全球主要经济体在基准情景下的排放趋势如何？是否有峰值以及何时达到排放峰值？不同行业的排放趋势是否相同以及不同排放源将发生怎样的变化？

本节共分为四部分，3.1.1为研究背景；3.1.2为研究方法和模拟方案；3.1.3为模拟结果和分析；3.1.4为主要结论。

3.1.2 研究方法和模拟方案

全球动态能源和环境GTAP-Dyn-E模型是一个世界经济的动态递归可应用一般均衡模型（AGE）。它扩展了标准GTAP-E模型（Hertel，1997），包括跨国家资本流动、资本积累，以及投资的适应性预期理论。动态GTAP扩展的一个突出技术特征是关于时间的处理。许多动态模型将时间作为一个指数（Index），使得模型中每一个变量都有一个时间指数。在动态GTAP模型中，时间本身是一个变量，受外生变化与通常的政策、技术和人口变量的影响。

动态GTAP-E模型与标准GTAP-E模型的区别可以概括为以下几点。第一，与静态模型相比，动态GTAP-E模型提供一个更好的长期分析。因为在动态模型中需要构建基准情景，并且要考虑各种要素的累积效应。第二，在标准 GTAP-E 模型中，资本只允许在同一个区域内不同产业间进行流动。但在动态模型中，资本可以在不同区域之间流动，这使得不同地区间的投资和资本存量对各地区的不同的资本回报率做出反应。第三，国家间回报率调整需要时间。静态模型假定各个国家不同的资本回报率调整是瞬间完成、没有时滞的。动态模型认为这种调整需要一定的时间，应该说更符合现实。第四，引入投资的适应性预期。投资行为的变动不取决于实际回报率，而取决于预期回报率的变化。这就允许投资在短期内可以出错，但是应长期保持与实际回报率变动一致。第五，引入金融资产的资本和收益实现不同年份的动态链接。

我们采用美国普渡大学第七版动态 GTAP（Global Trade Analysis Project）数据库，该数据库包括以 2004 年为基年的全世界多区域的投入产出表，涉及 113 个国家和地区、57 个部门（42 个产品部门和 15 个服务部门）。

根据研究的需要，我们对区域和产品进行了加总和归并[①]。从区域来看，我们将原始的 113 个国家和地区加总成 9 个国家和地区，分别为“基础四国”（中国、印度、巴西和南非）、三大经济体（美国、日本和欧盟[②]）、澳大利亚和其他国家。就部门而言，将 57 个部门加总成 17 个部门。

3.1.3　模拟结果和分析

本章运用动态 GTAP-Dyn-E 模型预测了全球八大经济体的二氧化碳排放量[③]。为了便于分析全球八大经济体的排放特征（见表 3－1），我们主要从三个角度进行分析（排放峰值、排放绝对量和排放增速）。第一，排放峰

① 除了具体的研究需要之外，对于区域和产品进行加总还可以提高模型的运行速度和减少模拟需要的时间。

② 尽管英国“脱欧”，但鉴于其与欧盟紧密的贸易联系和分析的方便，我们将英国也计入欧盟区域。从目前来看，欧盟包括 27 个国家，但是 GTAPV7 数据库中并没有包括所有 27 个国家，只包括了 24 个国家，但从产值上来看，覆盖的国家超过欧盟产值的 95%，所以，并不影响区域的代表程度。

③ 本研究的排放特指二氧化碳排放（CO_2），不是二氧化碳等价（CO_2-e），因此，不包括甲烷、氧化亚氮和其他氟化物等温室气体。同时，排放方式也只是指化石能源燃烧产生的排放，不包括过程排放、畜牧业排放和森林碳汇等，也没有考虑新能源和 CCS 技术等变化带来的影响。

值。在 BAU 下，就二氧化碳排放而言，日本是唯一能在2050年之前达到峰值的经济体，其余经济体都不可能达到峰值，而日本大致在2045年前后达到峰值。第二，排放绝对量。世界二氧化碳排放的增速和潜力还很大，如表3－1所示，全球的二氧化碳排放量从2010年的329.5亿吨增加到2050年的737.2亿吨，增长123%①。因此，在基准情景下，完成2100年将温度上升维持在2摄氏度以内②的目标很难实现。从国家来看，2050年二氧化碳排放量排在前三位的分别是中国（144.9亿吨）、美国（98.2亿吨）和印度（84亿吨），分别是2010年的2倍、1.52倍和4.54倍。第三，排放增速。与发达国家相比，发展中国家的二氧化碳排放增速要更快。平均来看，发达国家2050年的二氧化碳排放是2010年的1.62倍，而发展中国家则为2.55倍。其中，增加幅度最大的是印度，2050年的二氧化碳排放是2010年的4.54倍。另外，无论是发达国家还是发展中国家的排放增速都呈现逐渐下降的态势。

表3－1　BAU 下2010～2050年主要国家和地区的 CO_2 排放量

单位：亿吨

国家和地区	2010年	2015年	2020年	2025年	2030年	2035年	2040年	2045年	2050年
中国	72.5	85.5	98.4	113.7	126.6	135.1	140.3	143.6	144.9
欧盟	34.8	36.1	37.7	39.4	41.3	43.9	47	49.4	51.2
美国	64.8	69	73.4	77.9	82.7	87.6	92	95.9	98.2
日本	12.7	13	13.4	13.7	14	14.3	14.5	14.6	14.3
澳大利亚	4.6	5.4	6.3	7.2	8.1	8.9	9.7	10.3	10.8
印度	18.5	22.8	28.3	34.3	41.6	50	59.7	71.9	84
巴西	3.9	4.3	4.6	5	5.5	5.9	6.4	6.8	7
南非	5.2	5.8	6.5	7.3	8.1	8.8	9.3	9.6	9.7
其他国家和地区	112.6	132.9	154	174.2	196	223.6	255.7	286.6	317.1
加总	329.5	374.9	422.7	472.6	523.9	578	634.6	688.8	737.2

资料来源：动态 GTAP-Dyn-E 模拟结果。

① 这与 IEA 的研究比较接近，国际能源署（IEA）完成的《能源技术展望2008》报告发出警告，如果排除政策变化和主要的供给约束，则到2050年，全球石油需求将增长70%，二氧化碳排放量将增长130%。

② 这是避免气候变化出现危险的界限。

3.1.3.1　各经济体排放总量的比较

由于关于主要经济体 BAU 下的二氧化碳排放测算已有很多研究成果。所以，为了更好地理解主要经济体 2050 年 BAU 下的二氧化碳排放，我们将已有的研究进行了系统的梳理，分别从已有研究成果、各经济体 2020 年承诺的减排量两个角度进行比较。

（1）与已有研究成果比较

通过与已有权威研究成果对比可以验证本研究的合理性和准确性。为此我们以 IEA 和 EIA 以及相应国家内部机构的测算为主，此外，也考虑了一些知名研究机构的基准情景预测。

①主要发达经济体（美国、日本、欧盟和澳大利亚）排放预测

主要从以下三个方面进行对比，第一，短期预测比较。本研究对 2020 年美国、欧盟、日本和澳大利亚的排放预测分别为 73.4 亿吨、37.7 亿吨、13.4 亿吨和 6.3 亿吨。GTEM 模型对 2020 年美国、欧盟、日本和澳大利亚的排放预测分别为 77 亿吨、53 亿吨、12 亿吨和 7.7 亿吨，其中美国、日本和澳大利亚的结果与本研究比较接近。欧盟的结果与本研究有很大的差异，这是由对欧盟包含国家的统计口径不同造成的。IEA 对 2020 年美国、欧盟和日本的排放预测分别为 57 亿吨、39 亿吨和 11.5 亿吨。

第二，峰值预测比较。本研究结果认为，BAU 下，四个发达经济体中，只有日本的排放在 2050 年前（约为 2045 年）能够达到峰值，其他发达经济体在 2050 年前都很难达到峰值。已有其他研究模型（如 Witch、Linkages 和 GTEM 模型）关于美国和澳大利亚的研究与本研究基本一致，关于欧盟的研究略有差异。IEA 的研究认为欧盟的排放在 2030 年前后会达到峰值，而且其研究结果主要考虑了欧盟现有的气候变化政策，所以其峰值过早的到来更多的是政策作用的结果。日本的研究模型（WEM-CO_2、Gains 和 GTEM 模型）结果显示 2050 年前日本的排放会达到峰值，但到达峰值的时间与本研究有些差异，大部分认为日本的排放会在 2030 年前后达到峰值。

第三，长期预测比较。模型显示，2050 年美国、欧盟、日本和澳大

利亚的排放将分别达到98.2亿吨、51.2亿吨、14.3亿吨和10.8亿吨。其他研究模型（Adage、Witch、Linkages和GTEM）结果显示：2050年美国二氧化碳总排放的预测为81亿~110亿吨，平均值为97.7亿吨，与本研究结果98.2亿吨非常接近。2050年欧盟二氧化碳总排放的预测为47亿~71亿吨，平均值为56.2亿吨，与本研究的51.2亿吨也比较接近。2050年日本二氧化碳总排放的预测为11亿~12亿吨，平均值为11.5亿吨，与本研究的14.3亿吨略有差距。2050年澳大利亚二氧化碳总排放的预测为9.6亿~10.4亿吨，平均值为10亿吨，与本研究的10.8亿吨比较接近。

②基础四国（印度、巴西、南非和中国）排放预测

由于本研究和其他研究的结果都认为基础四国的二氧化碳排放在2050年前都不可能达到峰值，因此这里不再做排放峰值的比较，主要侧重短期预测和长期预测两方面的比较。

从短期预测来看，模型显示，2020年，印度、巴西、南非和中国的排放分别为28.3亿吨、4.6亿吨、6.5亿吨和98.4亿吨。EIA对2020年印度、巴西、南非和中国的排放预测分别为25.4亿吨、5.34亿吨、6.7亿吨和91亿吨。从长期预测来看，2050年印度、巴西、南非和中国的排放将达到84亿吨、7亿吨、9.7亿吨和144.9亿吨。EIA预测2050年印度、南非和中国的排放分别为71亿吨、11.2亿吨和134亿吨。EIA的研究结论与本研究的主要差异在于对各个国家基准情景下的经济增速假设不同。

（2）与各经济体2020年承诺的排放量比较

哥本哈根气候大会前后，各个国家都有条件或无条件地提出了本国在2020年的承诺减排目标。从表3-2可以看出，各经济体承诺的减排目标和基年的设定有很大的不同。按照减排方式可以分为相对减排（涉及中国和印度）和绝对减排（涉及其余六个经济体）两种。此外，基准年份的设定也有很大的差异，大多数国家都将1990年作为基准年，还有一些国家（中国、印度和美国）设定在2005年，澳大利亚则将2000年定为基准年。因此，不同的减排方式和基年选择将对各国减排目标的实现造成很大影响。

通过比较各国的 BAU 下的二氧化碳排放和减排承诺可以衡量各国减排承诺实现的难度。表 3-3 计算了各经济体在 2020 年承诺的绝对排放量。从绝对减排量看，美国为完成承诺的目标需要减排的量最大，达到 25.4 亿吨，其余经济体需要减排的量较小，基本上都为 2 亿~8 亿吨，其中，中国需要减排 7.9 亿吨。需要减排最少的国家是巴西，只需要减少 2.0 亿吨。从减排幅度看，南非为完成承诺需要减排的幅度最大，达到了 74%，接着是澳大利亚，为 60%，这两个国家的减排幅度均超过了 50%。其余经济体大多数为 30%~50%。另外，两个采用相对减排方式的国家的减排幅度较小，其中，中国和印度只需要分别减排 8% 和 18% 即可完成 2020 年的承诺目标。

表 3-2　2020 年八大经济体承诺减排目标一览

经济体	基准年份	基准年份的 CO_2（亿吨）	2020 年绝对减排目标	2020 年相对减排目标
中国	2005	50.6	—	40%~45%
美国	2005	58.0	17.00%	—
日本	1990	10.7	25.00%	—
印度	2005	11.5	—	20%~25%
澳大利亚	2000	3.4	15% 或 25%	—
南非	1990	2.5	34.00%	—
巴西	1990	2.0	36.1% 或 38.9%	—
欧盟	1990	4.1	20% 或 30%	—

资料来源：根据 2009 年《联合国气候变化框架公约》缔约方第 15 次会议——哥本哈根大会上各国做出的承诺整理，http://unfccc.int/meetings/copenhagen_ dec_ 2009/items/5264.php。

表 3-3　2020 年八大经济体承诺的绝对减排量与本研究预测基线排放对比

单位：亿吨，%

经济体	2020 年承诺的绝对减排量	2020 年基线排放	减排量	减排幅度
中国	90.5	98.4	7.9	8
美国	48	73.4	25.4	35
日本	8	13.4	5.4	40
印度	23.3	28.3	5.0	18
澳大利亚	2.5	6.3	3.8	60

续表

经济体	2020年承诺的绝对减排量	2020年基线排放	减排量	减排幅度
南　非	1.7	6.5	4.8	74
巴　西	2.6	4.6	2.0	44
欧　盟	32.5	37.7	5.2	14

注：设2020年承诺的绝对减排量为A，2020年基线排放为B，则减排量为（$A-B$），减排幅度为（$A-B$）$/B\times100\%$。

资料来源：笔者整理计算。

3.1.3.2　按使用的能源产品类型来划分各经济体的排放

能源产品的使用结构是影响一个国家二氧化碳排放总量和强度的重要因素，不同国家对不同能源的依赖程度存在明显的差异。根据模型2004年基础排放数据库，我们可将八个经济体分为两种类型。第一类，以使用煤炭为主，这类经济体包括中国（75.6%①）、澳大利亚（59.0%）、印度（65.5%）和南非（80.4%）。第二类，以使用石油及其制品为主，这类经济体包括美国（40.5%）、欧盟（46%）、日本（60.2%）和巴西（78.3%）。总的来说，2004年煤炭和石油及其制品的排放比重占据着86.4%的绝对优势，而天然气只有13.6%。到2050年，除美国和欧盟外，其余经济体的能源依赖类型没有发生变化。其中，美国和欧盟都将从以使用石油及其制品为主变成以使用天然气为主。

模型显示，2050年八个经济体的煤炭和石油及其制品的平均排放比重将逐渐下降到73%，而天然气的排放比重将增加到27%。这表明八个经济体的企业更倾向于使用天然气，而不是煤炭和石油及其制品。原因主要有两个方面。第一，天然气的巨大供应。这不只是指传统的天然气供应量较大，更主要的是指非传统天然气（页岩气和煤层气）的开采量也将大幅增加。第二，发电技术的变化。随着电力需求的不断增加，富裕国家将用天然气发电取代老化的煤炭发电站。因此，这两个方面的原因共同导致了未来对天然

① 该数据表示总排放中来自该种能源产品排放的比重。

气需求的大幅增加。

虽然，八个经济体的煤炭和石油及其制品的平均排放比重在下降，但不同国家的表现不尽相同。其中，美国、欧盟、日本、澳大利亚、印度和巴西的煤炭和石油及其制品的排放比重均下降，与八个经济体总体平均趋势一致。但是，中国和南非不同，虽然这两国的煤炭排放比重下降，但是石油及其制品的排放比重在不断上升。这是因为这两个国家并没有大量的天然气供应，而在煤炭供应下降的情况下，只能大量使用石油及其制品。2010～2050年八大经济体的二氧化碳排放来源结构如图3－1所示。

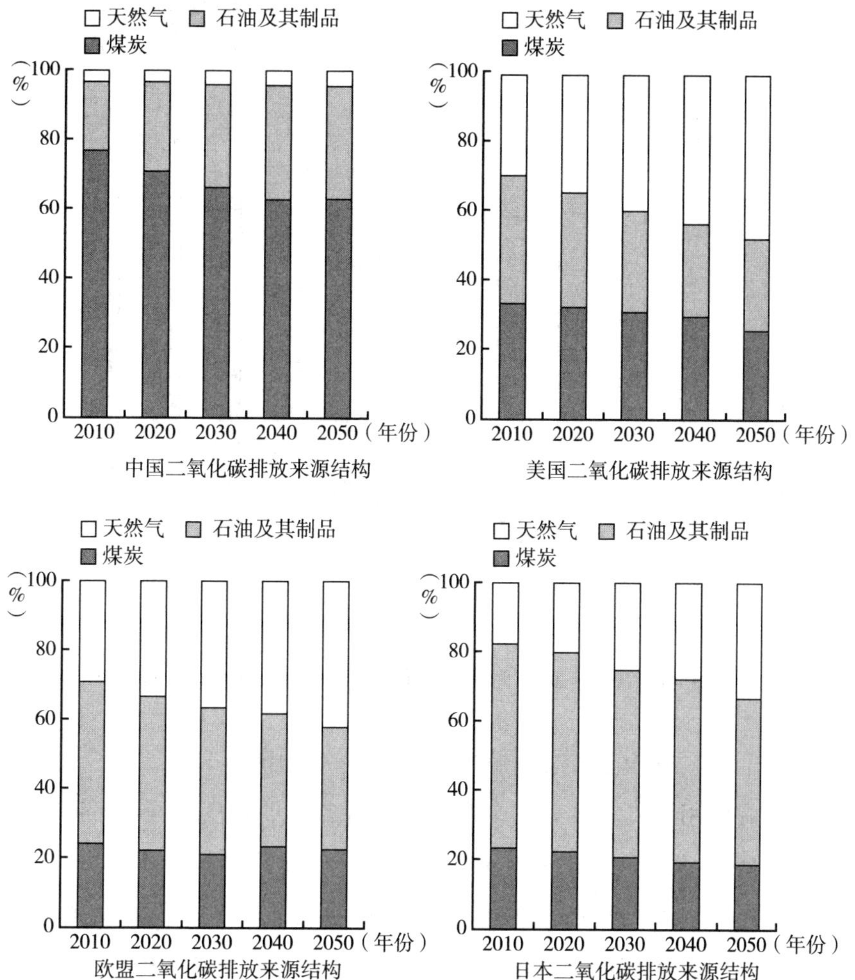

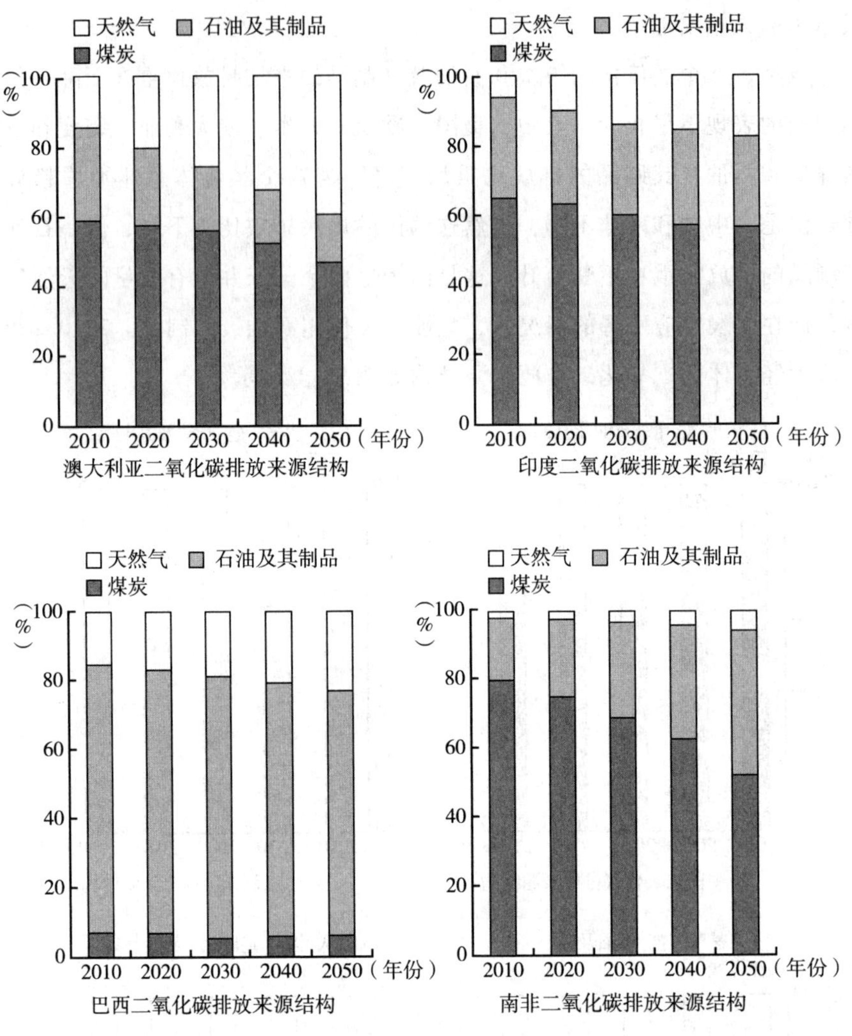

图 3-1　2010～2050 年八大经济体的二氧化碳排放来源结构

3.1.3.3　按私人和企业来源来划分各经济体的排放

从能源使用者（主要是指生产者和消费者）的角度来看，不同国家生产者和消费者对能源消费的差异也导致其二氧化碳的排放不相同。第一，从排放的结构（数据来自 2004 年基础排放数据库）看，仍然是企业的排放占据绝对的主导地位，无论是发达经济体还是发展中经济体均是如此，八个经济体企业的平均排放比重大致达到85%，而来自私人消费的平均排放比重只占 15%。我们还发现，与发展中经济体相比，发达经济体的私人消费的平均排放占的比重要更高。其中，四个发达经济体（美国、日本、欧盟和澳大利亚）私人消费的平均排放占比为 17.3%，而基础四国（中国、印度、巴西和南非）只占 12.8%。2004 年我国的私人消费的平均排放占比只有 7.8%，这个比例不但大大低于四个发达经济体，也低于印度、巴西和南非的私人消费的平均排放。这与我国经济结构失衡有很大的关系，尤其是经济中的私人消费比重过低。第二，趋势变化（数据来自 2010 ~ 2050 年预测排放数据）。在基准情境下，发达经济体的私人消费的平均排放比重呈现逐渐下降的趋势。四个发达经济体的平均排放比重从 2010 年的 16.6% 下降到 2050 年的 15.7%，其中，欧盟的降幅最大，下降 2 个百分点。从另一个角度看，这也就意味着发达经济体企业排放的比重将有所上升。与此相反，发展中经济体私人消费的平均排放比重在增加，而企业排放的比重下降。基础四国的私人消费的平均排放比重从 2010 年的 12.6% 增加到 2050 年的 17.8%，上涨 5.2 个百分点。其中，涨幅最大的是中国，从 7% 上涨到 20%，增长了 13 个百分点，大致相当于欧盟 2004 年的水平。

这两类经济体如此不同的表现主要是由人均收入水平和产业结构决定的。发展中经济体消费比重和人均收入水平偏低，因此，伴随着经济快速的增长、人均收入的提高和结构调整，在未来必然会提高消费的比重，从而增加由此带来的排放。而发达经济体的消费比重和收入水平已经很高了，而且经济增速保持低速增长，所以，在基准情景下，私人消费排放的增长空间已经很有限了，因此，未来私人消费排放的比重只能下降。

3.1.3.4　按能源产品的来源划分各经济体的排放

国家能源的来源不仅反映了该国的能源自给率，还反映了该国二氧化碳排放的最终来源。总的来说，大部分国家使用进口能源产品的比重不断增加。模型显示，八大经济体的平均能源进口比重从 2004 年的 16.6% 增加到

2050年的23.9%，增加7.3个百分点。由于本研究中并没有包括OPEC国家和能源富裕的生产大国[①]，因此，这八个经济体的平均能源自给率相对较低。然而，伴随着经济的不断增长，自身的能源供给很难满足经济需求，所以，进口能源产品的使用量不断增加。

虽然整体上进口比重增加，但各经济体的表现不尽相同。按照排放来源的变化趋势可以分为两类。第一类是进口能源比重逐渐上升，主要包括中国、欧盟、日本、印度和巴西五个经济体。平均来说，这五个经济体的进口比重从2004年的24.1%增加到2050年的36.8%，增加了12.7个百分点。其中，欧盟和印度的进口比重增加较大，分别增加了22.3个和16.8个百分点。欧盟是由能源产品自给率太低造成的，而对印度来说，还有一个重要原因是未来仍将保持相对高的经济增速。中国进口能源比重从2004年的3.5%上升到2050年的12.6%，增加了9.1个百分点，略低于五个经济体的平均进口增速。第二类是进口能源的比例基本稳定且有小幅的下降，主要包括美国、澳大利亚和南非三个国家。平均来说，这三个国家的进口比重从2004年的4%下降到2050年的2.6%。总体来说，进口和国产的能源结构基本稳定。这是因为这三个国家的经济增速基本较低而且能源产品的自给率相对较高。其中，澳大利亚和南非的煤炭以及美国的天然气都有很高的自给率水平。

3.1.3.5 按行业来划分各经济体的排放

模型预测了2010～2050年八大经济体分行业的二氧化碳排放（见表3－4）。从长期看，除了巴西[②]外，其他经济体的电力行业仍然是排放最多的行业。但是电力行业的排放增速会逐渐放慢。从各经济体的行业变化来看，可以分为两类，一类是行业排放结构变化较大的经济体（主要是发展中经济体）。以中国为例，在未来40年内，电力行业的排放增速最慢，2050年电力行业的排放仅是2010年的1.47倍。农业的排放增速最快，2050年农业的排放是2010年的3.93倍。这是由中国的农业现代化带来的能源需求快速

① 由于在本研究中，我们没有直接关注这些国家，因此，在GTAP数据库中这些国家直接被加总到其他国家中。

② 由于以水电为主，因此电力行业排放较少。

增加造成的。工业、交通和服务业的排放也将有较大的增加。与中国相似，印度和南非的工业和交通的排放都会增加，排放比重都会有较大的提高。另一类是行业排放结构变化不大的经济体（主要是发达国家）。以美国为例，由于其产业结构已经趋于稳定，因此其各个行业的排放变化幅度差别不大，2050 年是 2010 年的 1.5 ~2.5 倍。

表 3 -4　2010 ~2050 年八大经济体分行业的二氧化碳排放

单位：百万吨

行业	中国			美国			欧盟			日本		
	2010 年	2030 年	2050 年	2010 年	2030 年	2050 年	2010 年	2030 年	2050 年	2010 年	2030 年	2050 年
农业	163	396	641	59	82	87	71	91	88	32	32	26
工业	2044	3696	4914	1017	1538	2212	577	705	883	246	251	256
电力	3962	5598	5835	2738	3468	3997	1076	1386	1968	466	551	608
交通	390	813	651	1238	1324	1410	806	856	971	241	274	277
服务业	188	414	392	317	515	724	173	210	254	114	121	113
行业	印度			澳大利亚			巴西			南非		
	2010 年	2030 年	2050 年	2010 年	2030 年	2050 年	2010 年	2030 年	2050 年	2010 年	2030 年	2050 年
农业	1	2	3	6	7	6	22	29	24	6	15	13
工业	340	871	2050	63	130	294	110	145	188	93	149	165
电力	1093	2378	4710	270	516	557	34	55	90	330	461	497
交通	144	276	448	68	84	100	132	170	201	36	72	114
服务业	20	32	53	6	13	34	7	10	15	12	19	28

资料来源：动态 GTAP-Dyn-E 模拟结果。

3.1.4　主要结论

本部分利用全球动态能源和环境 GTAP-Dyn-E 模型预测了 2010 ~2050 年全球八大经济体基准情景下的二氧化碳排放。主要研究结论如下。

第一，在基准情景下，八大经济体中日本的二氧化碳排放会在 2045 年前后达到峰值，其他七个经济体的二氧化碳排放在 2050 年前都未能达到峰值。在未来的 40 年间，八大经济体的二氧化碳排放增速都会逐渐减慢，发展中经济体的增速明显高于发达经济体，因此，发展中经济体将是未来全球二氧化碳排放增加的主要贡献者。第二，通过将各国 BAU 下的二氧化碳排放与其承诺的排放对比，可以发现，各个经济体的承诺幅度差异较大。研究结果表明，南非和澳大利亚承诺的减排力度最大，而印度和中国承诺的减排力度相对较小。第三，从能源产品看，煤炭使用量的减少是各个经济体共同的趋势。使用石油和天然气的比例将逐渐提高，尤其是一些发达经济体（美国、欧盟和澳大利亚），未来天然气将取代煤炭或者石油成为最主要的能源。长期看，发展中经济体的主要能源仍然是煤炭。第四，从私人消费的平均排放和企业排放来看，对发达经济体来说，基本上两者的比例保持稳定；对发展中经济体来说，未来私人消费的平均排放的比例会逐渐提高。第五，从能源的来源看，大部分国家进口能源的比重将逐年增加。第六，从行业排放看，发展中经济体产业结构的变化会导致行业排放结构有较大变化，而发达经济体的产业结构较为稳定，所以其行业排放结构不会发生太大变化。

3.2 2025年、2030年和2040年中国二氧化碳排放达峰的经济影响

——基于动态 GTAP-E 模型*

摘　要： 伴随着全球气候变暖的加剧和国际社会谈判压力的加大，我国二氧化碳排放的峰值及其对经济的影响引起了社会的广泛关注。本节利用最新的动态 GTAP-E 模型分别分析了我国在 2025 年、2030 年和 2040 年二氧化碳排放达到峰值的宏观经济和产

* 本小节研究内容完成于2014年，研究年份较早尚无法考虑到当前环境政策的变化，因而在情景构建部分没有考虑到我国大力推动减排而带来的减排技术不断提升、减排成本可控、减排速度不断加快等内容，研究结论存在局限性。在目前我国能效、碳价格、可再生能源等环境政策不断推进的背景下，碳达峰和碳中和目标将在经济代价基本可控的基础上稳步实现。

业部门的影响。结果显示，达峰的时间提前将需要以较大的经济成本为代价，对我国经济增速产生一定的负面影响。模型结果还显示，碳减排会在一定程度上有利于我国内需结构的优化。从对行业的冲击结果来看，对煤炭、石油、天然气、成品油、电力、建筑、钢铁和水泥等高耗能行业和能源密集型行业的冲击较大，而对农业、食品、贸易和服务业等低排放行业的影响则较小。最后，本节提出了政策建议。

关键词： 二氧化碳　峰值　经济影响　GTAP-E

3.2.1　研究背景

随着全球气候变暖等现象越来越受到关注，以牺牲环境为代价，依靠大量消耗资源的传统经济增长方式已经难以为继。减少温室气体（尤其是二氧化碳）排放量不但已经成为经济发展的重要目标，而且也是国际气候谈判的重要议题，因此，作为世界上最主要的二氧化碳排放大国，中国的碳排放达到峰值，减排情景及其经济影响引起了世界的广泛关注。

目前，有很多文献对中国碳排放何时达到峰值进行了预测，但由于研究方法和考虑情景的不同，各方结论差异很大，峰值达到的年份各异。2009 年，由 2050 中国能源和碳排放研究课题组编著的《2050 中国能源和碳排放报告》指出，在基准情景下中国将在 2040 年达到碳排放峰值，在强化低碳情景下中国将在 2030 年达到碳排放峰值。2010 年联合国开发计划署和中国人民大学共同撰写的《中国人类发展报告 2009/10——迈向低碳经济和社会的可持续未来》认为，在基准情景下，中国的碳排放在 2050 年之前不能达到峰值，在减排情景下，中国能在 2030 年出现峰值，但会对经济增速产生一定的负面影响。2011 年中国社会科学院发布的《中国低碳城市发展绿皮书》认为，随着中国单位 GDP 能源消耗降低和能源消费结构逐步低碳化，中国二氧化碳排放将在 2035 ~ 2045 年达到峰值。

Garnaut、Howes 和 Jotzo 等（2008）基于 GDP 增长、GDP 能源弹性以及能源构成和不同能源碳排放因子，对中国 2030 年前的碳排放进行了预测。Ohara、Akimoto 和 Kurokawa 等（2007）利用 MERGE 模型预测了 2020 年前中国的碳排放。Zhou Nan、Fridley 和 Khanna 等（2013）将中国的碳排放趋势分为持续改善情景（CIS）和加速改善情景（AIS），通过模型测算得出中国在 CIS 下的碳排放将在 2033 年达峰，在 AIS 下的碳排放将在 2027 年达峰。此外还有一些文献讨论了能源效率变化对二氧化碳排放的影响。

姜克隽等（2009）利用 IPAC 模型进行模拟表明，在基准情景下，中国的碳排放将于 2040 年达到峰值，在强化低碳情景下，中国将于 2030 年达到峰值。朱永彬等（2009）利用内生经济增长模型 Moon-Sonn 模型进行模拟，得出的结果显示，在当前技术进步速率下，我国将分别在 2043 年和 2040 年达到能源消费高峰和碳排放高峰。岳超等（2010）采用 Kaya 恒等式的简单形式对我国 2050 年的碳排放进行了预测，并认为中国最可能的碳排放峰值年为 2035 年。渠慎宁和郭朝先（2010）利用 STIRPAT 模型对未来中国碳排放峰值进行了相关预测，他认为按照目前发展趋势，若在经济社会发展的同时保持碳排放强度合理下降，中国的峰值到达时间应为2020～2045 年。周伟和米红（2010）基于“能源—经济—环境”的 MARKAL-MACRO 模型和数理人口学中的 Keyfitz 模型，设定了能源消费的三种情景。结果表明，在基准情景下，中国的二氧化碳排放在 2042 年达到峰值，为 118.47 亿吨；在能源结构优化情景下，二氧化碳排放在 2036 年达到峰值，为 107.53 亿吨；在气候变化约束情景下，二氧化碳排放在 2031 年达到峰值，为 94.72 亿吨。

要想使中国碳排放较早达到峰值，就必须采取减排措施。因此，现有很多文献都对我国二氧化碳减排的经济影响进行了分析研究。总的来说，目前比较主流和权威的方法是采用 CGE 模型，这类方法不但可以捕获到直接影响，还能识别出相应的间接影响，所以，CGE 经常被用来测算减排的经济影响。这方面的研究如陈文颖等（2004）利用混合模型 MARKAL-MACRO 测算了不同二氧化碳减排情景对中国经济的影响。韩一杰和刘秀丽（2010）

在不同的减排目标和不同的 GDP 增长率的情景假设下，测算了我国实现二氧化碳减排目标所需的增量成本和经济影响。王灿等（2005）也利用 TEDCGE 模型分析了不同减排率对经济的影响。此外，还有一些文献研究了中国不同区域实施相同和差异化减排政策产生的不同经济影响（何建武、李善同，2010；李娜、石敏俊、袁永娜，2010；Liu J.，Feng，Yang，2011；Liang Q. M.，Wei，2012）。

总的来说，现有研究大部分存在三点局限。第一，大部分文献主要研究排放峰值年份或者减排的经济影响，很少有研究将二者结合起来，从而研究分析碳排放峰值在不同年份到来的经济影响。第二，大部分减排的经济影响的研究基于国家或分省份 CGE 模型。这一类模型如果从全球角度来看，其实都属于局部均衡模型。由于这些模型通常假设国家的贸易（进口和出口）是外生给定的，因此不能反映出我国减排政策的冲击对国外经济体产生的溢出和反馈效应。也就是说，这类局部均衡模型并没有考虑经济体之间贸易和投资的关联效应。第三，动态机制过于简化。上述模型主要的动态链接是通过投资和资本的动态累积来实现的。实际上，还需要考虑在本国的外资以及在国外的本币投资，以及均衡回报率的实现路径和实现时间等机制。

为克服上述局限，我们采用全球动态贸易和能源模型（GTAP-E）来分析减排政策对我国的经济影响。GTAP-E 有两个方面的优势：一是该模型是全球模型，可以从全球的视角来评估减排政策对我国的经济影响；二是该模型的动态机制除了考虑投资和资本的累积之外，还考虑了国内投资中资本的所属权和均衡路径等动态机制。

本节主要回答的问题是：我国的二氧化碳排放在 2025 年、2030 年和 2040 年达到峰值对我国经济影响有多大？是否达峰时间不同对我国的经济影响也有很大的差异以及对我国各个行业的影响程度怎样？是否高耗能、高排放的行业受到的冲击要比其他行业大？

本节分为四部分：3.2.1 为研究背景；3.2.2 为模型介绍和情景设定；3.2.3 为模型结果分析；3.2.4 为结论和政策建议。

3.2.2 模型介绍和情景设定

动态 GTAP-E 模型的具体介绍见 3.1.2 研究方法和模拟方案。根据中国社会科学院工业经济研究所“973”课题组（2012）的研究，在考虑了我国未来人口、工业化、城市化、高耗能产业的发展和人均 GDP 几个方面的情况下，根据能源消费量变化趋势、能源结构优化、能源效率改进和技术进步四个方面因素，将我国未来二氧化碳排放设定为四个情景，分别为基准情景（参考情景）、节能情景、强化节能情景和超强节能情景四个情景，其中后三个情景为政策情景，分别假定我国在 2025 年、2030 年和 2040 年二氧化碳排放达到峰值。四个情景的设置如下。

基准情景（S_{00}），即能源战略以满足经济增长需要为目标，以保障供应和能源安全为主要着力点，适度考虑节能和减排目标，具体数据见表 3－5 和表 3－6。在基准情景下，中国二氧化碳排放将继续增加，但增速呈逐渐放缓趋势，2050 年达到 144.9 亿吨，相当于在 2010 年（72.5 亿吨）排放的基础上翻一番。同时，在基准情景下我国的二氧化碳排放也不会出现峰值（见表 3－7）。

节能情景（S_{40}），即继续保持现有节能政策取向，根据经济发展阶段、经济承受能力和技术水平选择适当的节能战略，其主要政策背景是中央政府仍保持较大的节能减排政策力度，同时积极利用市场机制推动企业自主节能，具体数据见表 3－5 和表 3－6。在节能的情景下，中国二氧化碳排放将在 2040 年达到峰值（是绝对量的峰值，不是增速的峰值），之后排放呈回落的态势。在 2040 年达峰时排放达到 118.9 亿吨，2050 年回落到 111.4 亿吨，大致相当于该情景在 2028 年的排放水平。

强化节能情景（S_{30}），即在节能情景的基础上，进一步强化节能力度，通过财政、税收、技术支持等措施积极推进严格和约束性节能战略，同时大力推进能源市场改革，充分利用市场机制和能源价格杠杆进一步强化节能力度、控制温室气体和助燃物排放，具体数据见表 3－5 和表 3－6。在强化节能情景下，中国二氧化碳排放将在 2030 年达到峰值，之后排放呈回落的态势。在 2030 年达峰时排放达到 106.3 亿吨，2050 年回落到 92.9 亿吨，大致相当于该情景在 2020 年的排放水平。

超强节能情景（S_{25}）：在强化节能情景基础上，制定更为严格的节能目标，并以此作为经济社会发展的约束条件，同时采用税收优惠等方式鼓励新能源和可再生能源开发利用，利用征收碳税的方式限制化石能源利用，通过技术补贴推进节能减排的技术创新与推广，具体数据见表 3－5 和表 3－6。在超强节能情景下，中国二氧化碳排放将在 2025 年达到峰值，之后排放呈回落的态势。在 2025 年达峰时排放达到 96.9 亿吨，2050 年回落到 77.8 亿吨，大致相当于该情景在 2013 年的排放水平。

表 3－5　四个情景下的能源强度变化

单位：吨标煤/元

情景	2010 年	2015 年	2020 年	2025 年	2030 年	2035 年	2040 年	2045 年	2050 年
基准情景	1.03	0.87	0.76	0.66	0.58	0.52	0.46	0.41	0.37
节能情景	1.03	0.86	0.74	0.63	0.54	0.47	0.41	0.35	0.31
强化节能情景	1.03	0.85	0.72	0.6	0.51	0.44	0.38	0.32	0.28
超强节能情景	1.03	0.83	0.69	0.56	0.46	0.38	0.33	0.28	0.24

资料来源：由中国社会科学院工业经济研究所“973”课题组提供。

表 3－6　四个情景下的能源结构变化

单位：%

情景	指标	2010 年	2015 年	2020 年	2025 年	2030 年	2035 年	2040 年	2045 年	2050 年
基准情景	煤炭比重	69.05	63.21	58.91	57.30	55.97	54.64	53.44	51.42	49.58
	石油比重	18.05	17.66	17.41	15.96	14.89	14.24	13.68	13.47	13.28
	天然气比重	3.98	5.57	6.60	7.26	7.74	7.60	7.47	7.51	7.55
	非化石比重	8.92	13.56	17.08	19.48	21.40	23.52	25.41	27.60	29.59
节能情景	煤炭比重	69.05	63.49	58.49	55.52	52.07	50.61	48.27	45.01	41.14
	石油比重	18.05	17.79	17.86	16.88	16.47	15.76	15.46	15.51	15.76
	天然气比重	3.98	5.61	6.77	7.68	8.57	8.41	8.44	8.65	8.97
	非化石比重	8.92	13.11	16.88	19.92	22.89	25.22	27.83	30.83	34.13
强化节能情景	煤炭比重	69.05	63.79	57.46	53.83	50.87	47.37	43.36	39.38	34.61
	石油比重	18.05	17.60	18.24	17.45	16.81	16.71	16.82	16.98	17.39
	天然气比重	3.98	5.55	6.91	7.94	8.74	8.91	9.18	9.47	9.89
	非化石比重	8.92	13.06	17.39	20.78	23.58	27.01	30.64	34.17	38.11

续表

情景	指标	2010 年	2015 年	2020 年	2025 年	2030 年	2035 年	2040 年	2045 年	2050 年
超强节能情景	煤炭比重	69.05	62.94	56.67	53.29	47.69	43.39	39.10	33.96	28.93
	石油比重	18.05	17.79	18.35	17.45	17.70	17.78	17.90	18.31	18.71
	天然气比重	3.98	5.61	6.96	7.94	9.20	9.48	9.77	10.21	10.64
	非化石比重	8.92	13.66	18.02	21.32	25.41	29.35	33.23	37.52	41.72

资料来源：由中国社会科学院工业经济研究所“973”课题组提供。

政策冲击的设定：我们假定我国的二氧化碳排放分别于 2025 年、2030 年和 2040 年达到峰值，然后通过调整相应年份政府征收的碳税来实现达峰的时间和排放总量。原则上来说，这属于利用一种约束性的减排方式来进行模拟冲击。

3.2.3 模型结果分析

3.2.3.1 宏观经济影响

（1）中国经济增速将会受到一定的负面影响

与基准情景相比，在 S_{25}、S_{30} 和 S_{40} 三种政策情景下，2050 年中国实际 GDP 增速分别累计下降 20.9%、14.8% 和 8.7%，因此，中国征收碳税减少二氧化碳排放将对经济造成负面影响。可以看出，碳排放的不同达峰时间对经济的影响存在差异。这主要有两个方面的原因。第一，二氧化碳排放总量不同。这是因为在情景假定时，排放达峰时间越早，2010～2050 年我国总排放的二氧化碳就越少，所以，对整个经济的冲击较大。如表 3－7 所示，在 S_{25} 下，我国 9 个时点的累计排放为 783.2 亿吨，而在 S_{40} 下，累计排放为 941.9 亿吨。第二，经济结构的差异。由于达峰时间越早也就意味着我国将较早出现二氧化碳排放的绝对量下降，而当前碳排放主要是来自此时占我国经济比重较高的第二产业，因此越早减排达峰对整个经济的冲击就越大。从模型来看，中国经济的下降是由国内资本存量下降所致。征收碳税导致国内企业的资本回报率下降，直接减少了国内的总投资，所以导致资本存量下降，从而使中国 GDP 出现收缩。另外，经济活动放缓导致间接税收入下降，也对整体经济增长下降产生一定的负面影响。

表 3－7　中国 2010～2050 年排放达峰的情景设定

单位：亿吨

情景	2010 年	2015 年	2020 年	2025 年	2030 年	2035 年	2040 年	2045 年	2050 年
S_{00}	72.5	85.8	98.3	113.8	126.7	135.0	140.3	143.6	144.9
S_{25}	72.5	81.0	89.4	96.9	95.8	94.2	90.3	85.3	77.8
S_{30}	72.5	83.4	92.3	100.9	106.3	106.2	104.8	100.1	92.9
S_{40}	72.5	85.0	96.1	107.8	115.6	118.7	118.9	115.9	111.4

资料来源：由中国社会科学院工业经济研究所“973”课题组提供。

（2）中国的消费需求将下降而外贸出现一定的盈余

从需求侧来看，中国整体经济的增速下滑，带动国内消费需求收缩。表 3－8 显示，在三种政策情景下，中国私人消费和政府消费均出现下降，而且政府消费下降的幅度小于私人消费。这是由于模型中认为政府消费不产生排放，因此政府消费受到的冲击较小。外贸出现同时下降的局面，其中进口下降的原因是本国经济收缩导致对进口产品的需求下降，尤其是投资需求；出口下降的原因是实际汇率升值导致出口产品价格上涨。但总的来说，进口下降的幅度超过了出口，所以，外贸将取得一定的盈余。同时，本国的实际汇率上升导致贸易条件也得到改善。模型结果显示，碳税的征收将优化我国的内需结构，因为投资下降的幅度超过了消费，所以投资与消费比例的变化将在一定程度上优化我国的内需结构，征收碳税对促进我国的发展方式转变和结构调整有一定促进作用。

表 3－8　中国 2025 年、2030 年和 2040 年排放达峰的宏观经济影响（以 2050 年累积影响为标准）

单位：%

年份	GDP	投资	私人消费	政府消费	出口	进口	物价
2025	－20.86	－40.56	－15.77	－5.55	－10.10	－14.04	13.47
2030	－14.79	－31.55	－10.95	－3.98	－5.62	－10.48	8.24
2040	－8.68	－19.33	－6.22	－2.33	－3.00	－6.20	4.33

资料来源：动态 GTAP-E 模拟结果。

3.2.3.2　产业影响

总体来看，减少碳排放对我国所有行业都会有不同程度的负面影响，并且达峰时间的不同对行业的影响存在差异。平均来看，2025 年、2030 年和 2040 年达峰对 17 个行业的产出平均下降幅度分别为 31.9%、24.5% 和 15.8%。而且从受到行业冲击大小的趋势看基本相同，其中下降较大的有石油、天然气、煤炭、建筑业、电力和成品油等行业，受到冲击较小的行业有农产品、食品、贸易和服务业等（如表 3－9 所示）。

表 3－9 中国在不同年份排放达峰的行业产量变化（以 2050 年累积影响为标准）

单位：%

行业	2025 年	2030 年	2040 年
农产品	－10.2	－6.7	－3.6
食品	－12.4	－8.3	－4.6
煤炭	－49.5	－37.5	－23.4
石油	－91.2	－79.5	－56.6
天然气	－59.4	－51.1	－38.9
成品油	－31.4	－22.9	－13.7
电力	－39.7	－29.9	－18.7
建筑业	－39.4	－30.6	－18.7
贸易	－18.4	－13.0	－7.6
钢铁	－31.5	－23.1	－14.1
制造业	－22.6	－16.0	－9.5
其他运输业	－20.0	－14.4	－8.6
海运	－22.4	－16.2	－9.7
航空	－20.4	－14.4	－8.5
化工	－27.1	－19.3	－11.6
矿产品	－30.3	－22.7	－13.8
服务业	－16.0	－11.4	－6.6

资料来源：动态 GTAP-E 模拟结果。

从这些行业的影响因素来看，可以将行业变化分为两大类。第一类是能源行业（煤炭、石油、天然气、成品油和电力）的变化，第二类是非能源行业（其余 12 种产品）的变化。总体来说，对能源行业的冲击较大，而对非能源行业的冲击相对较小。

（1）对能源行业的产出的影响

其中，第一类能源行业主要是由于需求的减少和成本冲击出现产出下降和价格上涨。首先是碳税的征收提高了能源产品的使用价格，从而直接导致对这些产品需求的减少，这会使能源行业的产出和价格出现同时下降。但是，我们发现能源行业的价格不但没有下降反而出现了大幅上涨，这是因为这些能源行业的投入结构中能源产品本身有很大的比重，所以，直接对其征收碳税导致它们的投入成本大幅上升，从而使其出现价格上升和产出下降的态势。其中，煤炭、石油、天然气、成品油的产出变化属于这一类。

为什么原油行业的产出降幅远远大于其他能源产品？从原油使用结构来看，约 90% 原油用来提炼成品油，所以，成品油的产出变化直接影响原油的产出。但是成品油产出只下降了 31.4%，只有原油产出下降的 1/3。这有两个方面的原因。第一，与进口原油相比，国产原油价格变得更高。征收碳税导致本国成品油价格大幅上涨，而进口原油价格变化很小，从而直接导致成品油行业大量使用进口原油以替代国产原油。第二，国内总使用的进口原油份额远远高于国产原油份额。模型数据库显示，国内成品油行业使用的原油中超过 80% 来自进口原油，而国产原油只有 20%。所以，巨大的原油进口份额也强化了价格替代效应产生的作用，从而使国产原油价格进一步下降。

另一个需要解释的问题是，通常认为电力行业二氧化碳排放比较大，但是为什么在能源行业中下降的幅度不大？这是因为在排放数据库中，各个行业对电力产品的直接需求不产生排放，也就是说，对于电力行业，我们以生产侧的排放计算，不使用终端或者消费侧的计算方式。只有电力行业生产时才排放二氧化碳，因此，与其他能源行业不同，电力行业只受到供给侧的冲击，没有直接受到需求侧的冲击。所以，对电力行业的冲击相对较小。此外，电力行业使用的能源产品是允许被替代的，而其他能源行业的则不被允许。这是因为其他行业使用能源产品更多的是转化而不是燃烧消耗，所以不能产生替代。总的来说，电力行业受到的冲击要相对较小。

在所有能源产品中，成品油的产出下降最小。这主要是因为成品油行业受到的成本冲击相对较小。GTAP-E 第七版的二氧化碳排放数据库显示，成品油行业的排放只来自天然气投入的燃烧，对于煤炭和原油的使用不产生排放而主要是转化。而且天然气占成品油行业的成本份额只有不足 0.0001，因此，与其他几种能源行业相比，直接征收碳税对成品油行业的成本冲击影响很小。

(2) 对非能源行业的产出的影响

第二类非能源行业的产出和价格变化主要受到排放成本的冲击和影响。由于征收碳税直接推高了非能源行业使用能源投入产品的价格，因此，成本上升导致这些行业的产出下降和价格上涨。由于没有受到直接需求的冲击，因此，整体对非能源行业的产出影响较小。但是，在非能源行业中，一些行业的产出也受到很大的冲击，如建筑业、钢铁和矿产品。这是由上下游行业的关联效应拉动所致。其中建筑业中超过 90% 被用作投资，所以，整体投资下降导致其产出下降。而钢铁和矿产品主要用作建筑业和制造业，因此，下游行业的产出下降导致上游行业收缩。

3.2.4 结论和政策建议

我们采用动态 GTAP-E 模型对我国在 2025 年、2030 年和 2040 年三个情景下二氧化碳达峰进行了模拟分析。主要的结论和政策建议如下。第一，我国二氧化碳排放达峰时间面临艰难抉择。一方面，测算表明，我国碳排放达峰时间提前将对经济增速产生一定的负面影响；另一方面，伴随着经济的快速增长和人均 GDP 的提高，我国很快就由发展中国家迈入中等发达国家的行列，如何在气候变化领域做一个负责任的大国，也是需要我们直面的问题。第二，征收碳税减少排放对我国内需结构调整有促进作用。测算结果表明，在政策情景下，与消费支出相比，投资下降的幅度更大，所以，提高我国 GDP 中的消费比重，降低投资份额，可以达到改善、调整我国内需结构的效果。一个显而易见的政策含义是，征收碳税将对我国的发展方式转变起到一定的促进作用。第三，征收碳税对高耗能行业和能源密集型行业的冲击较大。由于这类行业使用的化石能源份额较大，属于高排放的行业，因此征收碳税对这些行业的冲击较大。另外，上下游行业的关联效应导致一些行业受到很大的负面冲击。投资的下降导致对建筑业的需求下降，从而诱发了一系列行业扩散效应，进一步导致钢铁和水泥等行业产生很大的负面影响。这也就意味着征收碳税、减少排放会在一定程度上对我国的产业结构调整和优化有促进作用。尤其是，当前我国高耗能产业面临产能严重过剩的局面，因此产业调整的政策含义就显得尤为重要。

3.3　气候变化下出口限制对粮食安全的加剧影响

——以大米为例的替代指标分析

摘　要： 气候变化对粮食安全的影响已经得到广泛的讨论，然而由气候变化引起的粮食出口限制对粮食安全的影响却很少被提及。本研究以大米为例，基于自给率和家庭消费指标，应用全球经济模型探究了气候变化和粮食出口限制对粮食安全的影响。研究表明，家庭消费指标比自给率指标更适合反映气候变化和出口限制对粮食安全的影响。在全球一半以上的地区，出口限制对粮食安全的影响远远超过气候变化的影响。基于家庭消费指标，大米出口限制对每个国家（地区）的影响取决于其在全球市场的地位以及该国（地）对出口限制政策的选择，而影响大小取决于大米消费价格的相对变化和每个地区的富裕程度。面对气候变化，缺少出口限制的地区大米家庭消费量将受到负面影响。值得关注的是，并非所有执行出口限制的地区都会从限制性政策中受益，只有大米净出口国（地）略有受益，而净进口国（地）则受到负面影响。出口限制政策将使气候变化的负面影响从南亚传递到非洲和中东。在制定缓解政策方面，实行出口限制的大米主要出口国（地）以及与其有密切贸易往来的较贫穷地区应受到更多关注。

关键词： 气候变化　出口限制　家庭消费　自给率　CGE 模型

3.3.1 摘要

温室气体浓度上升导致的气候变化对全球粮食安全产生了负面影响，这引起了学者和政策制定者的广泛关注。粮食安全是指在确保粮食数量和质量的基础上，提供实现个人营养饮食的基本食物。气候变化通过改变温度和降水的时空分布以及水、土地、生物多样性和陆地资源的可用性来影响农业生产，从而影响粮食安全（Cui et al.，2018；He，2019）。许多研究已经通过产量变化和价格波动定量研究了气候变化对粮食安全的影响（Campbell et al.，2016；Moore et al.，2017）。气候变化引起的农作物减产和粮食价格上涨将威胁到各地区的粮食供应，同时加重全世界的贫困程度（Ren et al.，2018）。

然而，现有文献很少讨论气候变化和粮食出口限制的协同影响。气候变化将刺激一些国家限制粮食出口，从而确保国内的粮食供应并以此稳定粮食价格（Rude and An，2015；Beckman et al.，2019）。Headey 等（2010）的研究表明，干旱、出口限制和恐慌性购买行为是 2008 年全球粮食危机期间大米出口价格上涨的主要驱动力，这将粮食市场紧缩的形势转变为全球性的危机。Fan（2020）还发现，因为 2008 年全球的大米供应并不短缺，所以该年的粮食危机很可能是由出口禁令或出口税等政府恐慌行为造成的。粮食危机期间，全球近 1/4 的国家对粮食出口实施了限制性政策（Estrades et al.，2017）。例如，越南在 2007 年实施的出口限制使其大米出口量减少 25%；印度在 2007 ~ 2008 年由于气候灾害水稻产量下降，限制了大米出口（Dawe，2012）。粮食出口限制将扩大气候变化导致的全球粮食供需差距，并将进一步降低全球贫困人口的生活水平。

尽管有少数研究探讨了气候变化和出口限制政策的综合影响（Fellmann et al.，2014；Tanaka and Karapinar，2019），但这些研究既没有比较气候变化和出口限制对每个国家的影响、系统揭示其在国际贸易下的影响机制，也没有指出易受影响的国家。例如，Tanaka 和 Karapinar（2019）应用蒙特卡洛方法建立随机可计算一般均衡全球贸易模型进行研究，结果表明，气候变化导致水稻产量波动加剧并带来福利损失，如果各国实施出口限制将进一步扩大福利损失，然而该研究没有考虑未来气候变化对农作物产量的影响。Fellmann 等（2014）使用 AGLINK – COSIMO 模型评估了俄罗斯、乌克兰和哈萨克斯坦实施的出口配额和关税政策对小麦的影响。结果表明，尽管出口限制政策导致了这些国家的国内小麦价格下降 3% ~61%，消费量增加 2% ~19%，但全球小麦出口将下降 1% ~6%，同时全球小麦价格将上涨 1% ~11%。本研究评估了小麦出口国实施出口限制的全球影响，但忽略了其对小麦进口国的异质性影响。

已有研究使用了不同指标衡量粮食安全，可以将其分为三大类，包括可得性、可及性和可用性（Xie et al.，2020；Chen et al.，2019）。第一类指标包括粮食供应（如国内生产和进口食品的总量）、粮食自给率、营养不良发生率和相对膳食供应指数（即该国膳食能量供应的比例）（Reddy，2016；Dithmer and Abdulai，2017）。这些指标可以直接反映一个国家的粮食生产能力并衡量粮食供需缺口，但并没有考虑家庭之间的食物分配。第二类指标与粮食获取难易程度有关，包括家庭粮食消费、低收入家庭的粮食支出份额以及与粮食购买有关的其他指标（如国际粮食价格、国内粮食价格波动和政治稳定性等）（Wossen et al.，2018；Taghizadeh – Hesary et al.，2019；Amolegbe et al.，2021）。这些指标可以有效反映家庭可获取的食物数量及一个国家的饥饿状况。然而，这些指标无法从缺乏维生素和矿物质等微量营养素的角度来定义营养不良。第三类指标与粮食利用有关，包括食品消费得分和家庭膳食多样性得分（Aweke et al.，2021），主要用来衡量家庭可以摄入的营养物水平。此外，全球饥饿指数（GHI）和全球粮食安全指数（GFSI）根据三个分类对各国进行排名（Chen et al.，2019；Izraelov et al.，2019）。然而，这一类指标（如 GFSI）的计算非常复杂，需要大量的数据源（Jones et al.，2013；Chen et al.，2015）。

在评估气候变化影响时，已有研究大多将自给率作为食品安全的重要指标，而忽略了消费者的实际购买力。大量的研究结论表明气候变化降低了自给率（Clapp，2017；Wei et al.，2019）。Xie 等（2020）发现，在 RCP 2.6 和 8.5 情景下，2050 年中国小麦产量将分别下降 4.83% 和 9.39%，小麦自给率将分别下降0.48个百分点和1.37个百分点。根据Wei等（2019）的研究，在RCP 8.5情景下，若不进行CO_2施肥，2100年印度和中国的小麦自给率将分别下降0.75个百分点和0.28个百分点，欧盟的自给率将增加9.5个百分点。然而，由于忽略了国际贸易在粮食安全方面的作用，粮食安全并不等同于自给率。拥有高效的、有弹性的全球粮食供应链，即使自给率较低，各国也可以便捷地以相对较低的价格购买粮食。例如，尽管新加坡的自给率非常低，但其在GFSI榜单上名列前茅。因此，本研究使用家庭消费作为衡量粮食安全的替代指标，因为它与家庭的卡路里和营养摄入量直接相关。

然而，文献也表明，粮食价格对气候变化的敏感性远高于粮食生产和自给率（Zhang et al.，2019）。例如，在HadCM2情景下，到21世纪80年代，生产损失将导致全球谷物价格上涨17%（Parry et al.，1999）。Parry等（1999）应用基本关联系统（BLS）发现，随着产量的大幅减少，在A2情景中，以1990年的价格为基准，2020～2080年全球谷物价格将上涨20%～160%。假设家庭收入恒定，粮食价格在气候变化冲击下面临上浮压力，消费者可能无法购买足够的食物来满足日常需求，这将增加营养不良的风险，特别是在亚洲和非洲的欠发达国家（Ali and Erenstein，2017；Olayide and Alabi，2018）。

基于此，本研究试图探究粮食出口限制在加剧气候变化对粮食安全损害方面的影响机制，并识别易受影响的国家。根据粮食安全的不同维度计算多个粮食安全指标。自给率用于衡量食品可得性，而家庭食品消费和国际食品价格用于衡量食品可及性。本研究对该领域的贡献有以下三个方面：第一，本研究评估了在气候变化的背景下，粮食出口限制对不同地区粮食安全的影响；第二，除了全球大米价格和自给率外，本研究还使用各地区大米家庭消费指标来衡量粮食安全水平，并检验了该指标相较自给率在气候变化和出口限制措施中对粮食安全影响的适用性；第三，本研究确定了影响全球大米供应的主要地区和易受气候变化或出口限制影响的脆弱地区，揭示了出口限制通过国际贸易的传导机制。

本节其余部分结构如下：3.3.2将介绍气候变化和出口限制的仿真模型

和政策情景，3.3.3讨论不同情景下食品出口限制对大米自给率和家庭消费影响的模拟结果，3.3.4为结论与讨论，3.3.5为政策启示。

3.3.2 仿真模型与政策情景

3.3.2.1 GTAP模型

全球贸易分析项目模型（GTAP）是普渡大学开发的一个多地区、多部门的经济均衡模型。经过长期的系统改进，其为分析贸易、环境、人口、能源和气候变化等各种问题提供了有效的方法（Zhang et al.，2019；Yuan et al.，2020）。该模型使用GEMPACK软件求解，以新古典经济理论为基础，假设市场是完全竞争的，规模报酬不变。假设生产者追求利润最大化，消费者追求效用最大化，所有产品和投入市场都是明确的，因此总供给和总需求决定了内生变量的值，如价格、工资和土地租金等，各地区通过商品贸易联系在一起。此外，该模型还包含土地、资本、熟练劳动力、非熟练劳动力和自然资源五种要素，以及居民家庭、政府和企业三个主体。

企业的每个生产活动都是中间产品和要素的组合。与许多其他CGE模型一样，其生产结构基于一系列嵌套的恒定替代弹性函数，旨在重现整个输入集的替代可能性。顶层嵌套由中间需求和增加值两个部分组成。第二层嵌套将上一层的两个部分分解为各自的组成部分，一个是对单个中间产品的需求，另一个是对初级要素的需求。底层嵌套使用Armington假设，允许国内生产和进口商品之间的不完全替代。

对于居民而言，代表消费者偏好的特定函数形式是常数弹性替代效用函数（CDE）。CDE函数可以适应不同的消费者行为，并且仅需要少量参数来估计需求关系（Burniaux and Truong，2002）。政府消费的描述采用柯布－道格拉斯函数，投资支出的子效用函数，如总投资，用里昂惕夫效用函数来描述。GTAP模型允许资本和劳动力在每个国家或地区的生产部门之间流动，而土地和自然资源在农业部门之间不完全流动。在闭合设定中，我们假设国内就业水平是固定的。

3.3.2.2 数据描述

本文采用了 Version 10 GTAP 数据库（Aguiar et al.，2019）。它以 2014 年为基准，包含 141 个国家（地区）、65 个生产部门和 5 个主要生产要素。除此之外，本研究将原来的 141 个国家（地区）汇总为 65 个国家（地区）。2014 年其中的 59 个国家（地区）[①] 合计占全球大米生产和贸易的 85% 以上。因此，本研究包含了实施出口限制将产生重大全球影响的主要大米生产国（地）和出口国（地），以及更容易受到出口限制影响的大米进口国（地）。最终 65 个生产部门被归为 29 个生产部门，除了农产品（加工食品部门的其余部分）、制造业（制造业部门的其余部分）和服务业（服务业部门的其余部分）外，剩下 26 个生产部门涵盖了全球大米部门的主要上游和下游部门。过往的研究通过对 GTAP 模型应用递归动态模拟方法，开发了将 GTAP 数据库更新到新基准年的方法（Ianchovichina and Walmsley，2012；Dixon and Rimmer，2001）。根据 2014～2019 年各国（地）GDP、人口、非熟练劳动力和熟练劳动力的变化趋势（CEPII，2016），我们将 GTAP 数据库更新为新的基准年 2019 年。

3.3.2.3 情景和冲击

本研究建立了两种情景来评估与气候变化相关的出口限制政策对粮食安全的影响。第一种情景是气候变化情景（命名为 CC 情景），在模型中只引入气候变化对大米产量的影响。第二种情景考虑了气候变化及出口限制的影响（命名为 CCER 情景）。气候变化将对粮食生产产生负面影响，刺激各国（地）执行出口限制政策，减少粮食出口，确保国（地）内粮食供应。因此，面临粮食安全威胁的国家（地区）更有可能采取出口限制措施。CCER 情景同时模拟了气候变化和出口限制政策的影响，通过比较 CC 和 CCER 情景结果，可以揭示出口限制政策对粮食安全的影响。气候变化对大米产量和出口限制政策的影响计算如下。

（1）气候变化对大米产量的影响

本研究参考 Xie 等（2020）的方法，气候变化对各国大米产量的影响通

---

① 不包括 ROC（大洋洲其他地区）、RAS（亚洲其他地区）、RAM（美洲其他地区）、RMN（中东和北非其他地区）、RSSA（撒哈拉以南非洲其他地区）和 ROW（世界其他地区）。

过基于过程的生物物理作物模型、农业技术转移决策支持系统模型及以2010年为基准年的2011~2050年IPCC RCP情景进行刻画。这些作物在农业技术转移决策支持系统（Decision Support System Agrotechnology Transfer, DSSAT）的产量变化主要取决于降水和温度的变化。虽然预计大部分热带地区的大米产量将因降水减少而下降，但多数温带地区的大米产量将随着气温上升而增加。为了展示气候变化最严重的影响，本研究采用IPCC RCP 8.5情景下不同地区2011~2050年的产量变化结果，以65个国家（地区）的大米产量变化表示土地生产率变化，并将这种变化引入GTAP模型中。

根据Xie等（2020）的研究，全球大米产量平均下降5.4%。大部分地区大米产量将下降，例如巴基斯坦、印度、美国、西亚地区、大洋洲地区以及其他32个国家（地区）。作为大米主要出口国（地），印度大米产量预计比基准年下降17.8%。其他主要大米出口国（地）产量也将遭受重大损失，如巴基斯坦（-46.2%）和越南（-10.3%）。在其他17个国家（地区），RCP 8.5情景下预计大米产量将增加，其中乌克兰增幅最高（49.9%），其次是伊朗（32.4%）和北非其他地区（23%），其余地区的增幅普遍低于20%。由于阿拉伯联合酋长国、新加坡、沙特阿拉伯和加拿大等国家（地区）的水稻种植较少，在数据无法获得的情况下，本研究认为这些国家（地区）的大米产量在RCP 8.5情景下保持不变。

（2）大米出口限制

本研究假设气候变化威胁国（地）内粮食供应时，曾实施大米出口限制的国家（地区）可能会再次实施限制。在过去几十年里，印度、孟加拉国和中国等主要大米生产国（地）通过限制大米出口来维持国（地）内粮食供应并保证大米价格的较小波动。我们基于Estrades等（2017）的研究，获得了2005~2015年各国（地）实施大米出口限制的数据，农业出口限制包括出口税、部分/完全禁令、配额限制和许可证要求。由于出口配额和许可证要求难以量化，本研究将重点关注2005~2015年最常应用的出口限制，即从价税（ADV）、特定税（SPE）和出口禁令（见表3-10）。

虽然各国（地）倾向于采用不同的出口限制政策，但大多数国家（地区）都实施了出口禁令。多数国家（地区）采用单一出口限制政策。在只实施出口禁令的国家（地区）中，孟加拉国出口禁令拥有最高的执行频率和最长的执行时间，在2005~2015年实施了8次禁令，平均持续时间为349天，其次是印度。一些国家（地区）倾向于征收出口税而非实施出口禁令来保证国（地）内大米供应，中国和阿根廷只采用了ADV，尼泊尔只采用了SPE。埃及、越南实施了一种以上的出口限制政策。2005~2015年，阿根廷实施出口税的频率最高，ADV平均税率为7%。

表3-10　2005~2015年出口税（ADV和SPE）及出口禁令统计汇总

国家(地区)	ADV			SPE			出口禁令		
	年数	均值(%)	最大值(%)	年数	均值(美元/吨)	最大值(美元/吨)	年数	均值(天/年)	最大值(天/年)
阿根廷	11	7	10						
孟加拉国							8	349	365
中国	2	4	5						
埃及				6	309	365	2	309	342
印度							3	145	252
尼泊尔				8	12	14			
东南亚其他地区							2	127	189
委内瑞拉							2	241	365
越南	3	2	3				1	102	102

资料来源：各国海关总署及https：//ageconsearch. umn. edu/record/256421。

本研究采用2005~2015年各国实施的最高出口限制来估计极端负面影响。为了实现这一点，SPE和出口禁令被转换为等价的ADV。第一，如果SPE或ADV仅在该年的某些时间执行，通过将税收乘以全年执行税收的天数比例来计算出口税收冲击。第二，通过将SPE与国际货币基金组织相应年份的世界平均大米价格相乘，将其转化为等价的ADV（IMF，2019）。第三，利用GTAP模型进行模拟，将出口禁令转化为等价的ADV。除了外生大米出口量和内生出口税之外，本研究使用与上述相同的闭合及模型，通过冲击外生的大米出口量计算实施出口禁令的ADV当量。出口数量变化的计算方式如下。如果出口禁令只在一年中的部分时间实施，假设出口数量的下降等于全年出口禁令执行天数的比例。如果出口禁令在全年执行，则假定出口数量占比下降95%，以避免数量变化低于-100%造成模拟误差。最后，从应用的ADV中取较大值，并从SPE和出口禁令转换的等价ADV中选择出口限制（见表3-11）。

表3-11　不同地区水稻和大米出口税的变化（ADV）

单位：%

国家(地区)	水稻	大米
阿根廷	10.0	10.0
孟加拉国	27.8	50.5
中国	5.0	5.0
埃及	27.1	49.3
印度	23.3	36.7
尼泊尔	2.0	2.0
东南亚其他地区	10.2	22.3
委内瑞拉	27.1	49.5
越南	9.8	14.8

资料来源：笔者计算。

3.3.2.4　大米自给率指标和大米家庭消费指标

大米自给率指标是大米自给率在一个地区的变化百分比，定义为国（地）内大米产量与国（地）内大米消费量的比例（Clapp，2017）。方程如下：

$$S(r) = \frac{Q(r)}{C(r)} \tag{3-1}$$

其中，$Q(r)$是区域r的国（地）内大米产量，$C(r)$是区域r的国（地）内大米消费量［国（地）内产量加上进口减去出口］。

大米家庭消费指标是由GTAP模型（Hanoch，1975）中的CDE函数确定的均衡地区家庭对大米总需求的百分比变化。根据该函数，大米家庭消费指标可以通过收入减少和粮食价格上涨来反映气候变化对粮食消费的影响。函数如下：

$$\sum_{i \in TRD} B(i,r) \times UP(r)^{e(i,r) \times [1-\alpha(i,r)]} \times [PP(i,r)/E(PP(r),UP(r))]^{[1-\alpha(i,r)]} = 1 \tag{3-2}$$

E（·）表示在给定区域 r 的消费价格变量 PP（r）的情况下，区域 r 达到预先指定的家庭效用水平 UP（r）所需的最低支出，最低支出用于一般化个人价格。e（i）表示膨胀参数，α（i）表示替换参数。在预算约束下，消费者通过 CDE 函数实现效用最大化。

3.3.3 模拟结果

本研究介绍了气候变化和出口限制对国际大米价格指标、大米自给率指标和大米家庭消费指标对粮食安全的影响机制，以及在 CC 和 CCER 情景下基于 GTAP 模型的模拟结果。研究表明，大米家庭消费可以反映食物的可及性（Cornelsen et al.，2014），因此本研究选择大米家庭消费作为衡量粮食安全的替代指标。此外，对于12个大米消费几乎完全依赖进口的国家（地区）[①] 而言，即使百分比变化显著，自给率指标变动的参考性也较小，因此，本部分不讨论这些地区自给率指标的变化。

3.3.3.1 不同情景下大米自给率指标

在 CC 情景下，对于欧洲、非洲和北美等大多数地区，气候变化有利于提高其大米自给率，但南亚、东南亚和南美洲北部部分国家的大米自给率会下降（见图3-2）。作为主要的大米出口国（地）之一，巴基斯坦大米自给率降幅最大（-43.6%），造成其产量损失的主要原因是气候变化。同时，气候变化将推动巴基斯坦大米出口价格上涨49.7%。受气候变化影响较小的大米出口国（地）将具有价格优势，如阿根廷大米出口价格仅上涨0.4%，出口扩张带动其大米自给率上涨（2.2%）。此外，大米出口价格的大幅上涨将刺激乌克兰等大米进口国（地）使用国产大米取代进口大米，

① 这12个国家（地区）包括沙特阿拉伯、阿拉伯联合酋长国、科威特、新加坡、肯尼亚、突尼斯、蒙古国、瑞士、莫桑比克、中国香港、北非其他地区和大洋洲其他地区。

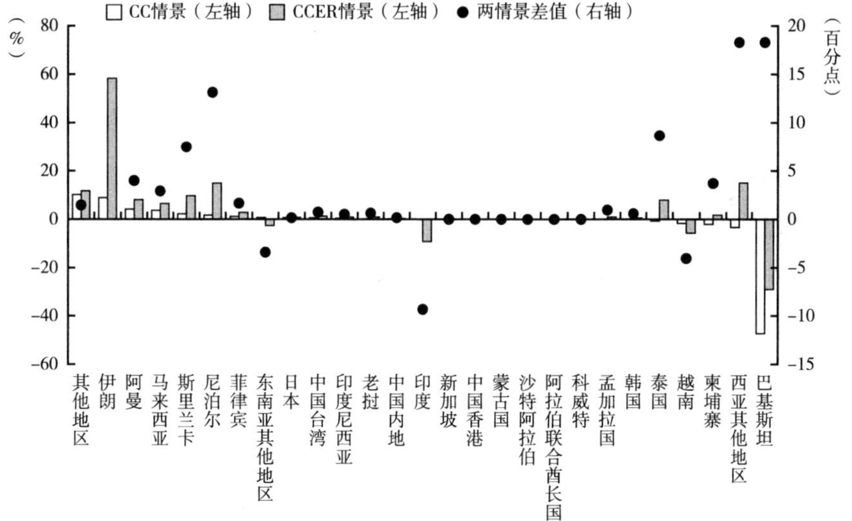
A.亚洲地区
CC情景（左轴）
CCER情景（左轴）
两情景差值（右轴）
（%）
（百分点）
80
60
40
20
0
-20
-40
-60
20
15
10
5
0
-5
-10
-15
其他地区
伊朗
阿曼
马来西亚
斯里兰卡
尼泊尔
菲律宾
东南亚其他地区
日本
中国台湾
印度尼西亚
老挝
中国内地
印度
新加坡
中国香港
蒙古国
沙特阿拉伯
阿拉伯联合酋长国
科威特
孟加拉国
韩国
泰国
越南
柬埔寨
西亚其他地区
巴基斯坦

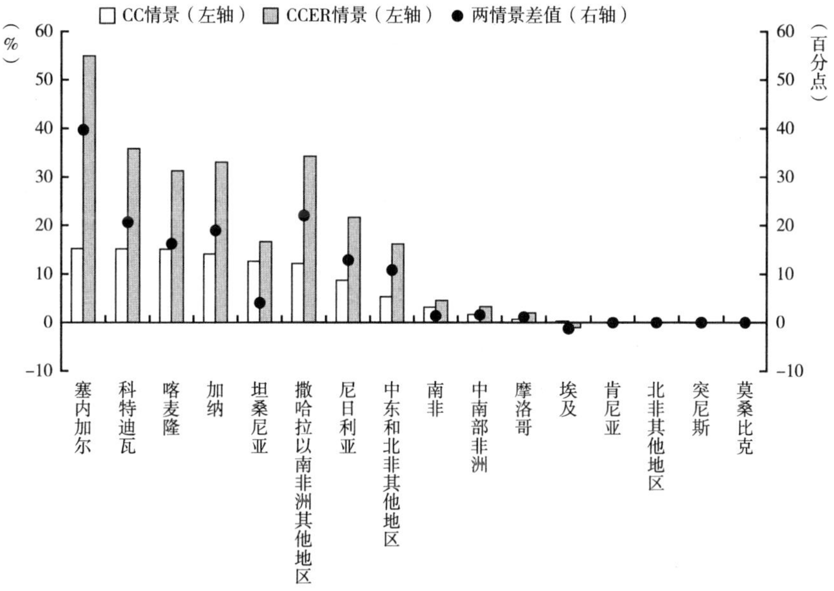
B.中东、非洲地区
CC情景（左轴）
CCER情景（左轴）
两情景差值（右轴）
（%）
（百分点）
60
50
40
30
20
10
0
-10
塞内加尔
科特迪瓦
喀麦隆
加纳
坦桑尼亚
撒哈拉以南非洲其他地区
尼日利亚
中东和北非其他地区
南非
中南部非洲
摩洛哥
埃及
肯尼亚
北非其他地区
突尼斯
莫桑比克

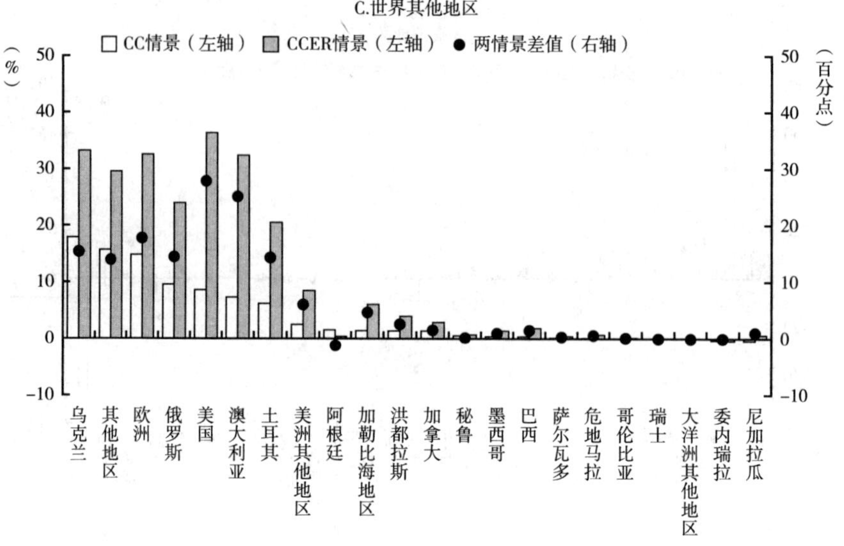

图3-2 亚洲地区、非洲地区、世界其他地区分别在CC情景、CCER情景下的大米自给率变化及两情景差值

注：该图为GTAP模型模拟结果。

从而提高其大米自给率（乌克兰为16.4%）。

通过比较CC和CCER情景的结果发现，只有少数实施出口限制政策国家（地区）的大米自给率降低，多数国家（地区）呈增长趋势。而且，CCER情景下大米自给率的变化通常比CC情景下更显著。在CCER情景下，增加出口限制政策将减少印度等国家（地区）的大米出口，并导致印度大米自给率下降至9.0%。出口限制也将使美国等未实施出口限制的出口国（地）获得更显著的竞争优势，大幅提高其大米自给率。伊朗等大米进口国（地）将使用国产大米替代进口大米，使得国（地）内大米供应增加并改善自给率水平。

就大米自给率指标结果而言，气候变化和出口限制政策并未对大多数国家（地区）的大米粮食安全造成重大损害，这与已有研究中粮食安全可能受到负面影响的理解相反（Schmidhuber and Tubiello，2007）。大米作为主要主食，需求弹性相对较低，气候变化对土地生产力的负面影响主要反映在大米价格的上涨，而不是大米消费量的下降。因此，大米自给率指标可能无法充分捕捉气候变化对粮食安全的影响。此外，所有进口国（地）大米自给率指标的提升是以更高的进口价格为代价的。例如，受到出口限制政策影响，大米进口价格上涨将使乌克兰使用国产大米取代进口，进而导致国内大米价格上涨，家庭的大米购买力大幅下降。因此，自给率指标并非衡量气候变化和出口限制对粮食安全影响的最适宜指标。由于气候变化的影响主要体现在大米价格上，大米家庭消费可以反映每个地区的购买力。

3.3.3.2　不同情景下大米家庭消费

与自给率不同，气候变化将降低大多数地区的大米家庭消费（见图3-3）。在CC情景下，气候变化对大米产量产生负面影响的地区中家庭消费均有所减少。其中，南亚和东非地区家庭消费下降幅度最大，巴基斯坦降幅为6.9%，其次是肯尼亚（4.6%）。原因在于巴基斯坦大米产量下降幅度最大，导致其价格大幅上涨（49.7%），从而降低了居民的购买力。肯尼亚大米家庭消费下降的原因在于，从巴基斯坦进口的大米占其大米总消费量的86%以上。印度和孟加拉国的大米家庭消费将分别下降1.3%和1.8%。这些结果与Bandara和Cai（2014）的研究一致，他们发现到2030年，南亚的大米消费量将减少0.3%~2.6%。与此同时，除日本、尼泊尔和秘鲁外，

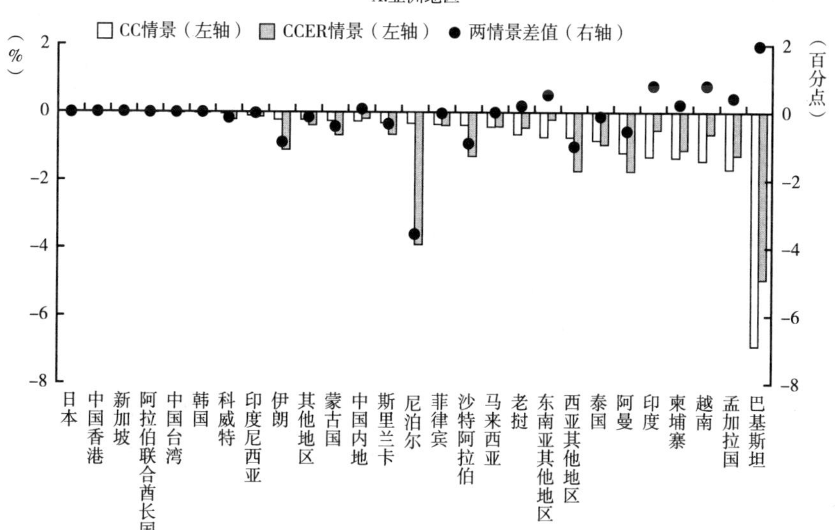

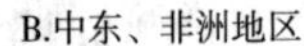

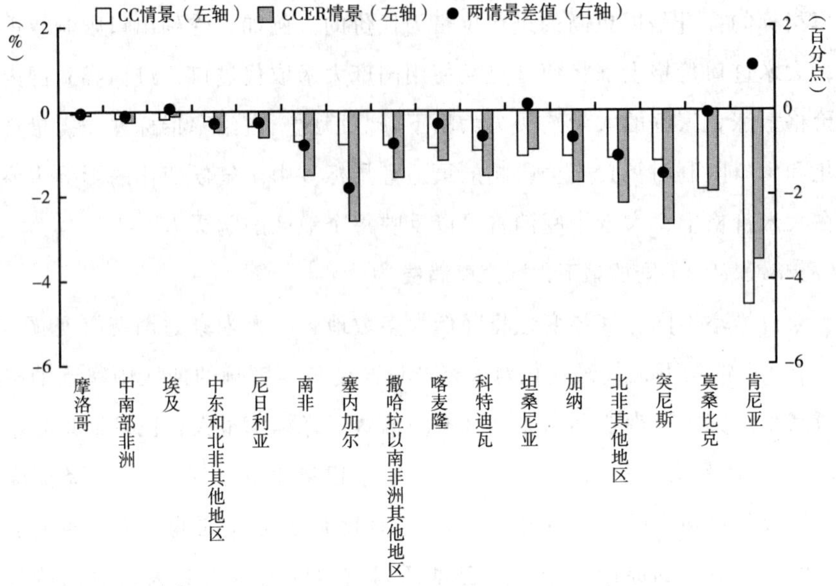

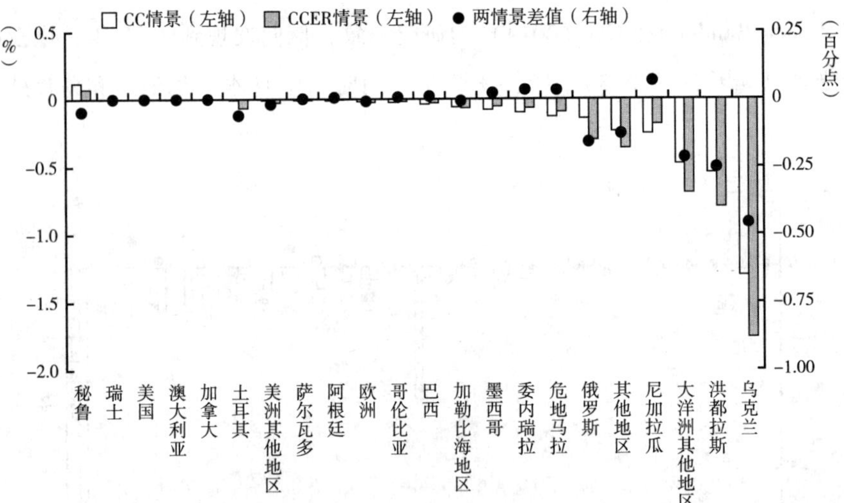

图 3-3　亚洲地区、非洲地区、世界其他地区分别在 CC 情景、CCER 情景下的大米家庭消费变化及两情景差值

注：该图为 GTAP 模型模拟结果。

气候变化对大米产量产生积极影响的地区也将面临大米消费量下降的问题。例如，肯尼亚和伊朗大米产量将分别增长 19.3% 和 32.4%，但其大米家庭消费仍将下降（降幅分别为 4.6% 和 0.2%）。由于这两个国家都是大米进口国，其国内大米价格会因为进口价格上涨而提升。

尽管在 CC 情景下，一些国家（地区）的自给率有所提高，但其大米家庭消费仍呈现下降趋势。气候变化和出口限制将提高主要大米出口国（地）的出口价格，减少大米进口国（地）的购买，迫使其使用国产大米代替进口大米，从而提高自给率。自给率上升表明气候变化和出口限制改善了粮食安全，这与普遍认知相反。另外，大米家庭消费与居民卡路里及营养摄入量直接相关。气候变化将损害多数大米进口国家（地区）的家庭消费，更恰当地反映了对粮食安全的威胁。因此，用大米家庭消费来衡量气候变化对粮食安全的影响比大米自给率更有意义。

与 CC 情景相比，在 CCER 情景下，当亚洲地区实施出口限制政策时，气候变化对亚洲国家（地区）大米家庭消费的负面影响将传递至非洲和中东地区。作为大米主要出口国，印度是 CCER 情景下大米进口价格变化的重要贡献者。如果印度实施高出口限制，从印度进口大米的地区将面临价格上涨。大米价格上涨将减少该地区的大米家庭消费，这表明印度在气候变化下维护粮食安全的努力将对其贸易伙伴的大米消费带来负面影响。科威特、沙特阿拉伯、突尼斯和塞内加尔等中东和非洲国家从印度进口大米超过其大米进口总额的 60%，印度的出口限制将导致以上国家的进口价格大幅上涨（高于 30%）。印度进口大米在南非和北非其他地区大米进口总额中的份额分别约为 37% 和 28%，其进口价格将分别上涨约 14.9% 和 12.9%。除了印度，越南的出口限制政策是加纳、洪都拉斯和菲律宾的大米家庭消费下降的重要原因。此外，除了气候变化导致肯尼亚大米家庭消费下降外，在 CCER 情景下，还归因于巴基斯坦和泰国大米价格的上涨。考虑到巴基斯坦和泰国不会实施限制性出口政策，这两个国家大米价格上涨是由于受到其他实施出口限制的国家（地区）影响。

CC情景和CCER情景结果之间的差异表明，出口限制政策只能小幅缓解少数地区气候变化对大米家庭消费的负面影响，大多数地区仍遭受负面冲击。出口限制政策的作用取决于该地区是否实施出口限制及其在国际市场上的地位。只有实行出口限制的大米净出口国（地）才会对国（地）内大米消费产生积极影响。当执行出口税等限制措施时，大米出口量将减少，国（地）内大米价格下跌，居民消费量增加。对于没有实施出口限制的地区或大米净进口国（地），大米消费量将减少。原因在于，进口价格和出口需求的增加将提高国（地）内大米价格，导致国（地）内购买力下降。对于有出口限制的大米净进口国（地）来说，由于出口限制，国（地）内价格略有下降，但无法抵消进口价格上涨对国（地）内市场价格的影响。最终，国（地）内大米价格上涨和家庭消费减少将同时发生。

此外，比较气候变化和出口限制政策的影响结果表明，非洲和中东等的主要大米进口国（地）对出口限制更敏感，印度和巴基斯坦等主要大米出口国（地）更容易受到气候变化的影响。对于印度、越南、阿根廷和埃及等实施出口限制的大米净出口国来说，大米家庭消费量将略有增加，但涨幅低于CC情景的下降幅度。虽然出口限制通过减少出口间接增加国（地）内大米供应，但气候变化会通过降低水稻生产率直接降低国（地）内大米产量。即使是主要的大米出口国（地），其出口占产量的比例也低于20%，因此气候变化对这些国家（地区）的负面影响通常比限制出口的积极影响更为严重。相比之下，塞内加尔和沙特阿拉伯等大米净进口国（地）消费量受出口限制政策影响高于气候变化影响。这是因为这些国家（地区）的大米家庭消费更多依赖进口，而不是本地生产，而且进口价格对主要出口国家（地区）出口限制政策更敏感。

各地区受出口限制的影响取决于物价变化和该地区的富裕水平（见图3-4）。为了衡量富裕水平，将超过20000美元的人均GDP设定为1（按2014年不变价格计算），将0~20000美元标准化为0~1。在CCER情景下，随着消费价格的上涨，大米家庭消费将受到更大损害。不发达地区的居民对价格变化更为敏感。由于收入较低且高度依赖大米进口，尼泊尔、突尼斯和塞内加尔的大米家庭消费下降幅度最大（分别下降3.9%、2.7%和2.6%）。对于塞内加尔来说，进口大米在其大米总消费中的份额超过50.0%，当主要出口商实施出口限制政策时，大米消费价格将大幅上涨。同时，由于塞内加尔的高贫困率，大米家庭消费对价格更加敏感，消费量将下降2.6个百分点。中东地区大米价格高于非洲，但由于富裕水平相对较高，大米家庭消费的总体降幅小于非洲地区。科威特、沙特阿拉伯和阿拉伯联合酋长国的大米消费价格将大幅上涨（大于30%）。然而，由于较高的富裕水平，特别是科威特和阿拉伯联合酋长国，其大米家庭消费对价格上涨的敏感度较低，消费量仅略有下降。

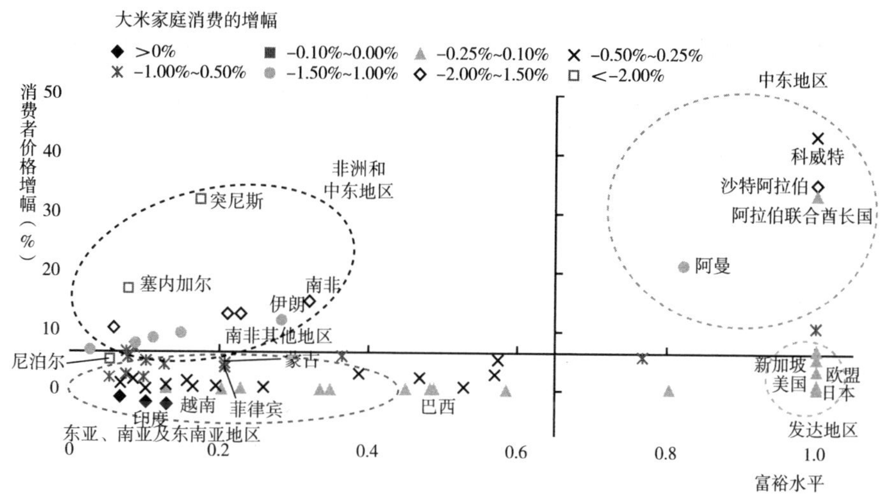

图3-4 家庭消费与地区消费价格和富裕水平变化间的关系

资料来源：GTAP模型模拟结果。

3.3.3.3 不同情景下的大米价格

出口限制将使国际大米价格的涨幅超过气候变化的幅度。在CC情景下，由于气候变化对水稻产量的负面影响，全球市场上的水稻价格将上涨6.0%，从而使国际大米价格上涨3.6%。在CCER情景下，国际水稻和大米价格将分别上涨15.5%和24.5%。CC情景和CCER情景结果间的比较表明，与单独的气候变化相比，出口限制对国际水稻和大米价格的影响更为显著。

同时，在CC情景和CCER情景下，大多数国家（地区）的大米消费价格将上涨。在CC情景下（见图3-5），除日本和秘鲁外，大多数国家（地区）将面临更高的大米消费价格，南亚、中东和非洲国家涨幅更为明显。其中，巴基斯坦的大米消费价格涨幅最大（49.7%），其次是肯尼亚（36.2%）、阿曼（15.9%）、阿拉伯联合酋长国（13.1%）和莫桑比克（11.7%）。澳大利亚和南美洲国家的价格涨幅相对较小。与CC情景相比，在CCER情景下，大多数地区的大米消费价格将大幅上涨。除巴基斯坦（56.2%）外，其他六个国家的价格涨幅将超过30%，包括科威特（50.8%）、突尼斯（43.9%）、肯尼亚（43.5%）、沙特阿拉伯（43.0%）、阿拉伯联合酋长国（46.3%）和阿曼（37.1%）。作为大米进口国，非洲和中东国家的价格涨幅相对较大，它们在国际价格上涨的推动下，国内大米消费价格将大幅上涨。

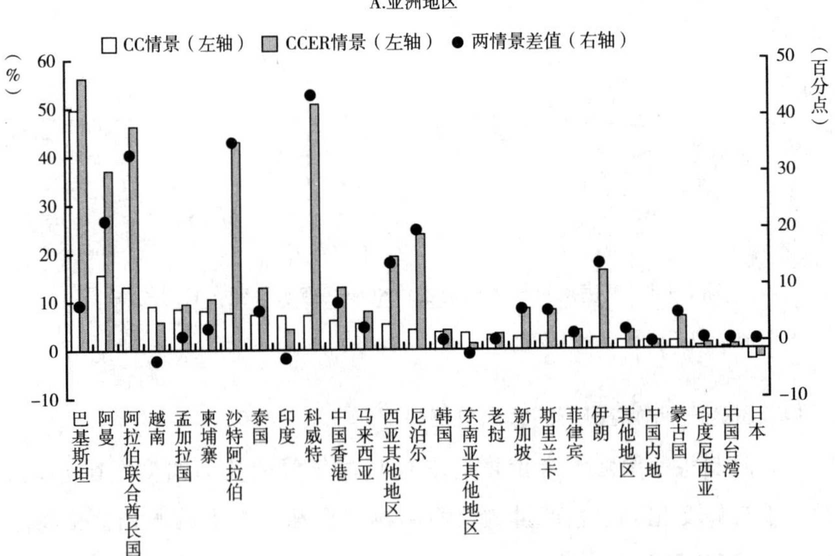

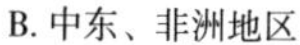

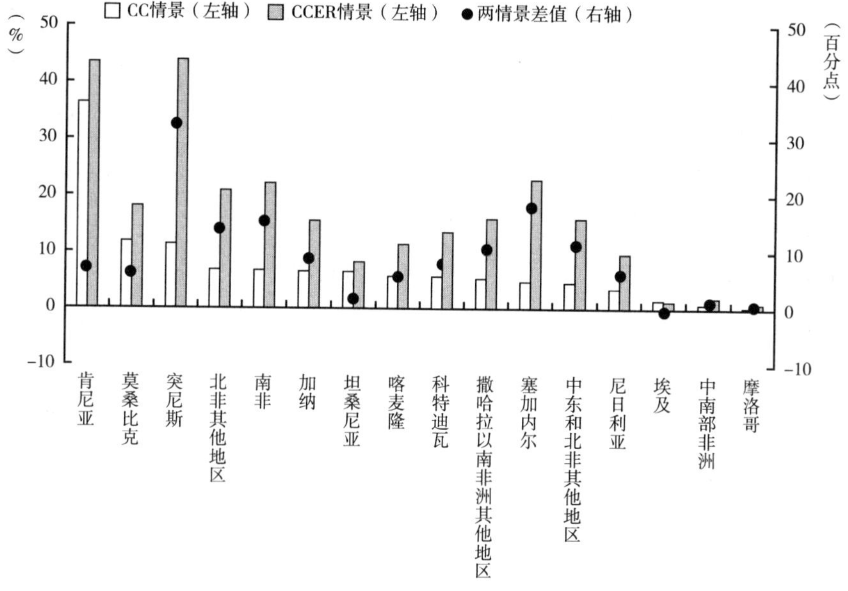

C. 世界其他地区

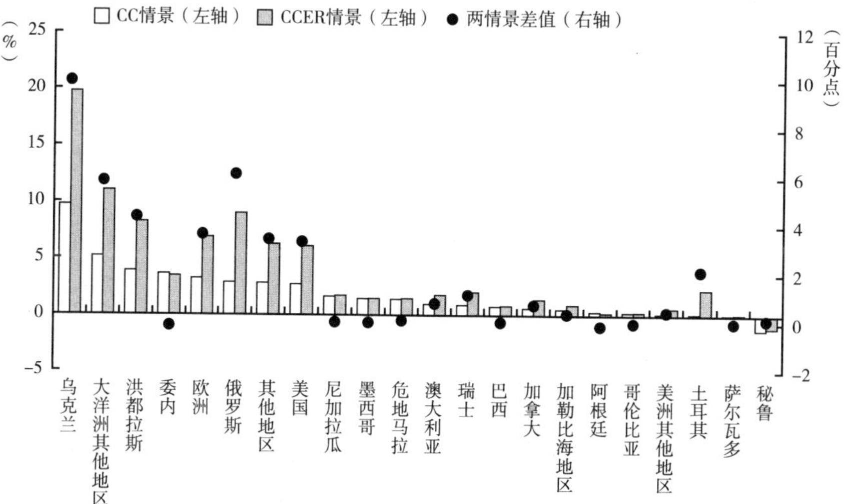

图 3－5　亚洲地区、非洲地区、世界其他地区分别在 CC 情景、CCER 情景下的大米消费价格变化及两情景差值结果

注：该图为 GTAP 模型模拟结果。

比较CC情景和CCER情景的结果差异发现，出口限制政策将显著提高大多数地区的大米消费价格。南亚、中东和非洲的主要进口国大米价格涨幅最大。例如，出口限制将使塞内加尔的大米价格上涨18个百分点。出口限制也对沙特阿拉伯、科威特、突尼斯和阿曼等大米高度依赖进口的国家（地区）产生重大影响。对于没有出口限制的大米进口国（地）而言，进口价格和出口需求的增加将推高国（地）内大米价格，导致国（地）内购买力的丧失。即使实施出口限制，国（地）内价格略有下降，也无法抵消进口价格上涨带来的更大影响。因此，无论进口国（地）是否采取出口限制政策，全球出口限制政策都会大幅提高其大米价格。研究发现，相较CC情景而言，在CCER情景下只有实行出口限制的出口国（地）大米消费价格相对下降，如越南（-3.3个百分点）、印度（-2.8个百分点）、东南亚其他地区（-2.1个百分点）、埃及（-0.2个百分点）、委内瑞拉（-0.2个百分点）和阿根廷（-0.1个百分点）。这些国家（地区）可以通过稳定国（地）内大米价格，以全球市场价格上涨为代价，从减少出口中获益。

3.3.4 结论与讨论

气候变化可能导致作物产量降低、主要生产国（地）实施出口限制政策等后果，对粮食安全造成威胁。大米是全球最重要的主食之一，关乎众多国家的粮食安全问题。为了更准确地估计气候变化的影响，本研究使用大米自给率、大米家庭消费、大米消费价格作为大米粮食安全指标，采用GTAP模型评估了CC情景和CCER情景下的粮食安全，深入探讨了出口限制通过市场和贸易产生的影响及传导机制。

研究结果表明，气候变化和出口限制政策的影响存在区域异质性。对印度和巴基斯坦等大米出口国（地）而言，出口限制只能通过减少出口来增加国（地）内供应，而气候变化通过降低水稻产量直接降低了国（地）内大米产量，其影响比出口限制更为显著。相比之下，非洲和中东地区的大米进口国（地）对其贸易伙伴实施的出口限制更为敏感，原因在于这些地区大米家庭消费更依赖进口，且进口价格对主要大米出口国（地）的出口限制更敏感。

研究还对模拟进行了敏感性分析。农业部门主要要素的替代弹性在 GTAP 模拟中至关重要，因此，将弹性系数增加或减少 50% 后，结果与本研究主要结果保持一致，证明了结论的稳健性。

尽管粮食出口限制为短期政策，但无论在短期或长期，其均将加剧气候变化对粮食安全的威胁。气候变化将对粮食生产造成负面影响，这将刺激各国（地）限制粮食出口，并优先考虑国（地）内粮食安全。出口限制将大幅提高全球粮食价格，并加剧气候变化对依赖粮食进口的低收入国家（地区）粮食安全的负面影响。文献表明，尽管出口限制政策大多在短期内实施，但伴随着气候的持续变化和气候灾害的频发，政策的实施频率和执行时间都有所增加（Brown et al.，2017；Estrades et al.，2017；Aragie et al.，2018）。即使是从长远来看，出口限制加剧气候变化造成的损害仍然是对粮食安全的严重威胁，对粮食进口国（地）而言损害更为严重。

本研究存在以下局限性。第一，由于研究重点是大米供应与消费，对于大米不是主食的地区（如突尼斯、乌克兰、肯尼亚和摩洛哥），气候变化和出口限制对粮食安全的影响可能被高估，因为这些地区可能会转向使用其他粮食作物。因此，在未来的研究中应增加气候变化对其他粮食作物影响的评估。第二，在情景设置中假设全球将面临气候变化的最严重影响（大米产量变化基于 RCP 8.5 情景），曾实施出口限制的地区可能会再次实施出口限制，且采用过去几年中最严格的政策标准。但这些假设具有不确定性，气候变化的影响可能被高估，一些地区可能不会再次实施出口限制政策，一些地区可能会首次实施贸易限制，以缓解其他地区出口限制政策的负面影响。第三，本研究使用最新版本的 GTAP 数据库，没有考虑食品生产和消费地理分布的潜在变化与 GTAP 数据库不同的情况，需要从更谨慎的视角看待研究结果。同时，呼吁学界配备更完善的数据库，以便在未来的研究中设计更准确的场景。第四，大米家庭消费指标没有考虑到城市化和经济发展带来的饮食变化。对于居民饮食发生重大变化的国家（地区）而言，这一指标可能存在误导性。例如，在过去几十年里，日本居民消费的面包及面条多于大米，人均大米消费量从1961年的113公斤下降到2013年的60公斤（FAO，2021）。相比之下，对于谷物仍然是热量主要来源的低收入国家（地区）来说，大米家庭消费可以有效地反映粮食安全状况。

3.3.5 政策启示

各国“自扫门前雪”并不能有效地缓解全球气候变化造成的冲击。研究结果表明，对于不实施出口限制的地区，出口限制政策将加剧气候变化对粮食安全的负面影响。即使是实施出口限制的地区，只有大米净出口国（地）（如印度）才能以全球的大米家庭消费大幅下降为代价，略微减轻气候变化的负面影响，而净进口国（地）无法从这一政策中受益。因此，实施出口限制不能有效缓解气候变化带来的负面影响。国际社会应积极合作，共同应对气候问题，减少国际贸易壁垒，建立有韧性的全球粮食供应链。

为了更准确地测度气候变化对粮食安全的影响，政策制定者应该更多地关注气候变化对居民粮食商品购买力的影响，而不是类似自给率的全国综合指标。研究结果表明，气候变化和出口限制将对大多数地区的大米自给率指标产生积极影响，而大多数地区的大米家庭消费将受到负面影响。由于大米的需求弹性相对较小，气候变化和主要出口国（地）实施出口限制政策将提高许多地区的大米进口价格。这些地区将使用国产大米代替进口大米，导致自给率增加，但总体自给率增加并不意味着这些地区的粮食安全得到改善，因为大米消费价格仍将上涨，而本地区市场的大米供应量将更低。相反，由于消费价格上涨，贫困人口无法购买足够的食物，粮食安全受到威胁。大米家庭消费涵盖了价格影响，在一定程度上反映了国内消费者的购买力。气候变化对食品价格的影响比对消费的影响更显著，因此，本研究认为与自给率相比，家庭消费更适合用于衡量气候变化对粮食安全的影响。

此外，研究发现非洲地区更容易受到气候变化和出口限制的影响，这些地区的政策制定者应采取适当措施增加国内大米供应（如集约化和技术改进），减少对单一出口国（地）的过度依赖（进口来源多样化）。研究结果表明，非洲地区对大米出口国（地）实施出口限制政策最为敏感。在 CCER 情景下，气候变化对印度大米生产的负面影响将主要传播到非洲地区。原因在于非洲国家收入水平较低，与印度的贸易联系更紧密，这是在出口限制情景下导致全球大米家庭消费下降的最重要因素。

3.4 欧盟碳边境调节机制对中欧的经济和碳排放影响

——基于 GTAP - E - Power 模型

摘　要： 本节采用细分电力行业的全球贸易和能源模型（GTAP - E - Power），探究了欧盟 CBAM 的有效性，并分析了 CBAM 和未来可能的升级措施对中国与欧盟的经济及碳排放的影响。结果显示，相较于基准情景，CBAM 能够更有效地降低欧盟的碳泄漏，同时能够恢复欧盟相关行业产品的竞争力。扩大碳排放核算范围与 CBAM 覆盖行业范围能够进一步降低欧盟的碳泄漏率。从区域看，俄罗斯、东欧、乌克兰和中国是欧盟减少碳泄漏的主要贡献国（地）；从行业看，金属制品、化工制品、非金属矿物制品行业的碳泄漏率显著降低。对欧盟而言，现阶段的 CBAM 政策以经济收缩为代价，小幅降低欧盟碳排放，能够增加欧盟高碳行业和电力行业的产出，但会打击出口导向型行业发展，扩大碳排放核算范围将进一步加深 CBAM 的影响。对中国而言，现阶段的 CBAM 对中国 GDP 有微弱的正面影响，扩大碳排放核算范围后，政策升级将会对中国 GDP 造成负面影响，降幅最高达 0.1812%；现阶段 CBAM 主要冲击中国的高碳行业、电力行业、化石能源行业，但会拉动出口导向型行业产出小幅增加；CBAM 升级后对中国行业的影响存在异质性，扩大覆盖行业范围对中国出口导向型行业的负面冲击最大，扩大碳排放核算范围对中国高碳行业的负面冲击最大。

关键词： CBAM　碳边境调节机制　欧盟　GTAP – E – Power

3.4.1 研究背景

碳边境调节机制（Carbon Border Adjustment Mechanism，CBAM），也被称作碳边境税或碳关税，是欧盟实现2050年碳中和目标的一项重要气候举措。CBAM作为欧盟碳市场免费配额的替代方案，与欧盟碳排放交易体系并行运作，用于降低欧盟碳泄漏风险和保护欧盟产品竞争力。2019年欧盟通过绿色协议首次提出CBAM，2023年5月16日CBAM法案在欧盟公报正式公布，指出2023年10月1日CBAM正式开始试运行，2026年1月1日CBAM正式运行，2034年欧盟碳排放交易市场中相应行业的免费配额将完全退出。

对于中国而言，欧盟是中国的第二大出口市场。2022年中国向欧盟出口的CBAM商品总额高达200亿欧元，中国是除英国和瑞士外欧盟进口CBAM商品金额最高的国家；而CBAM商品仅占中国向欧盟出口商品总额的3.2%，其中钢铁和铝约占98%，中国向欧盟出口的其他产品（如汽车、电子产品、机械零件、家具、服装等终端复合产品）暂时不会受到影响。但欧盟委员会表示，CBAM的最终目标是覆盖尽可能多的产品，CBAM立法提案中的影响评估报告也建议要逐步扩大CBAM的行业覆盖范围，直至覆盖所有欧盟高贸易暴露风险和高碳强度产品。因此，随着后期更多的产品被纳入CBAM，中国出口贸易将面临更大的负面影响。

标准GTAP – E模型中有限的电力行业信息限制了模型解决电力技术相关政策和产出变化等问题的能力，考虑到现阶段CBAM覆盖行业包括电力行业，碳排放核算涵盖电力间接排放，CBAM可能会对国家的电力结构产生影响。因此，本节采用了细分电力行业的全球贸易 – 能源 GTAP – E – Power静态模型，对欧盟实施CBAM的有效性及影响展开研究。

本节将主要集中回答以下问题：欧盟实施 CBAM 的主要目标是减少碳泄漏和保护本地产品竞争力，那么实施 CBAM 是否有效？如果 CBAM 能够减少碳泄漏，哪些区域和行业是主要的贡献者？CBAM 和未来可能的升级措施会对欧盟与中国的经济及碳排放产生什么影响？

本节分为五部分，3.4.1 为研究背景；3.4.2 为 CBAM 内容细则；3.4.3 为模型介绍和情景设定；3.4.4 为模拟结果和分析；3.4.5 为主要结论和政策建议。

3.4.2　CBAM 内容细则

2023 年 5 月 10 日，欧盟议会及欧盟理事会共同签署了 CBAM 法案，法案最终文本已在 5 月 16 日发布于欧盟公报，本节将根据公布的 CBAM 法案（第 2023/956 号条例）介绍 CBAM 的重要内容细则。

（1）时间安排

CBAM 的实施分为两个阶段：过渡期和正式运行期。其中，2023 年 10 月～2025 年 12 月是过渡期，在此期间进口商不需为进口产品的碳排放成本向欧盟支付费用，但是需要报告碳排放数据。2026 年 1 月起，CBAM 将正式全面实施，进口商需根据其进口产品的碳排放量清缴相应数量的 CBAM 证书，欧盟海关将仅允许经授权的 CBAM 申报人进口的产品入境。同时，欧盟拟定从 2026 年开始削减欧盟相关企业的免费配额，到 2034 年逐步实现全部取消。

（2）征收范围

现阶段，CBAM 主要覆盖的产品大类包括水泥、化肥、电力、钢铁及制品、铝及制品、氢气（具体见表 3－12）。其产品覆盖范围的确定主要考虑三个因素：一是行业贸易暴露风险和碳泄漏风险较高，二是行业的总排放量较高，三是行政管理成本和排放核算技术复杂性低。值得注意的是，欧盟委员会已明确将继续扩大 CBAM 的产品覆盖范围，计划在 2030 年前覆盖受欧盟碳排放交易市场约束的所有产品类型（即未来将涵盖聚合物、化学品、纸张及纸浆等）。

表3-12 CBAM主要覆盖的产品及温室气体类型

产品大类	产品名称(CN编码)	温室气体类型
水泥	其他高岭土(25070080)、水泥熟料(25231000)、白水泥(25232100)、其他硅酸盐水泥(25232900)、矾土水泥(25233000)、其他水凝水泥(25239000)	二氧化碳、全氟碳化物
化肥	红发烟硝酸(28080000)、氨和氨水(2814)、硝酸钾(28342100)、矿物氮肥(3102)、氮磷钾化肥(3105)	二氧化碳、氮氧化物
电力	电力(27160000)	二氧化碳
钢铁及制品	已烧结铁矿砂及其精矿(26011200),钢铁(72),钢铁板桩(7301),铺轨用钢材(7302),铸铁管(7303),无缝钢铁管(7304),圆形粗钢铁管(7305),其他钢铁管(7306),钢铁管附件(7307),钢铁结构体(7308),容积大于300升钢铁制容器(7309),容积小于或等于300升的钢铁制容器(7310),液化气用钢铁容器(7311),螺钉、螺栓、螺母、垫圈(7318),其他钢铁制品(7326)	二氧化碳
铝及制品	未锻轧铝(7601),铝粉(7603),铝条(7604),铝丝(7605),铝板(7606),铝箔(7607),铝管(7608),铝管附件(76090000),铝制构筑物(7610),容积大于300升的铝制容器(7611),容积小于或等于300升的铝制容器(7612),装压缩或液化气体铝容器(7613),铝制绞股线、缆、编带(7614),其他铝制品(7616)	二氧化碳
氢气	氢(28041000)	二氧化碳

注：现阶段CBAM不对钢铁（72）中的以下产品征收：硅铁（720220）、硅锰铁（720230）、硅铬铁（720250）、钼铁（720270）、钨铁及硅钨铁（720280）、钛铁及硅钛铁（720291）、钒铁（720292）、铌铁（720293）、其他铁合金（720299）、磷铁（72029910）、硅镁铁（72029930）、钢铁废料（7204）。

资料来源：欧盟议会和欧盟理事会2023年5月16日第2023/956号条例。

CBAM所涉及的碳排放核算范围，包括直接排放（即产品生产过程中产生的排放），以及部分间接排放（即用于CBAM覆盖产品的电力在发电时所产生的排放量）。此外，不同行业核算的温室气体类型也存在差异，除二氧化碳之外，CBAM还涵盖了化肥行业的氮氧化物以及水泥行业的全氟碳化物排放。

（3）CBAM价格

2026年CBAM全面实施后，进口商需要通过购买CBAM证书来“抵消”进口产品在生产国已支付碳价格与欧盟碳交易市场中碳配额价格之间的价差。其中，CBAM 证书的价格为欧盟碳交易市场的每周平均价格，进口商在来源国已经支付的有效碳价可以用于抵减需购买的 CBAM 证书数量。

3.4.3　模型介绍和情景设定

3.4.3.1　模型介绍

本节研究采用的是静态 GTAP – E – Power 模型，这是在 GTAP – E 模型的基础上进一步细分电力行业的扩展版本。由于 GTAP – E 模型中有限的电力行业信息限制了模型解决电力技术相关政策和生产力变化等问题的能力，Peters（2016）创建了 GTAP – E – Power 模型的原始版本，将标准 GTAP – E 模型中的电力行业拆分为 5 个化石能源发电行业（基荷煤电、基荷气电、基荷油电、峰荷气电、峰荷油电）、6 个清洁能源发电行业（基荷水电、基荷风电、基荷核电、其他电力、峰荷太阳能发电、峰荷水电）和输配电行业，并允许不同类型发电技术之间通过常数替代弹性（Constant Elasticity of Substitution，CES）函数进行替代。

我们采用了美国普渡大学第十版 GTAP 数据库，该数据库包括以 2014 年为基年的全世界多区域投入产出表，包括 141 个国家和地区的 76 个行业。根据研究需要，我们对区域和产品进行了加总和归并。其中，从区域来看，我们将 141 个国家和地区加总为 30 个国家和地区，包括欧盟、CBAM 覆盖产品的主要贸易国、全球碳排放大国与世界其他国家和地区。从行业来看，我们将 76 个行业合并为 29 个产品行业，包括 CBAM 覆盖行业、化石能源行业、主要制造业等。

3.4.3.2　相关指标引入和计算

（1）CBAM 引入

参考普渡大学 GTAP 模型开发团队 Irfanoglu（2013）的方法，我们将 CBAM 引入 GTAP – E – Power 模型，表示为进口品市场价和到岸价之间的附加税，具体公式如下：

$$PMS_{i,r,s} = PCIF_{i,r,s} + PCIF_{i,r,s} \times T_{i,r,s} + TR_{i,r,s} \tag{3-3}$$

$$TR_{i,r,s} = f_{i,r,s} \times CBA_{i,r,s} \tag{3-4}$$

其中，$PMS_{i,r,s}$ 为国家 s 从国家 r 进口商品 i 的市场价；$PCIF_{i,r,s}$ 为国家 s 从国家 r 进口商品 i 的 CIF 价格；$T_{i,r,s}$ 和 $TR_{i,r,s}$ 分别为国家 s 对从国家 r 进口的单位商品 i 征收的消费税率和 CBAM 税率；$f_{i,r,s}$ 表示国家 s 从国家 r 进口的商品 i 的 CO_2 排放强度；$CBA_{i,r,s}$ 表示国家 s 对来自国家 r 的进口品 i 隐含的每吨 CO_2 排放征收的价格，即国家 s 与国家 r 碳价格之间的价差。

（2）碳泄漏率测算

本节将碳泄漏率定义为欧盟减排措施导致的世界其他地区二氧化碳排放的变化量（ΔCO_2^{ROW}）与欧盟二氧化碳减排量（ΔCO_2^{EU}）绝对值的百分比值，具体公式如下：

$$LR = \frac{\Delta CO_2^{ROW}}{|\Delta CO_2^{EU}|} \times 100\% \tag{3-5}$$

其中，LR 表示欧盟的总碳泄漏率。例如，如果欧盟采取措施将地区 CO_2 排放量减少 1 亿吨，而世界其他地区 CO_2 排放量增加 0.1 亿吨，则欧盟的碳泄漏率为 10%。

基于此，我们还计算了欧盟特定行业的碳泄漏率和对特定国家的碳泄漏率，以分析 CBAM 减少欧盟碳泄漏中的区域和行业贡献者。具体公式如下：

$$LR_{SEC} = \frac{\Delta CO_2^{SEC,ROW}}{|\Delta CO_2^{SEC,EU}|} \times 100\% \tag{3-6}$$

$$LR_{REG} = \frac{\Delta CO_2^{REG}}{|\Delta CO_2^{EU}|} \times 100\% \tag{3-7}$$

其中，LR_{SEC} 表示欧盟特定行业的碳泄漏率，$\Delta CO_2^{SEC,ROW}$ 和 $\Delta CO_2^{SEC,EU}$ 分别表示欧盟减排措施导致的世界其他地区各行业 SEC 的 CO_2 排放变化量和欧盟各行业 SEC 的 CO_2 减排量。LR_{REG} 表示欧盟对特定国家的碳泄漏率，

ΔCO_2^{REG} 和 ΔCO_2^{EU} 分别表示欧盟减排措施导致的地区 REG 的 CO_2 排放变化量和欧盟 CO_2 减排量。

3.4.3.3　情景设定

根据 CBAM 法案的相关内容及可能的升级措施，本节对 CBAM 设定了 1 个基准情景和 5 个政策情景，其中政策情景包括现阶段碳边境税情景、免费配额逐步取消情景、碳排放核算范围扩大情景、覆盖行业增加情景和实施国家增多情景。6 个情景的设置如下。

基准情景（BASE）：考虑全球的实际碳价格水平，其中在欧盟碳交易市场存在免费配额。全球实际碳价格水平来自世界银行碳定价数据库[①]，通过与模型中的加总区域进行对照，我们得到了全球 16 个国家和地区的碳定价机制。年份选择方面，如果各国有 2021 年和 2022 年碳定价数据，使用两年平均碳价格；价格选择方面，如果同时有适用于全区域的碳价格水平和部分子区域的碳价格水平，则选择适用于全区域的碳价格；加总区域处理方面，根据有碳定价数据国家价格水平及其在加总区域中碳排放占比决定加总区域的碳价格水平。此外，根据欧盟碳排放交易体系法规，在欧盟所有参与碳市场交易的行业中，对存在高碳泄漏风险的行业给予 100% 的免费配额，电力行业原则上无免费配额，剩下的行业给予 43% 的免费配额。

现阶段碳边境税情景（CBAM1）：该情景旨在最大限度地还原模拟现阶段的 CBAM 政策，即欧盟对金属制品、非金属矿物制品、化工、电力行业[②]的直接 CO_2 排放和使用电力的间接 CO_2 排放征收碳边境税，同时取消覆盖行业的免费配额。

免费配额逐步取消情景（CBAM2）：在 CBAM1 情景的基础上，保留覆盖行业 50% 的免费配额。由于欧盟于 2026 年正式起征碳边境税，到 2034 年欧盟碳交易市场中相关行业的免费配额才会完全取消，因此在 CBAM 的实际实施过程中存在免费配额和征收 CBAM 共存的时间段。该情景旨在模拟欧盟逐步取消免费

---

① https：//carbonpricingdashboard. worldbank. org/map_ data.

② 由于 GTAP - E - Power 数据库对于行业的细分程度无法准确匹配至欧盟碳边境税征收的五类产品，只能对统计口径更大的行业征碳边境税。

配额对 CBAM 政策的有效性及对中国、欧盟经济和碳排放的影响。

碳排放核算范围扩大情景（CBAM3）：在 CBAM2 情景的基础上，将碳排放核算范围由核算 CBAM 产品的直接排放和电力间接排放，扩展为核算 CBAM 产品的完全碳排放。该情景旨在模拟欧盟扩大 CBAM 的碳排放核算范围对 CBAM 政策的有效性及对中国、欧盟经济和排放的影响。

覆盖行业增加情景（CBAM4）：在 CBAM3 情景的基础上，将 CBAM 行业覆盖范围由金属制品、非金属矿物制品、化工、电力行业扩展到全行业。该情景旨在模拟欧盟拓展 CBAM 的行业覆盖范围对 CBAM 政策的有效性及对中国、欧盟经济和碳排放的影响。

实施国家增多情景（CBAM5）：在 CBAM4 情景的基础上，将实施国家由欧洲增加至欧洲和美国。继欧盟之后，美国也在酝酿制定对高碳产品征收碳边境税的法案，2022 年 6 月美国民主党向议会正式提交《清洁竞争法案》立法提案，提出对进口高碳产品征收 CO_2 排放费用。该情景旨在模拟增加征收碳边境税国家对欧盟实施 CBAM 政策的有效性及对中国、欧洲经济和碳排放的影响。

3.4.4 模拟结果和分析

3.4.4.1 欧盟实施 CBAM 的有效性

CBAM 旨在降低欧盟碳泄漏率和提高欧盟相关产品竞争力，因此有关欧盟实施 CBAM 的有效性分析将针对这两个方面的结果展开。

首先，CBAM 能够有效降低欧盟的碳泄漏率。图 3－6 展示了基准情景（BASE）和现阶段碳边境税情景（CBAM1）下欧盟分行业碳泄漏率。研究发现，欧盟碳泄漏率从 20.5% 下降到 13.5%，这表明相较于给予行业免费配额，CBAM 能更有效地降低欧盟的碳泄漏。分行业看，化工制品、金属制品、非金属矿物制品等高碳行业的碳泄漏率下降幅度最显著，降幅为75%～82%；电力相关行业降幅相对较小，降幅为 14%～49%；交通运输和服务业的碳泄漏率有小幅增长，增幅为 5%～16%（见图 3－6）。分区域看，CBAM 主要可以降低欧盟对俄罗斯、东欧、乌克兰和中国的碳泄漏率（见表 3－13）。值得注意的是，在基准情景下美国是欧盟最主要的碳泄漏国，但欧盟和美国生产的 CBAM 产品的 CO_2 排放强度相差较小，因此欧盟产品相对于美国进口品的价格优势较小，欧盟产品替代美国进口品的数量有限，因此 CBAM 降低欧盟对美国碳泄漏率的效果并不显著。

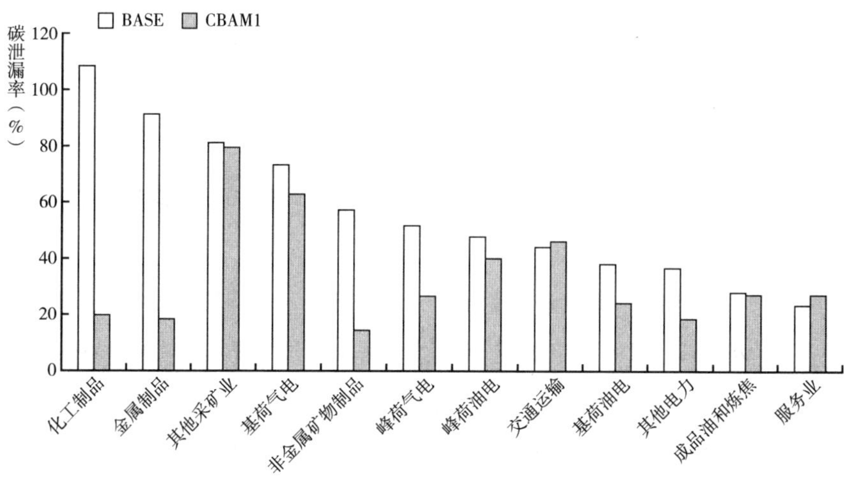

图 3-6　BASE 和 CBAM1 情景下欧盟分行业碳泄漏率

注：图中仅展示了基准情景下欧盟碳泄漏率最高的前 12 个行业。

资料来源：GTAP-E-Power 模拟结果。

表 3-13　BASE 和 CBAM1 情景下欧盟对其他国家（地区）的碳泄漏率

单位：%

国家(地区)	基准情景	CBAM1 情景
俄罗斯	2.1	0.6
东欧	1.9	0.6
乌克兰	0.9	-0.1
中国	1.3	0.6
中亚	0.8	0.2
印度	0.6	0.1
南非	0.8	0.4
土耳其	0.5	0.3
东亚其他地区	0.6	0.4
越南	0.1	0.0

注：表中展示了 CBAM1 情景下欧盟碳泄漏率下降最大的前 10 个区域。

资料来源：GTAP-E-Power 模拟结果。

其次，CBAM 能够有效提升其所覆盖行业的竞争力。欧盟 CBAM 所覆盖的高碳行业和电力行业的产出均呈现增长趋势。由于欧盟产品的碳排放强度相对其他国家较低，因此实施 CBAM 确保欧盟地区的本国产品和进口品面对相同的碳排放价格时，本国产品价格会比进口品价格更低，欧盟地区倾向于使用更多的本国产品，提高了 CBAM 覆盖产品行业的竞争力。

3.4.4.2　CBAM 对欧盟的经济和碳排放影响

（1）宏观经济与碳排放影响

欧盟实施 CBAM 将以经济损失为代价，同时小幅降低碳排放，而不同的升级举措对欧盟的经济发展和碳排放则具有不同的影响。

如表 3－14 所示，相对于基准情景，在 CBAM1～CBAM5 情景下，欧盟实际 GDP 下降 0.0784%～1.6738%，碳排放变化范围在 －5.4744%～0.0206%。可以看出，免费配额逐步取消情景（CBAM2 和实施国家增多情景（CBAM5）相比它们的上一阶段情景，能够小幅缓解欧盟经济损失；碳排放核算范围情景（CBAM3）相比 CBAM1 情景、覆盖行业增加情景（CBAM4）相比 CBAM3 则会加重经济损失；向 CBAM4 情景对欧盟经济打击最大，同时会大幅降低碳排放。

表 3－14　CBAM1～CBAM5 情景下欧盟实际 GDP 和碳排放变化

单位：%

情景	GDP	碳排放变化
CBAM1	－0.1053	－0.1498
CBAM2	－0.0784	0.0206
CBAM3	－0.1594	－0.0855
CBAM4	－1.6738	－5.4744
CBAM5	－1.6221	－5.4109

资料来源：GTAP－E－Power 模拟结果。

现阶段的 CBAM 会导致欧盟经济受损，这是因为欧盟取消免费配额，增加了欧盟高碳行业和电力行业的化石能源投入成本；同时，欧盟对进口商品征收 CBAM，由于进口品的碳排放强度高于欧盟产品，进口品价格大幅提高，两个方面因素共同提高了高新技术制造业等高碳行业下游行业的投入成本，降低其在国际市场的价格优势，降低了出口需求，进而减少了资本要素需求。模型为短期闭合，假设短期内区域的资本供给不变，资本需求下降，导致欧盟的资本价格降低。一方面，这会降低欧盟的投资回报率，导致服务业因投资需求下降而产出收缩；另一方面，资本价格下降也拉低了资本-能源复合品的价格，使资本和能源相对于劳动力更具价格优势，两个方面共同导致欧盟的就业水平下滑，经济受损。CBAM 会降低欧盟的碳排放量，因为其在实施 CBAM 的同时取消了免费配额，导致相关行业使用化石能源的价格上涨，减少了对天然气、石油等化石能源需求，更愿意使用相对清洁的电力。

相比 CBAM1，免费配额逐步取消情景（CBAM2）将使欧盟 GDP 增加 0.0269 个百分点，碳排放增加 0.1704 个百分点。这是由于保留部分免费配额会降低 CBAM 覆盖行业的能源投入成本，增加其价格优势并带动行业产出扩张、增加资本需求，从而提高欧盟 GDP；同时，CBAM 覆盖行业扩张会增加天然气、石油等化石能源需求，导致欧盟碳排放小幅增长。

相比 CBAM1，碳排放核算范围扩大情景（CBAM3）将使欧盟 GDP 下降 0.0541 个百分点，碳排放增加 0.0643 个百分点。扩大碳排放核算范围会进一步提高进口产品的价格，增加 CBAM 下游行业的投入成本，削弱其价格优势进而降低行业产出和资本需求，从而使欧盟经济下滑。同时，CBAM 行业因扩大价格优势增加 CBAM 覆盖行业产出，化石能源需求上涨，碳排放也随之增加。

相比 CBAM3，覆盖行业增加情景（CBAM4）将使欧盟 GDP 下降 1.5144 个百分点，碳排放下降 5.3889 个百分点。从现阶段的 CBAM 覆盖行业范围拓展至对全行业征收碳边境税，会大幅提高 CBAM 覆盖行业能源投入成本，降低行业产出，减少资本要素需求，使欧盟经济损失加重，并大幅降低碳排放。

相比 CBAM4，实施国家增多情景（CBAM5）将使欧盟 GDP 上涨 0.0517 个百分点，碳排放增加 0.0635 个百分点。如果美国也实施 CBAM，将严重冲击乌克兰、越南等地区，这些地区的高碳行业产出下降，投资回报率降低，此时欧盟投资回报率则相对较高，投资回流至欧盟，带动了服务业产出扩张，吸纳更多劳动力，欧盟经济损失得到缓解。同时，服务业产出扩张提高了对交通行业的中间需求，增加成品油消耗，导致碳排放增加。

（2）产业影响

为便于比较和分析，本节将29个行业分为五大类。第一类是高碳行业，第二类是电力行业，这两类行业均为现阶段CBAM政策所覆盖的行业。第三类是出口导向型行业，为高碳行业的主要下游行业；第四类是化石能源行业；第五类是其他行业。

表3-15和表3-16展示了CBAM1～CBAM5情景下欧盟各行业的产出变化。与宏观经济影响相比，CBAM对欧盟行业产出的影响幅度更为显著。总体来看，现阶段的CBAM能够恢复高碳行业和电力行业的产品竞争力，但对其他行业存在一定的负面影响，不同的CBAM升级措施对不同行业影响不同。

表3-15　CBAM1-CBAM5情景下欧盟非电力行业产出变化

单位：%

行业名称	CBAM1	CBAM2	CBAM3	CBAM4	CBAM5
高碳行业					
金属制品	0.13	0.41	3.15	1.60	1.55
化工制品	0.73	1.34	2.98	0.31	0.22
非金属矿物制品	0.63	1.08	1.61	-0.57	-0.54
出口导向型行业					
医药制品	-0.11	-0.18	-0.50	0.89	0.61
轻工业	-0.24	-0.25	-0.66	1.81	1.66
塑料和橡胶制品	-0.43	-0.39	-0.92	0.72	0.63
高新技术制造业	-0.45	-0.43	-1.21	0.09	0.01
化石能源行业					
成品油和炼焦	-0.05	0.04	0.15	-3.50	-3.40
煤炭	0.25	0.10	-0.06	-3.29	-3.34
燃气生产供应	-0.59	-0.36	-0.74	-1.77	-1.85
原油	-0.07	-0.10	-0.24	0.22	0.03
天然气	-0.20	-0.22	-0.50	0.80	0.60

续表

行业名称	CBAM1	CBAM2	CBAM3	CBAM4	CBAM5
其他行业					
其他采矿业	0.01	0.13	0.55	0.63	0.57
农业	-0.12	-0.15	-0.38	-0.61	-0.68
食品业	-0.08	-0.09	-0.24	-1.43	-1.44
交通运输	-0.09	-0.12	-0.19	-1.82	-1.81
服务业	-0.13	-0.10	-0.20	-1.99	-1.92

资料来源：GTAP - E - Power 模拟结果。

表 3-16　CBAM1 - CBAM5 情景下欧盟电力行业产出变化

单位：%

行业名称	CBAM1	CBAM2	CBAM3	CBAM4	CBAM5
输配电	0.22	0.14	0.53	-0.88	-0.89
化石能源发电行业					
基荷油电	1.90	1.83	2.13	-4.66	-4.52
基荷煤电	1.96	1.66	1.90	-4.48	-4.48
基荷气电	2.08	1.97	2.57	-2.68	-2.59
峰荷油电	1.05	0.98	1.44	-0.94	-0.93
峰荷气电	3.30	3.17	3.70	0.53	0.54
清洁能源发电行业					
峰荷太阳能发电	0.34	0.28	0.64	1.18	1.13
峰荷水电	0.34	0.28	0.62	1.54	1.47
其他电力	0.77	0.81	1.35	2.68	2.65
基荷核电	0.53	0.59	0.95	3.22	3.18
基荷风电	0.68	0.72	1.13	3.97	3.91
基荷水电	0.67	0.69	1.17	4.51	4.43

资料来源：GTAP - E - Power 模拟结果。

对于高碳行业，CBAM2 情景和 CBAM3 情景有助于增强政策有效性，CBAM4 情景和 CBAM5 情景将减弱政策有效性。原因在于，欧盟高碳行业的碳排放强度低于世界上大多数国家，实施 CBAM 政策后的进口品价格涨幅高于取消免费配额后的欧盟产品价格涨幅，欧盟倾向选择本地产品替代进口品。免费配额逐步取消情景和碳排放核算范围扩大情景会进一步增强产品的价格优势，刺激高碳行业产出继续增加。因此，相较于 CBAM1 情景，CBAM2 和 CBAM3 情景下高碳行业产出增长率将提高 0.28 ~ 3.02 个百分点。当 CBAM 对全行业征收时，高碳行业因进口能源投入占比相对较高，能源投入大幅增加，价格优势减弱，出口需求下降进而产出收缩。因此，相较于 CBAM3 情景，CBAM4 情景下高碳各行业产出增长率下降 1.55 ~ 2.67 个百分点。当美国也征收碳边境税时，欧盟因投资增加提高了对资本的需求，资本价格上涨，服务业作为资本密集型行业，其产品价格因资本投入增加而提高，高碳行业的服务业投入和资本投入随之上涨，价格优势减弱，其中化工制品、金属制品行业因出口需求下降产出收缩，而非金属矿物制品行业受下游服务业拉动，产出则有所增加。最终，相较于 CBAM4 情景，CBAM5 情景中的金属制品、化工制品行业产出增长率分别下降 0.05 个、0.09 个百分点，非金属矿物制品行业产出增长率提高 0.03 个百分点。

对于出口导向型行业，CBAM 使其面临更加不公平的贸易环境，扩大碳排放核算范围将加剧负面影响；在 CBAM1 情景的基础上保留覆盖行业 50% 的免费配额，以及扩大至全行业征收碳边境税则对负面影响有所缓解。原因在于，CBAM 政策提高了出口导向型行业的中间投入成本，降低其在国际市场中的比较优势，出口需求下降导致产出收缩。在 CBAM1 情景的基础上，保留覆盖行业 50% 的免费配额通过降低投入成本，缓解了行业损失。而扩大碳排放核算范围则会提高投入成本，加重部门损失。需要注意的是，由于医药制品行业的资本要素投入大于高碳产品的中间投入，保留部分免费配额会导致资本价格因资本需求上涨而增加，因此医药制品行业资本投入涨幅大于高碳产品投入降幅，价格优势减弱，产出下降。因此，CBAM1 情景下，出口导向型行业产出将下降 0.11% ~ 0.45%。相较于 CBAM1 情景，CBAM2 情景中塑料和橡胶制品、高新技术制造业产出增长率分别提高 0.04 个、0.02 个百分点，医药制品行业产出增长率下降 0.07 个百分点。相较于 CBAM2 情景 CBAM3 情景中出口导向型行业产出增长率将下降 0.32 ~ 0.78 个百分点。当从

CBAM 扩展至对全行业征收时，欧盟本地生产的出口导向型产品相对进口产品更具价格优势，本地产品替代进口品，带动产出增加。因此，相较于 CBAM3 情景，CBAM4 出口导向型行业产出增长率将提高 1.30 ~ 2.47 个百分点。而当美国征收碳边境税时，因服务业和资本的投入成本上涨，出口导向型行业的价格优势减弱，产出随之下降。因此，相较于 CBAM4 情景，CBAM5 情景中出口导向型行业产出增长率将下降0.08 ~ 0.28 个百分点。

对于电力行业，CBAM 能够促进电力产出整体增长，扩大碳排放核算范围将进一步增强正面影响，扩大至全行业征收碳边境税对化石能源发电部门冲击较大，并刺激清洁能源发电部门产出大幅扩张，在 CBAM1 情景的基础上，保留覆盖行业 50% 的免费配额和美国征收碳边境税对电力行业影响相对较小。首先，电力行业产出整体扩张的原因有三个：一是高碳行业产出扩张增加电力需求；二是免费配额的取消增加了高碳行业化石能源投入成本，拉高非电力能源价格，高碳行业使用更多电力能源替代非电力能源，并使用更多清洁电力；三是受价格竞争优势影响，欧盟倾向选择区域内电力产品替代进口。核算 CBAM 产品的完全碳排放会进一步增强高碳行业电力能源需求和价格优势，从而刺激电力行业产出进一步扩张。因此，CBAM1 情景和 CBAM3 情景下，电力各行业产出分别提高 0.22% ~ 3.30% 和 0.53% ~ 3.70%。当 CBAM 覆盖全行业时，基荷煤电、基荷气电等化石能源发电行业的产出大幅下降，基荷水电、基荷风电等清洁电力部门产出大幅扩张。这主要有两个方面原因：一是规模效应，高碳行业、服务行业产出下降，以及居民消费支出降低，减少了对电力的需求；二是价格替代效应，欧盟对煤炭、天然气等化石能源征收碳边境税导致煤电、气电投入成本大幅增加，清洁电力更具价格优势，各部门使用清洁电力替代化石能源电力，从而降低化石能源发电行业产出，带动清洁能源发电行业产出增加。因此，相较于 CBAM3 情景，CBAM4 情景下基荷煤电、基荷气电等化石能源发电行业产出增长率降低 2.38 ~ 6.79 个百分点，基荷水电、基荷风电等清洁能源发电行业产出增长率提高 0.54 ~ 3.34 个百分点。

对于化石能源行业，CBAM 政策将打击各子行业产出（煤炭行业除外），在CBAM1情景基础上保留覆盖行业50%的免费配额、扩大碳排放核算范围以及美国征收碳边境税将会加剧负面影响；相比各自的上一阶段情景，扩大至全行业征收碳边境税会打击煤炭、成品油和炼焦以及燃气生产供应部门产出，但有助于增加原油和天然气部门产出。CBAM会打击化石能源行业产出主要有以下两个方面的原因。第一，煤炭主要用于煤电生产投入，其产出随煤电部门产出变动。第二，对于非煤炭能源，一方面，CBAM实施后，高碳行业选择用电力替代非电力能源，从而减少非煤炭能源需求；另一方面，由于燃气碳排放强度高于原油、天然气、成品油和炼焦等其他非煤能源，高碳行业使用燃气价格上涨更多，会进一步降低燃气需求，导致燃气生产供应部门产出降幅较大。扩大碳排放核算范围将进一步加剧影响。因此，CBAM1情景下，煤炭产出增长0.25%，其他化石能源行业产出下降0.07%～0.59%；CBAM3情景下，除成品和炼焦行业，化石能源其他行业产出下降0.06%～0.74%。当在CBAM1情景基础上保留覆盖行业50%的免费配额时，高碳行业使用非电力能源价格下降，从而增加燃气和成品油需求，因此相较于CBAM1情景，CBAM2情景中燃气生产供应、成品油和炼焦行业的产出增长率将分别提高0.23个、0.09个百分点。当CBAM覆盖至全行业时，一方面高碳行业、服务业等行业产出下降，降低非煤能源需求；另一方面，由于欧盟生产原油、天然气的碳排放强度低于俄罗斯、西亚等主要进口地区，欧盟境内原油、天然气的价格相对进口更具优势，下游部门倾向于使用区域内能源进行替代。因此，相较于CBAM3情景，CBAM4情景中原油、天然气行业产出增长率将分别提高0.46个、1.3个百分点，煤炭、成品油和炼焦、燃气生产供应行业产出增长率将下降1.03～3.65个百分点。最后，当美国也征收碳边境税时，一方面，欧盟的高碳行业和出口导向型行业产出收缩，降低了对非煤能源的需求；另一方面，欧盟交通运输行业因服务业带动产出扩张，提高了对成品油和焦炭的消费，促进其产出扩张。因此，相较于CBAM4情景，CBAM5情景中成品油和炼焦行业产出增长率提高0.1个百分点，其他化石能源部门产出增长率下降0.05～0.2个百分点。

综合上述分析，可以发现，现阶段的CBAM政策能够恢复欧盟高碳行业和电力行业的产品竞争力，但对化石能源行业、出口导向型行业存在显著的负面影响。而不同的升级措施对欧盟产业发展的影响不同。总体来看，扩大碳排放核算范围对高碳行业和电力行业的产出拉动作用最强，但会牺牲出口导向型行业的利益；对全行业征收碳边境税对高碳行业发展具有负面影响，但有助于提高出口导向型行业的产出增长率；CBAM实施国家增加能够通过投资回流缓解欧盟经济损失，但资本价格的提高降低了欧盟高碳行业和电力行业的产品竞争力。

3.4.4.3 CBAM对中国的经济和碳排放影响

(1) 宏观经济与碳排放影响

欧盟实施CBAM对中国经济存在微弱的正面影响，并小幅降低碳排放。不同的CBAM升级举措对中国经济将产生不同影响，但均会促使中国减少碳排放。

表3-17展示了5个政策情景下中国GDP和碳排放的变化情况。相对于基准情景，在CBAM1~CBAM5情景下，中国实际GDP变化幅度在-0.1812%~0.0154%之间，碳排放降幅在0.0524~0.2042之间。其中，CBAM2和CBAM3对中国经济影响不大，CBAM覆盖全行业和美国实施CBAM则会明显加重中国经济损失。从影响程度来看，相较于各自的上一阶段情景CBAM覆盖范围拓展至全行业对中国经济的负面影响最大，碳排放核算范围拓展至完全排放对中国减排的影响最大。

表3-17 CBAM1~CBAM5情景下中国实际GDP和碳排放变化

单位：%

情景	实际GDP	碳排放变化
CBAM1	0.0115	-0.0524
CBAM2	0.0154	-0.0799
CBAM3	0.0111	-0.1667
CBAM4	-0.1621	-0.1693
CBAM5	-0.1812	-0.2042

资料来源：GTAP-E-Power模拟结果。

现阶段CBAM政策将提高欧盟出口导向型产品价格，使中国产品在国内和国际市场上更具比较优势，促进高新技术制造业、轻工业等部门产出扩张，进一步带动服务业产出增加，从而提高就业水平，拉动中国经济小幅增长。同时，CBAM提高中国向欧盟出口高碳产品的价格，导致中国高碳行业产出收缩，降低煤电、煤炭需求，进而减少了我国碳排放。相比于基准情景，CBAM1情景下中国的实际GDP和碳排放变化幅度为0.0115%和-0.0524%。

如前文所述，在CBAM1情景基础上保留覆盖行业50%的免费配额将增加欧盟高新技术制造业的产出，进而提高对中国高新技术制造业的进口需求，拉动上游的服务业产出增长，吸纳更多劳动力就业，拉动中国经济小幅增长。同时，欧盟保留免费配额会进一步降低中国高碳产品出口，降低煤电煤炭需求，导致碳排放进一步下降。因此，相较于CBAM1情景，CBAM2情景中我国实际GDP和碳排放增长率分别提高0.0039个百分点和降低0.0275个百分点。

CBAM覆盖范围拓展至全行业，将提高欧盟从中国进口的出口导向型行业和服务业的产品价格，打击中国相关行业的出口需求，减少行业对劳动力的需求，导致中国经济受损。因此，相较于CBAM3情景，CBAM4情景下中国实际GDP增长率将下降0.1732个百分点。

当美国也征收碳边境税时，高碳行业、电力行业、出口导向型行业等部门的出口需求将持续降低，对劳动力的需求进一步下降，进而导致经济损失扩大。最终，相较于CBAM4情景，CBAM5情景中我国实际GDP和碳排放增长率分别下降0.0191个和0.0349个百分点。

（2）产业影响

表3-18和表3-19展示了CBAM1~CBAM5情景下中国各行业产出变动情况，总体来看，欧盟实施CBAM将打击中国多数行业，并随着政策升级进一步加大打击力度，但因贸易环境和产业间关联效应，行业产出变动在不同情景下略有差异。

表3-18　CBAM1～CBAM5情景下中国非电力行业产出变化

单位：%

行业名称	CBAM1	CBAM2	CBAM3	CBAM4	CBAM5
化石能源行业					
天然气	-0.71	-0.43	-0.99	-1.63	-1.67
原油	-0.11	-0.10	-0.19	-0.29	-0.35
煤炭	-0.08	-0.10	-0.20	-0.12	-0.14
燃气生产供应	0.02	-0.03	-0.03	-0.48	-0.55
成品油和炼焦	0.02	0.02	-0.05	-0.10	-0.12
高碳行业					
非金属矿物制品	-0.11	-0.14	-0.26	-0.20	-0.22
化工制品	-0.12	-0.15	-0.37	-0.19	-0.32
金属制品	-0.03	-0.04	-0.38	-0.26	-0.34
出口导向型行业					
医药制品	0.05	0.06	0.11	-0.07	-0.02
轻工业	0.02	0.04	0.16	-0.93	-1.03
塑料和橡胶制品	0.05	0.06	0.24	-0.41	-0.59
高新技术制造业	0.06	0.08	0.36	-0.21	-0.36
其他行业					
其他采矿业	-0.06	-0.08	-0.35	-0.11	-0.15
交通运输	0.00	0.01	0.00	-0.04	-0.07
服务业	0.03	0.03	0.04	-0.01	0.04
食品业	0.02	0.03	0.03	0.04	0.05
农业	0.02	0.02	0.04	0.08	0.10

资料来源：GTAP-E-Power模拟结果。

表3-19　CBAM1～CBAM5情景下中国电力行业产出变化

单位：%

行业名称	CBAM1	CBAM2	CBAM3	CBAM4	CBAM5
输配电	-0.03	-0.04	-0.15	-0.23	-0.29
化石能源发电行业					
基荷煤电	-0.09	-0.10	-0.20	-0.30	-0.36
峰荷油电	-0.02	-0.03	-0.13	-0.23	-0.28
峰荷气电	-0.03	-0.04	-0.13	-0.21	-0.26
基荷气电	0.00	0.00	0.00	0.00	0.00
基荷油电	0.00	0.00	0.00	0.00	0.00

续表

行业名称	CBAM1	CBAM2	CBAM3	CBAM4	CBAM5
清洁能源发电行业					
基荷核电	-0.04	-0.01	-0.15	-0.20	-0.26
其他电力	-0.02	0.00	-0.12	-0.13	-0.17
基荷水电	-0.04	0.00	-0.13	-0.10	-0.15
基荷风电	-0.05	-0.03	-0.16	-0.09	-0.13
峰荷水电	-0.05	-0.06	-0.17	-0.26	-0.31
峰荷太阳能发电	-0.05	-0.06	-0.17	-0.29	-0.35

资料来源：GTAP-E-Power 模拟结果。

燃气生产供应行业与成品油和炼焦行业在 CBAM1 情景中产出小幅增长 0.02%，我国的高碳行业、化石能源行业的大多子行业和电力行业产出下降。对高碳行业而言，由于中国生产高碳产品的碳排放强度较高，CBAM 的实施提高了欧盟从中国进口的高碳产品价格，降低了中国高碳行业的出口需求。在 CBAM1 情景的基础上保留覆盖行业 50% 的免费配额和扩大碳排放核算范围均会削弱中国高碳产品的竞争力，导致行业产出进一步下降。对化石能源行业而言，其产出大幅下降主要有两个方面的原因：其一，中国的高碳行业产出下降，降低了对化石能源的需求；其二，乌克兰高碳出口产品对欧盟的依赖度高且碳排放强度较高，受 CBAM 打击力度更大，降低了乌克兰的能源需求和能源价格，在中国市场上挤占了中国国产能源产品的市场份额。对电力行业而言，欧盟实施 CBAM 政策会提高欧盟从中国进口电力的价格，同时中国电力的主要下游部门高碳行业等产出收缩，减少电力能源需求，这些共同导致电力行业产出下降。

在 CBAM1～CBAM3 情景中，中国出口导向型行业产出将增加。这是因为 CBAM 将会提高欧盟出口导向型产品成本，导致中国产品在国内和国际市场上更具比较优势，增加了出口和国内需求；同时，在 CBAM1 情景的基础上保留覆盖行业 50% 的免费配额和扩大碳排放核算范围，会进一步增强中国出口导向型行业产品的比较优势，拉动产出增长。

相较于CBAM3情景CBAM覆盖至全行业会打击中国的化石能源行业、出口导向型行业，但会小幅拉动高碳行业产出增加。首先，欧盟对全行业征收CBAM，会减少欧盟从中国进口的出口导向型行业、服务业等的产品，导致我国相关行业产出下降，减少对化石能源的需求。因此，相较于CBAM3情景，我国的天然气、原油、成品油和炼焦行业的产出增长率分别下降0.64、0.10、0.05个百分点。其次，中国出口导向型产品被纳入CBAM行业覆盖范围，将直接打击其出口需求。因此，相较于CBAM3情景，轻工业、塑料和橡胶制品、高新技术制造业、医药制品的产出增长率将分别下降1.09、0.65、0.57、0.18个百分点。此外，对高碳行业而言，高碳产品的重要中间投入品也被纳入CBAM覆盖范围，由于国外需求下降，这些中间投入品在中国市场上价格降低，从而降低我国高碳商品的生产成本，增强其在国际市场上的竞争力，出口增加带动产出扩张。

美国征收碳边境税，将会对中国的各行业产出造成冲击，其中塑料和橡胶制品行业产出增长率将下降0.18个百分点（CBAM5相较于CBAM4情景）。这主要是由于美国征收碳边境税会提高美国进口我国产品的价格，造成我国行业出口进一步受阻。

综合上述结果，现阶段的CBAM政策主要影响到中国的高碳行业、电力行业、化石能源行业三类行业，出口导向型行业产出小幅增加。CBAM的升级对中国各行业的影响存在异质性：对高碳行业而言，扩大碳排放核算范围的负面冲击最大；对出口导向型行业而言，扩大CBAM行业覆盖范围负面冲击最大；对化石能源行业而言，增加CBAM实施国家后，其各子行业都会受到负面冲击。

3.4.5 主要结论和政策建议

本节采用静态GTAP-E-Power模型和V10数据库测算了欧盟实施CBAM的有效性，以及CBAM和未来可能的升级措施会对欧盟和中国的经济及碳排放的影响。主要结论如下。第一，相较于基准情景，CBAM能够更有效地降低欧盟的碳泄漏，同时能够恢复欧盟CBAM覆盖行业生产商的竞争力。第二，扩大碳排放核算范围与CBAM覆盖行业范围能够进一步降低欧盟的碳泄漏率。第三，从区域看，俄罗斯、东欧、乌克兰和中国是欧盟减少碳泄漏的主要贡献国（地）；从部门看，金属制品、化工制品、非金属矿物制品行业的碳泄漏率显著降低。第四，对欧盟而言，现阶段的CBAM以经济收缩为代价，小幅降低欧盟碳排放，并能够增加欧盟高碳行业和电力行业的产出，但会打击出口导向型行业发展，扩大碳排放核算范围将进一步加深CBAM政策的影响。第五，对中国而言，现阶段的CBAM对中国的GDP有微弱的正面影响，扩大碳排放核算范围后，政策升级会给中国宏观经济造成负面影响，GDP降幅最高达0.1812%；现阶段CBAM主要冲击中国的高碳行业、电力行业、化石能源行业，而出口导向型行业产出将小幅增加；CBAM升级后对中国行业的影响存在异质性，扩大行业覆盖范围对中国出口导向型行业的负面冲击最大，扩大碳排放核算范围对中国高碳行业的负面冲击最大。

基于上述结论，我们提出如下几点中国应对的政策建议。第一，进一步完善全国碳市场，适时纳入钢铁、铝、水泥等高碳行业。第二，加快国内相关行业绿色转型，加大可再生能源基础设施建设，增加绿色低碳能源的供给，推动企业进行能源技术研发，形成从技术到设备、从生产到使用的整体能效进步。第三，积极推进高质量共建“一带一路”，支持“一带一路”共建国家基础设施互联互通和经济一体化，降低贸易出口损失。

3.5　全球经济再平衡之美国储蓄率上升对我国经济的影响

——基于动态GTAP-Dyn模型

摘　要：金融危机之后，美国推出了一系列促进全球经济再平衡的政策举措。但对于这些政策的影响很少有学者进行定量的研究和评估，因此，本节采用动态GTAP-Dyn模型测算了美国储蓄率上升对我国的宏观经济影响。模型结果显示，与基准情景相比，2015年中国经济和福利受到小幅正面影响，而美国则受到一定的负面冲击。同时，我国生产要素成本增加导致我国货币实际升值。另外，该措施提升了我国内需比重，降低了对外需的依赖，对我国的经济发展方式转变有促进作用。从行业产出看，其对我国行业有小幅负面冲击，而对美国产业基本上呈较大幅度的正面影响。从中美双边贸易看，由于需求效应的影响，中国对美国农产品及其加工品的出口减少。与此相反，替代效应导致美国对中国工业品的出口大幅增加。

关键词： 再平衡　美国　储蓄率　动态GTAP-Dyn模型

3.5.1 研究背景

奥巴马政府在2009年9月召开的G20匹兹堡金融峰会上提出“可持续和均衡增长框架”的建议，力促“启用一个规定了政策和方法的行动框架，以创建一个强有力、可持续和平衡的全球经济模式”。为此，“全球经济再平衡”成为后危机时代世界经济的重中之重。在很大程度上，全球经济不平衡主要体现为全球第一大经济体美国和第二大经济体中国之间的经济不平衡。具体体现为“中国忙于储蓄，美国忙于消费；中国忙于生产，美国忙于享受；中国忙于出口，美国忙于进口”。因此，中美经济再平衡对全球经济再平衡具有举足轻重的作用。中美经济再平衡将打破中美经济“传统”的分工格局，中美经济也必然会在“再平衡”原则基础上实现重塑，这将对两国经济甚至世界经济带来重大影响。对此，中国必须直面“中美经济再平衡”这一重大课题，趋利避害，将其转化为中国经济战略调整的强大动力，适时推进中国经济战略的优化升级。

3.5.2 文献综述

2005年，国际货币基金组织总裁罗德里戈·拉托首次正式提出“全球经济失衡”的概念，即中日等东亚国家持续的高储蓄率、经常账户盈余和巨额的外汇储备，以及与之相对应的美欧等发达国家持续的高负债率和庞大的财政及经常账户“双赤字”。尽管全球经济失衡由来已久，但对于该问题的讨论和研究也只在近些年才展开，按其研究问题和角度的不同，可以将现有文献分为四类。

第一类，关于全球经济失衡概念和内涵的讨论。Bordo（2005）等一般把全球经济失衡看成美国的经常账户赤字以及美国对外负债增加。Ronald和Gunther（2009）提出了全球经济失衡的两种含义：一是全球性的储蓄（贸易）失衡，主要反映在美国的高额贸易（储蓄）逆差及中国、日本、德国、石油出口国和许多小国家的贸易（储蓄）顺差；二是由中国对美国庞大的经常账户盈余导致的金融中介机构的大规模失衡。陈锡进（2009）认为全球经济失衡的实质是各国之间的力量对比失衡以及由此决定的各国在全球经济活动中的权力和利益失衡，是各国在国际分工体系中地位的外在表现。

第二类，对于中美之间经济不平衡的研究。“中美经济不平衡”反映的是作为全球金融中心的美国与作为全球制造业中心的中国，在国际分工中的失衡以及债权国与债务国之间在利益分配上的失衡。余永定（2009）认为美国经济不平衡问题，实际上可以说是美国的持续经常项目逆差问题。美国要想进行调整，唯一的出路就是增加出口，减少进口。中国则必须进行结构调整，减少对外需的依赖。夏先良（2010）认为人民币汇率不是中美经济贸易不平衡的根源，中美经济贸易失衡本质上是两国经济发展不平衡的产物。全球经济再平衡可能通过经济结构调整而不可能通过汇率调整实现。周小川（2006）指出全球经济再平衡的调整情景为美国家庭储蓄和总储蓄率上升，中国居民消费水平也在上升，全球不平衡将得到矫正。

第三类，对于全球经济失衡的原因和相关政策措施的研究。阮建平

（2011）提到中美经济再平衡要求中国加快人民币升值，从而限制我国对美国的出口。孙治宇（2010）认为贸易保护和美元贬值将是美国未来减少贸易赤字和刺激经济复苏的重要政策取向，在所谓世界经济再平衡过程中美国将实现双向套利。第一层套利是美国债务的减少，第二层套利是美国对国外债权的增加。宋玉华（2010）认为美国次贷危机演变而来的全球金融危机是世界经济失衡尤其是美国金融经济失衡积累到一定程度的必然结果，并指出世界各国尤其是中美等主要经济体的国内均衡将是实现世界经济再平衡的前提和基础。潘宏胜、林艳红（2009）认为加强国际汇率政策协调，保持国际货币尤其是主要货币的汇率相对稳定，能促进对全球经济失衡的有序调整。

第四类，评估全球经济再平衡的宏观经济影响。雷达（2010）提出在全球经济再平衡过程中，商品的出口结构可能会向中端产品进行调整，这与全球技术变革和技术演进相一致。王英凯（2010）认为在全球经济再平衡的背景下，在未来相当长一段时期内，随着中国商品结构的升级和对外贸易的进一步扩大，国际对华贸易保护将保持上升趋势，涉及的领域将进一步扩大，而且贸易保护主义的形式将趋于多样化。宋国友（2010）认为美国政府倡导的全球经济平衡和中国政府提出的科学发展观是高度契合的，但全球经济再平衡会中断中美既有的经济相互依赖模式。

国外学者也进行了定量的测算和研究。Ronald 和 Gunther（2009）使用全球动态一般均衡模型，评估了全球金融危机对亚洲经济的短期和中期影响以及后危机时期东亚新兴经济体的经济再平衡调整对世界经济的影响。Kawai 和 Zhai（2009）使用一个全球性的一般均衡贸易模型评估了全球再平衡对于亚洲经济的长期影响，并分析了中国、日本、美国三国进行整合的有利之处。

总的来说，现有研究存在两点局限。第一，已有文献主要集中于对中美经济不平衡的内涵、原因和影响等问题的定性研究，很少通过量化的手段评价促进和改善中美经济不平衡的政策影响。第二，有少量的文献采用全球一般均衡模型分析了全球经济再平衡的影响，大部分文献基于静态 GTAP 模型。该模型只能进行比较静态分析，不能根据时间动态更新数据库和构建模拟的基准情景，因此，其在分析未来某一段时间内美国的储蓄率上升问题时明显不合适。

本节将主要集中回答以下问题：美国储蓄率的上升对我国的宏观经济和社会福利会造成怎样的影响？对中美两国国内不同行业的影响如何？对中美之间的双边贸易会产生怎样的影响？

本节分为五部分，3.5.1为研究背景，3.5.2为文献综述，3.5.3为研究方法和模拟方案，3.5.4为模型结果和分析，3.5.5为结论和政策含义。

3.5.3 研究方法和模拟方案

动态GTAP-E模型的具体介绍见3.1.2研究方法和模拟方案。动态GTAP-Dyn模型对于中国的经济政策分析是适用的。这主要基于两方面的原因。一方面，GTAP模型是以新古典经济学原理为基础的，通过市场机制配置资源和要素，利用价格杠杆调整产品和要素市场的供给和需求以达到市场均衡。可以说，GTAP-Dyn模型的核心经济理论完全是基于市场经济的，所以，对于实行社会主义市场经济的我国是适用的。另一方面，现有很多国内外学者已经使用静态GTAP模型对中国的经济和贸易问题进行了分析，而且事实证明这些分析结论都是十分有效的。与静态GTAP模型相比，动态GTAP模型只不过是考虑了整个经济达到均衡状态的一个完整时间路径，而不是单纯地给出最终均衡结果。从这个角度说，动态GTAP-Dyn模型更符合现实经济状态的运行和调整。

本节采用最新的动态GTAP-Dyn模型和V7数据库，该数据库是基于2004年各国的社会核算矩阵建立起来的，共包含113个国家和地区和57种商品。根据研究需要，我们将数据库加总为43个产品部门和3个国家和地区（中国、美国和其他国家）。

根据本节的研究目的，我们设计了两个模拟方案：基准方案和政策方案（美国储蓄率上升方案）。

基准方案：本节采用动态的方法模拟了 2004～2015 年的基准方案。基准方案除了假设所有国家现行政策将持续执行外，还考虑中国在 2001～2010 年按照加入 WTO 协议继续调整其关税政策，在 2005 年 1 月取消多种纤维协定（MFA），以及欧盟东扩等。

政策方案（美国储蓄率上升方案）：根据美国推出的一系列再平衡政策（汇率贬值、五年内出口倍增计划、制造业回归和重建家庭储蓄等举措），我们模拟，2010～2015 年美国储蓄率逐渐增加，2015 年储蓄率攀升至 7.1%，即大致相当于美国 20 世纪 90 年代初期私人储蓄率水平。同时，假定在 2011～2015 年中国和美国与其他国家之间的贸易和关税等保持不变。

3.5.4　模拟结果和分析

3.5.4.1　对宏观经济和社会福利的影响

（1）对中国 GDP 和福利有正面影响，而美国将受到一定的负面冲击

与基准情景相比，2015 年中国实际 GDP 增长 0.14%，社会福利增加 33.94 亿美元，因此，中国将受益于美国的储蓄率上升。与中国不同，2015 年美国实际 GDP 下降 0.03%，社会福利减少 21.71 亿美元，可见，美国重建储蓄短期内将使经济受到负面冲击。中美两国经济的表现不同，从供给侧看，主要取决于两方面的因素。一方面，间接税收入的变化。由于中国的消费和进口同时上升，因此，间接税收入上升，刺激经济增长，而美国的情况正好相反。另一方面，国内资本存量的变化。中国和美国国内资本存量分别增加 0.35% 和 0.15%[①]，因此，资本存量对两国经济都有正面影响。对于中国而言，两方面因素都产生正面影响，因此，我国经济出现大幅增长。而美国经济间接税下降的负面影响超过资本存量的正面影响，所以，美国经济出现小幅收缩。

① 在动态 GTAP 模型中，从长期来看，假定一个国家（区域）的劳动力和土地的总量都是固定的，而资本存量是可以变化的，所以，长期经济增长变动完全由资本存量的变化所致。

（2）对中、美两国的经济发展方式转变和结构调整均有促进作用

从需求侧看，中国的外部需求下降，而内需扩张。中国整体经济保持增长，从而带动国内消费增加。模型显示，2015 年中国私人和政府消费分别增加 0.01% 和 0.03%。同样，投资需求也由于资本存量的增加上升 1.5%。因此，国内总体需求增加。而外部需求下降，出口下降 0.93%，而进口增加 0.46%，贸易平衡项占国民收入的比例下降 0.0056%。可以看出，这对我国长期以来过度依赖外需的增长模式有一定的调整作用。而美国情况正好相反，国内需求下降，储蓄率上升导致消费比重下降。2015 年美国私人和政府消费分别下降 2.62% 和 2.48%，而投资增加 1.64%。一方面，整体经济收缩进一步导致消费需求下降，所以，消费需求的降幅较大；另一方面，外部需求有所改善，出口增加 9.99%，进口下降 3.07%，贸易平衡项占国民收入的比例上升 0.0198%，因此，储蓄率上升有效抑制了美国的过度消费和贸易逆差的持续增加。

（3）实际汇率上升导致我国贸易平衡项恶化和贸易条件改善

与世界平均要素价格相比，我国要素价格上涨幅度更大，所以，我国实际汇率上升 0.43%①。汇率的变化直接导致我国出口产品总体价格上升（0.032%），进口价格下降（-0.085%），从而使贸易条件上升 0.118%。这将有助于改善长期以来我国贸易条件持续恶化的状况。而美国正好相反，实际汇率下降 1.66%，因此，出口价格下降（-1.66%），进口价格上升（0.044%），贸易条件下降 1.70%。在模型中，实际汇率与贸易平衡项反映出同步变动的关系。当贸易平衡项恶化时，实际汇率上升（中国），而贸易平衡项改善时，实际汇率下降（美国）。

（4）中国的生产要素成本上涨，而美国的生产要素成本下降

模拟结果显示，2015 年中国生产要素价格上涨 0.12%，而美国下降 1.98%。其中，中美两国的土地价格均呈现上涨。两国的土地价格分别上涨

---

① 在 GTAP 模型中，实际汇率是指本国的要素价格与世界平均要素价格的比率。当该数值大于 1 时，即为实际汇率上升；当该数值小于 1 时，即为实际汇率下降。

0.52% 和 1.86%。这主要是因为中美两国的农业部门产出均呈现扩张趋势。在 GTAP-Dyn 模型中，土地是一种“反应不敏感”的生产要素，土地在不同部门之间进行再分配是非完全流动的，而且假设只有农业和采掘业部门使用土地。而劳动力和资本价格的变化则反映了整体上劳动密集型和资本密集型产品产出的收缩和扩张（见表 3－20）。

表 3－20　相对于基准方案，2015 年政策模拟的主要宏观变量影响

单位：百万美元，%

指标	中国	美国
宏观变量		
福利	3393.5	－2170.5
实际 GDP	0.14	－0.03
投资	1.50	1.64
私人消费	0.01	－2.62
政府消费	0.03	－2.48
出口	－0.93	9.99
进口	0.46	－3.07
净出口	－22530.7	242085.4
生产要素价格		
总体要素价格	0.12	－1.98
土地	0.52	1.86
非熟练劳动力	0.20	－1.91
熟练劳动力	0.30	－2.03
资本	－0.08	－2.13
其他主要变量		
资本回报率	－0.13	－0.54
资本存量	0.35	0.15
消费物价指数	0.10	－1.70

注：本节中的福利变化指的是等价（EV）变化，即在消费者面对基准情景下的价格水平时，需要支付多少货币才可以让消费者至少达到政策情景下的效用水平；在模型中，等价变化的单位是以 2004 年不变价的百万美元标定的，这与动态 GTAP V7 数据库的单位是一致的。

资料来源：动态 GTAP-Dyn 模拟结果。

3.5.4.2 美国储蓄率提高对中美两国不同行业的影响

总的来说，美国储蓄率的提高对我国行业只有微弱的负面冲击，但对美国行业有较大的正面影响。

(1) 美国储蓄率提高对我国大多数行业呈现负面冲击，但影响幅度较小

总的来说，美国储蓄率提高对我国大多数行业形成小幅的负面冲击。在模拟的43种行业中，14种行业呈现正面影响，行业的平均影响为0.17%；29种行业呈负面影响，行业的平均影响为-0.31%。鉴于篇幅的原因，我们只列出了受到正面和负面影响的前十种行业（见表3-21）。

表3-21 2010~2015年美国储蓄率提高对中国行业的累积影响

单位：%

受益前十个行业名称	产出	价格	受损前十个行业名称	产出	价格
机动车	0.61	0.05	皮革	-1.07	0.06
服务业	0.46	0.07	植物纤维	-0.72	-0.11
煤炭	0.21	0.42	其他制造业	-0.67	0.03
饮料烟酒	0.21	0.07	木制品	-0.61	0.06
糖料作物	0.18	0.32	羊毛	-0.57	0.02
林业	0.15	0.22	纺织品	-0.56	0.03
矿产品	0.15	0.08	奶制品	-0.53	0.10
渔业	0.09	0.30	其他运输业	-0.47	0.00
钢铁	0.09	0.06	化工产品	-0.46	0.03
石油产品	0.07	0.01	非金属制品	-0.35	0.05

资料来源：动态GTAP-Dyn模拟结果。

我国受到正面影响的前四个行业分别为机动车、服务业、煤炭和饮料烟酒。可以说，受到正面影响的行业扩张幅度较小，最大的也没有超

过1%。这些行业的小幅扩张主要受到中间使用增加和投资拉动两方面的影响。其中，机动车、服务业和林业主要是由于其很大一部分产出被用作投资品[①]，因此，我国投资需求增加拉动这些行业产出增加。其他的7个行业——煤炭、饮料烟酒、糖料作物、矿产品、渔业、钢铁和石油产品是由于中间使用的增加而出现小幅扩张。数据显示，煤炭、饮料烟酒、渔业、矿产品、钢铁和石油产品分别有61%、83%、50%、58%、24%和37%被用作对服务业（电力和燃气、批发和零售业、建筑业和交通运输等行业）进行中间投入，因此，下游行业的扩张带动了上游行业的产出增加。

受到负面影响的前四个行业分别为皮革、植物纤维、其他制造业和木制品。总的来说，负面影响幅度较小。从影响因素看，行业收缩主要受到用作中间使用和出口需求的变化两方面的影响。一方面，皮革（54%）[②]、其他制造业（43%）、木制品（27%）、纺织品（30%）、其他运输业（30%）和化工产品（15%）产出中的相当一部分被用作出口，因此，我国实际汇率上升导致这些行业的出口下降；另一方面，植物纤维、羊毛、奶制品和非金属制品受到负面影响是由中间需求下降所致，其中，植物纤维（如棉花）和羊毛超过90%被用来生产纺织品，所以，纺织品的产出下降导致这两个行业受到冲击。

（2）美国储蓄率提高对美国的大多数行业呈现正面影响，且影响幅度相对较大

与中国不同，其对美国行业有较大的正面影响。在模拟的43种行业中，有28种行业呈现正面影响，平均的行业影响为3.38%；15种行业呈现负面影响，平均的行业影响为-0.83%。同样，我们也只列出了受到正面和负面影响较大的前十种行业（见表3-22）。

① 在模型数据库中，机动车、服务业和林业总使用中用作投资的比例分别为27%、39%和14%。

② 括号内数字表示数据库中总产出中的出口份额。

表 3-22　2010~2015 年美国储蓄率提高对美国行业的累积影响

单位：%

受益前十个行业名称	产出	价格	受损前十个行业名称	产出	价格
电子设备	9.08	-1.47	饮料烟酒	-1.53	-1.72
非金属制品	8.99	-1.57	奶	-1.35	-1.56
机械设备	7.72	-1.75	奶制品	-1.21	-1.71
其他运输业	7.17	-1.65	糖料制品	-1.17	-1.67
钢铁	6.65	-1.67	糖料作物	-1.14	-1.57
皮革	6.50	-1.53	服务业	-0.94	-1.87
羊毛	5.63	-0.81	猪牛羊制品	-0.89	-1.63
化工产品	4.65	-1.63	其他食品业	-0.86	-1.69
其他制造业	4.56	-1.68	牛羊肉	-0.69	-1.45
纺织品	4.52	-1.58	石油产品	-0.64	-0.44

资料来源：动态 GTAP-Dyn 模拟结果。

受到正面影响较大的前四个行业分别为电子设备、非金属制品、机械设备和其他运输业。与中国受益的行业相比，美国受到的正面影响更大。总的来说，受到正面影响行业的扩张主要是中间使用增加和出口需求拉动两方面带来的。其中，机械设备、其他运输业、皮革、羊毛和其他制造业出口份额较大，因此美国汇率下降会拉动这些产品产出大幅增加。而非金属制品和钢铁行业则是由于下游行业的产出增加带动上游行业产出扩张。而电子设备、纺织品、化工产品行业同时受到了上述两种因素的影响。

受到负面影响较大的前四个行业分别为饮料烟酒、奶、奶制品和糖料制品。与中国相同，影响幅度较小。从影响因素看，受到负面影响行业的收缩主要是中间使用和私人消费需求减少带来的。其中，饮料烟酒、奶制品、糖料制品、服务业、猪牛羊制品、其他食品业和石油产品主要被用作私人消费，美国储蓄率提高挤占了消费，因此，对这些产品的消费需求下降。而糖料作物、奶和牛羊肉主要是受下游行业中间使用的减少所影响。

（3）美国储蓄率提高对中美两国之间双边贸易的影响

鉴于篇幅的原因，我们只列出了双边贸易受影响较大的前 20 个行业（见表 3－23）。在动态 GTAP-Dyn 模型中，我们可以将影响双边贸易量的因素分为两大类。第一，替代效应，即出口国的出口产品在进口国市场上价格升高导致其他竞争性的贸易伙伴的产品更具竞争力。对于该产品而言，产生了贸易伙伴国替代该产品出口国的效应。第二，需求效应，即进口国的经济增长和最终需求发生变化，导致对总进口产品需求的变化。

表 3－23　2010～2015 年中美之间行业贸易量和价格的变化

单位：%

中国对美国出口			美国对中国出口		
产品名称	出口量	出口价格	产品名称	出口量	出口价格
其他肉制品	－10.04	0.17	机械设备	15.37	－1.75
奶	－7.80	0.16	其他肉制品	13.78	－1.66
奶制品	－7.78	0.10	金属制品	13.56	－1.73
稻谷	－7.60	0.24	电子设备	13.09	－1.47
猪牛羊制品	－7.18	0.04	其他制造业	13.03	－1.68
服装	－6.06	0.04	非金属制品	12.93	－1.57
其他制造业	－5.73	0.03	奶	12.56	－1.56
糖料制品	－5.57	0.14	稻谷	12.28	－1.01
煤炭	－5.49	0.42	服装	12.14	－1.56
糖料作物	－5.48	0.32	奶制品	11.88	－1.71
其他食品业	－5.32	0.13	皮革	11.40	－1.53
天然气	－5.28	0.08	纺织品	11.33	－1.58
产品名称	出口量	出口价格	产品名称	出口量	出口价格
木制品	－4.62	0.06	天然气	10.92	－0.31
小麦	－4.61	0.12	其他运输业	10.64	－1.65
纸	－4.56	0.04	机动车	10.54	－1.53
植物纤维	－4.31	－0.11	矿产品	10.20	－1.75
服务业	－4.29	0.07	钢铁	10.19	－1.67
皮革	－4.23	0.06	猪牛羊制品	9.91	－1.63

续表

中国对美国出口			美国对中国出口		
牛羊肉	-4.11	0.14	羊毛	9.85	-0.81
金属制品	-4.01	0.05	糖料作物	9.81	-1.57

注：为表述简明，仅选取前20个行业。
资料来源：动态 GTAP-Dyn 模拟结果。

①中国对美国出口的农产品及其加工品大幅下降。

从平均影响看，前20个受到负面冲击的行业出口平均下降5.7%。总的来看，前20个受到负面影响的行业中有10个以上属于农产品行业，而且，排在前五位的都是农产品：其他肉制品、奶、奶制品、稻谷和猪牛羊制品。所以，美国的经济再平衡对我国农产品和农产品加工业的出口影响较大。模型因素分解显示，主要是需求效应导致我国对美国出口量下降，而替代效应影响较小。也就是说，我国生产要素价格和实际汇率上升导致的出口价格上升并没有形成其他贸易伙伴国对我国产品的出口替代。

模型显示，主要是美国的中间使用和私人消费两方面的需求收缩导致对我国出口需求下降。一些美国进口的产品主要用于私人消费，所以，消费需求的下降导致对这些产品的进口减少。这一类产品涉及其他肉制品、猪牛羊制品、服装、其他制造业、其他食品业、植物纤维和皮革。如美国进口的其他肉制品中有87%都用作私人消费，所以，私人消费的下降导致其进口收缩。美国进口的服装几乎完全用作私人消费（97%），同样，私人消费需求的下降导致进口减少。另一类产品主要用于一些行业的中间投入，所以，经济增长的下降导致进口的中间投入减少。这类产品包括奶、稻谷、糖料作物、糖料制品、小麦、纸、牛羊肉和金属制品。如美国进口的奶几乎全部用于加工奶制品，所以，奶制品行业产出下降导致进口奶的数量减少。进口的稻谷同样有超过90%的比例被投入其他食品业，所以，下游行业的产出下降导致对上游产品的需求减少。而奶制品、木制品和服务业同时受到上述两方面的影响。

值得说明的一个问题是，为什么美国天然气的进口量只下降了0.3%，但是我国对美该产品的出口量下降了 -5.28%。与上述产品的影响因素不同，影响该产品的主要是替代效应而不是需求效应。在美国对天然气进口需求基本没有下降的情况下，我国对美出口天然气的大幅下降受到三个方面的影响。第一，我国天然气出口价格上涨的同时其他贸易伙伴国对美出口的价格下降。第二，在美国进口的天然气中我国的出口份额很小，只有不到1%，其他国家占有了巨大的市场份额。第三，在动态 GTAP 第七版数据库中，天然气的替代弹性特别大，达到 17.2，而其他行业的平均替代弹性只有 3.1。这是因为各国出口的天然气差异性很小，所以，替代弹性较大。上述三种因素共同导致在美国天然气进口市场上，我国的出口受到其他贸易伙伴国的大幅替代。

②美国对中国出口的工业制造业产品大幅增加。

从平均影响看，前 20 位受益行业的出口平均上升 11.77%。总的来看，前 20 个行业中有 10 个以上是工业制造业，而且，排在前五位的有 4 个是工业制造业：机械设备、金属制品、电子设备和其他制造业。所以，美国的经济再平衡对本国工业制造业产品出口有很大的刺激作用。

模型因素分解显示，与中国对美国出口不同，美国对中国出口增加主要是受到替代效应的影响，而需求效应的影响较小。也就是说，美国对我国的出口扩张主要是由美国出口产品的价格更具竞争力所致。美国生产要素价格下降和实际汇率下降导致产品价格下降，从而在我国市场上形成了对其他贸易伙伴国的出口替代。

在中国市场上，之所以美国对其他贸易伙伴国形成替代，主要有两个方面的原因。第一，与其他国家相比，美国产品的出口价格下降幅度更大。第二，在中国市场上美国产品所占的份额非常小，数据库显示平均只有 8.9%，远远低于欧盟、日本和东盟一些国家的市场份额。美国对中国的出口价格下降而出口量增加，一个明显的趋势是随着价格下降幅度越来越大，美国的出口量越来越多。但是有些产品显示出明显的不同，这主要是由于每种产品的替代弹性和市场份额不同。如天然气价格只下降了 0.31%，但是出口量上升了 10.92%，这一方面是因为上面提到的天然气替代弹性较大；

另一方面是因为美国对中国出口的天然气所占份额几乎为零，其他国家的天然气占据绝对的市场份额。这就造成美国出口价格只要有微弱的下降就会大幅替代其他国家的出口产品。

3.5.5 结论和政策含义

本节采用动态 GTAP-Dyn 模型和 V7 数据库测算了 2010～2015 年美国储蓄率上升的影响。主要结论和政策建议如下：①美国的经济再平衡措施对我国有正面的溢出效应，而美国在短期内由于经济结构的调整将受到一定的负面冲击。②美国储蓄率上升会促进我国实际汇率上升，同时压低美国汇率，因此，也许美国不需要费力采用各种外在措施要求我国汇率大幅上升，直接进行自身再平衡措施就可以达到拉低本国汇率进行贸易平衡的目的。③该措施将增加我国内需比重，降低对外需的依赖，因此，对我国的经济发展方式转变有促进作用。所以，我国应该积极参与和推进全球经济再平衡进程。④从中美双边贸易看，由于需求效应的影响，中国对美国的农产品及其加工品出口减少。这将影响农村农民的收入，因此，有可能在一定程度上加剧我国居民收入不平衡的现状。同时，替代效应导致美国对中国的工业制造业产品出口大幅增加，也对工业带来一定的负面影响。为此我国应该提前进行产业结构调整和技术升级，以降低美国制造业复苏对我国的冲击。

3.6 在 GTAP－RD 模型中对就业变动的建模

——以美墨加三国协议为例

Jingliang Xiao and Erwin Corong *

摘　要：贸易在推动经济增长和就业创造方面起着重要作用。然而，

* 肖敬亮为加拿大全球事务部（GAC）首席经济学家办公室高级顾问。本文作者观点不代表作者所在机构 GAC 意见。作者致谢英飞咨询文韵博士和吕郢康博士对本文的翻译及校对。文章曾发表于 2023 年 GTAP 年会。Erwin Corong 为普渡大学全球贸易分析中心（GTAP）研究经济学家。

贸易收益可能在国家、行业和就业人群之间分配不均，从而对家庭收入产生影响。近年来，一些国家（如加拿大等）致力于追求包容性贸易，以确保贸易所带来的利益能被更多人分享。要理解全球贸易变化与特定劳动力之间的经济联系，需要使用能够捕捉经济相互作用和劳动力市场机制的全球经济模型。本节通过在GTAP递归动态（GTAP-RD）模型中增加就业转换矩阵的方法，扩展了标准劳动力市场模块，这延续了Dixon和Rimmer（2008）早期研究中不同职业类型间就业变动的建模方法。通过研究北美国家贸易政策变化下不同职业类型之间、性别之间以及劳动力市场之间的就业重新分配，强化了GTAP-RD模型研究这种新的劳动力市场分配问题的能力。

关键词：GTAP-RD模型　就业转换矩阵　劳动力市场

3.6.1 简介

就业和收入分配是国际贸易一般均衡效应中的重要组成部分。然而，在可计算一般均衡模型（CGE）文献中，劳动力市场并没有像贸易自由化和气候政策一样成为主要关注点。在一些经典的CGE研究中，经常采用一些最简单的劳动力市场假设，例如固定就业、弹性劳动力供应或单一劳动力供应。

近年来，一些国家（如加拿大等）致力于追求包容性贸易，以确保贸易带来的好处被更广泛地分享，包括妇女等代表性群体。要理解全球贸易变化与特定劳动力的经济联系，需要使用能够捕捉经济互动和详细劳动力市场机制的全球经济模型。本文将一种机制纳入GTAP递归动态（GTAP-RD）模型中，使劳动力供应内生化，并将其细分为不同的劳动力市场群体。这些群体是根据相关劳动力市场特征定义的，例如性别、职业和年龄。这样做不仅可以回答“工资和失业的影响是什么”的问题，还可以回答“谁获益，谁受损”的问题。

有一些研究将 CGE 模型与微观模拟相结合，以分析外部冲击对收入分配的影响。例如，Hérault（2007）研究了南非的情况，Bourguignon 和 Savard（2008）研究了菲律宾的情况，Cogneau 和 Robilliard（2008）研究了马达加斯加的情况，Maurizio 等（2008）研究了拉丁美洲的情况。最近，Zhang 等（2022）应用类似的框架研究了新冠疫情对中国劳动力市场的不均等影响。这种微观模拟与 CGE 相结合的缺点是缺乏对宏观模型的反馈回路，即缺乏对劳动力供应的响应。

另一种框架最初由 Dixon 和 Rimmer（2008）引入，他们分析了通过更严格的边境管控或对雇主开出更高罚款来限制非法移民在美国就业的劳动力市场效应。随后，Tran 等（2012）将这一框架用于对澳大利亚的研究。在这个框架下，每个人口组别的年初人员存量是基于前一年的劳动力市场活动，并考虑了劳动力市场人口组别之间的相关外生转变，例如从年轻的分组逐渐过渡到老年分组。确定了每个组别的年初人员存量后，当前年份各种劳动力市场活动的劳动力供应则由这些活动之间相对工资水平的变化来决定。

劳动力市场模型框架的详细内容见 3.6.2。3.6.3 将对劳动力模块的数据进行更详细的说明，3.6.4 将分析美墨加三国协议的案例，3.6.5 总结研究并提出一些潜在的研究方向。

3.6.2 劳动力市场模型框架

3.6.2.1 关键概念

本节定义了 GTAP - LAB 模型中劳动力市场建模的关键概念。由于劳动力市场机制在所有地区都是相同的，本节在讨论中省略了地区维度，以简化符号标识。例如，活动 o[①]、性别 g、年龄 a 在地区 r 的劳动力供应 L_t（o,

---

① 本文中为了便于表达和统一集合，将“活动”“职业”都用变量 o 表示。

g, a, r)，简化为L_t (o, g, a)。

(1) 劳动年龄人口的特征

劳动年龄人口（WAP）包括 15 岁及以上的所有人。国际劳工组织（ILO）根据劳动力市场职能、性别和年龄等共同特征将 WAP 分为不同的群体。

WAP 根据以下特征进行分类。

①劳动力市场职能：管理人员，专业人员，技术人员和助理专业人员，文员和助理，服务和销售人员，农业、林业和渔业技术人员，工艺和相关行业工人，设备和机器操作员以及装配工，简单劳动职业人员，失业人口，不参与劳动力市场的人群。

②性别：男性和女性。

③年龄：15 ~ 24 岁，25 ~ 34 岁，35 ~ 44 岁，45 ~ 54 岁，55 ~ 64 岁，65 岁及以上。

本研究将 ILO 的前 9 种劳动力市场职能重新归类为 5 种职业：官员/经理，技术员/助理专业人员，文员，服务/销售人员，农业/非技术人员（见表 3 - 24）。

表 3 - 24　ILO 中劳动力市场职能与 GTAP 中职业的对应关系

序号	ILO	GTAP	缩写
1	管理人员	官员/经理	off_mgr_pros
2	专业人员	技术员/助理专业人员	tech_aspros
3	技术人员和助理专业人员	技术员/助理专业人员	tech_aspros
4	文员和助理	文员	clerks
5	服务和销售人员	服务/销售人员	service_shop
6	农业、林业和渔业技术人员	农业/非技术人员	ag_othlowsk
7	工艺和相关行业工人	农业/非技术人员	ag_othlowsk
8	设备和机器操作员以及装配工	农业/非技术人员	ag_othlowsk
9	简单劳动职业人员	农业/非技术人员	ag_othlowsk

（2）人口组别矩阵

在 t 年初，人们被分配到劳动力人口组别中。这些人口组别基于以下特征：性别、年龄和在 $t-1$ 年度中从事的劳动力市场活动。劳动力市场的四个人口组别分别为：①在活动 o 中就业，其中 o 是 GTAP - RD 模型中的5种职业之一；②失业人员（UNEMP），即在 $t-1$ 年度和 t 年度均处于失业状态；③居住在该地区但不参与劳动力市场人员（NILF），即在 $t-1$ 年度中既没有就业也没有失业活动的人群；④新参与者（NEWENT），即进入 WAP 的新成员。新参与者人口组别不依赖 $t-1$ 年度的任何活动。此类别在 t 年度中被外生添加，反映的是新增人口和新进移民等因素。

（3）活动矩阵

活动矩阵和人口组别矩阵的描述非常相似。这两个矩阵都是根据劳动力市场职能、性别和年龄定义的。两个矩阵之间存在以下差异。首先，这两个矩阵涉及不同的时间点。活动矩阵与个人在 t 年期间的活动相关，而人口组别矩阵在 t 年初基于前一年的活动确定。成年人在一年期间的活动部分取决于他们在 t 年初被归入的人口组别。其次，可以将新参与者视为每年初外生添加的额外人口组别。活动矩阵未将新参与者作为一种活动进行考虑。相反，新参与者在他们加入 WAP 的那一年即会执行特定的活动（例如担任经理）。

在 t 年度期间进行的主要活动包括：①在活动 o 中就业；②失业（UNEMP），即 t 年度内失业；③居住在该地区但不参与劳动力市场（NILF），即 t 年度中既没有就业也没有失业活动。

（4）从人口组别到活动的流动

一旦人口组别确定，这些人口组别中的人在 t 年度向某种活动提供劳动力。这些劳动力供应是基于特定人口组别效用最大化的解决方案。人员从人口组别向活动的流动对特定职业、相对工资和个人偏好的变化都比较敏感。

3.6.2.2　劳动力市场职能规范

劳动力供应模型中规定了以下关键要素：①在每年初将 WAP 分配到各个人口组别（见图 3-7）。定义了将 $t-1$ 年度活动人数与 t 年度初的人口组别人数联系起来的方程。②识别年度内的劳动力活动。③确定每个人口组别对每种活动的劳动力供应。④确定每种就业活动的劳动力需求。

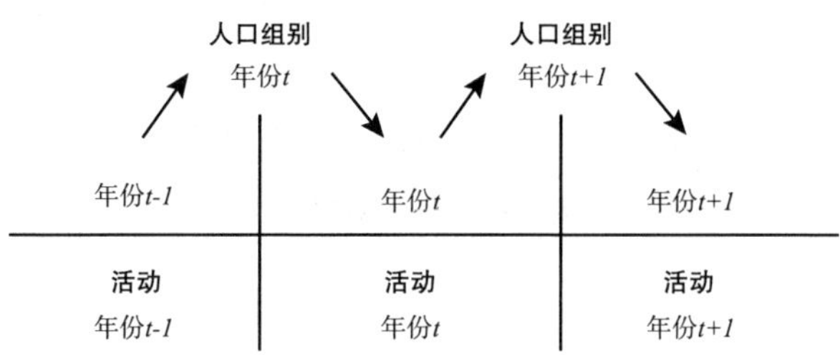

图 3-7　劳动力供给从 $t-1$ 年到 t 年的流动

资料来源：Dixon and Rimmer，2008。

一个人近期的劳动力市场职能是指其在 $t-1$ 年的劳动力市场中所从事的工作。确定的职能有：①在活动 o 中就业；②失业（UNEMP）；③居住在该地区但不参与劳动力市场（NILF）。

在解释劳动力市场规范算式之前，还需要解释活动的概念。活动是根据年龄、性别和当前年份的劳动力市场职能来定义的。例如，在 t 年的活动包括：35～44 岁男性官员/经理、25～34 岁女性文员等。

3.6.2.3　确定 t 年初的人口组别

根据 t 年初的劳动力市场活动、性别和年龄，将 WAP 中的人员分配到各个人口组别中，这在图 3-7 中表示为向上的箭头。每年都会有一小部分人因死亡而离开 WAP。其他人则假设年龄增长一岁。由于年龄组跨度为十年，这是通过将每个年龄组的 1/10 移到较高的年龄组别来实现的。一个人 t 年初的劳动力市场活动是指其在 $t-1$ 年所进行的劳动力市场活动。

年初人口组别的公式表示为：

$$CAT(o,g,a) = \sum_{aa \in AGE} ACT\_L(o,g,aa) \times T(o,g,aa,a)$$
$$o \in EUF, g \in GEN, a \in AGE \qquad (3-8)$$

CAT（*o*，*g*，*a*）表示在年度 *t* 初，活动 *o*、性别 *g*、年龄 *a* 的人数水平。

ACT_ L（*o*，*g*，*aa*）表示在 *t*－1 年度中性别 *g*、年龄 *a* 进行活动 *o* 的人数水平。

T（*o*，*g*，*aa*，*a*）表示在 *t*－1 年度中从处于年龄 *aa* 的人中转移到 *t* 年度中年龄 *a* 的比例。

EUF 表示劳动力市场活动集合，包括 5 种职业（OCC）、失业（UNEMP）以及居住在该地区但不参与劳动力市场（NILF）三种。

新参与者是外生确定的：

$$CAT(N,g,a) = exogenous \qquad g \in GEN, a \in AGE \tag{3-9}$$

$$LOF_t(g,a) = \sum_{o \in EUNF} CAT_t(o,g,a) \quad g \in GEN, a \in AGE \tag{3-10}$$

CAT（*N*，*g*，*a*）表示在 *t* 年度初，性别 *g*、年龄 *a* 的新参与者的人数水平。

LOF_t（*g*，*a*）表示在 *t* 年度初，性别 *g*、年龄 *a* 的总人数。

EUNF 表示人口组别集合，包括 5 种职业（OCC）、失业人员（UNEMP）、居住在该地区但不参与劳动力市场人员（NILF），以及新参与者（NEWENT）。

3.6.2.4　从人口组别到活动的劳动力供给

假设人们根据效用最大化理论在不同活动 *o* 中选择提供其劳动力。效用函数采用了 CES 形式，并通过最大化效用函数来决定人们如何选取提供的劳动力 *L*（*o*，*g*，*a*），即：

$$\mathrm{Max}U = \left[\sum_{l \in EUF} (B(o,g,a) \times ATW(o,g,a) \times L(o,g,a))^{\frac{n}{1+n}}\right]^{\frac{1+n}{n}} \tag{3-11}$$

满足约束条件：

$$\sum_{l \in EUF} L(o,g,a) = LOF(g,a) \tag{3-12}$$

其中：

U 是特定于性别 *g* 和年龄 *a* 的效用函数。

B（*o*，*g*，*a*）捕捉了如偏好等外生的非工资因素，这可能会促使性别 *g* 和年龄 *a* 的人选择活动 *o*。

ATW（*o*，*g*，*a*）是活动 *o* 的实际税后工资率。

L（*o*，*g*，*a*）是性别 *g* 和年龄 *a* 选择活动 *o* 的劳动力供给。

LOF（*g*，*a*）是 *t* 年初性别 *g* 和年龄 *a* 的人数总和。

根据方程（3－11）中的 CES 函数来确定劳动力配置效用时①，假设性别 *g* 和年龄 *a* 的人将在不同活动中赚取的金钱视为不完全替代品。根据方程（3－11）和方程（3－12），可以找到 *L*（*o*，*g*，*a*）的解，即在图 3－7 中表示为向下箭头的劳动力供给。

$$L_t(o,g,a) = LOF_t(g,a) \times \left[\frac{(B_t(o,g,a) \times ATW_t(o,g,a))^{\eta}}{\sum_q (B_t(o,g,a) \times ATW_t(o,g,a))^{\eta}}\right] \quad (3-13)$$

L（*o*，*g*，*a*）在方程（3－13）中的表现形式是 *LOF*、*ATW* 和 *B* 的函数。活动 *o* 的总劳动力供给被定义为：

$$L\_ga(o) = \sum_{g \in GEN} \sum_{a \in AGE} L(o,g,a) \quad (3-14)$$

为了理解这一含义，将方程（3－13）转换为百分比变化形式，如下所示：

$$l_t(o,g,a) = lof_t(g,a) + \eta \times (atw_t(o,g,a) - atw_t^{ave}(g,a)) + \eta \times (b_t(o,g,a) - b_t^{ave}(g,a)) \quad (3-15)$$

在方程（3－15）中，l_t（*o*，*g*，*a*）、lof_t（*g*，*a*）、atw_t（*o*，*g*，*a*）和 b_t（*o*，*g*，*a*）是相应大写字母表示变量的百分比变化，atw_t^{ave}（*g*，*a*）和 b_t^{ave}（*g*，*a*）分别为 atw_t（*o*，*g*，*a*）和 b_t（*o*，*g*，*a*）的加权平均值，其中权重反映了性别 *g* 和年龄 *a* 的人在活动 *o* 供给中的份额。因此，方程（3－15）意味着如果活动 *o* 的工资率相对于所有活动的工资率平均值上升，人们会将其劳动力供给转向活动 *o*。在模型中采用 CRESH 函数，而 η 的取值范围为

① 为简化起见，在讨论中使用了恒定弹性替代（CES）函数。在建模中采用了恒定替代弹性比率（Constant Ratios of Elasticity of Substitution，CRESH）函数，以反映不同活动转换能力的差异。

1～3，以反映不同的活动转换能力。例如，低技能工人很难因为高技能职业工资上升而进入高技能职业。同样，相较于不参与劳动力市场人员，失业人员对工资变化可能更敏感。

3.6.2.5 劳动力需求：在GTAP－RD中联结劳动力模块

在GTAP－RD模型中，存在一种成本最小化机制，用于确定行业 j 对初级要素的需求。通常情况下有两种类型的劳动力，即熟练劳动力和非熟练劳动力。在本研究中，首先将这两种类型的劳动力合并为一种劳动力要素，并引入了如图3－8所示的嵌套结构，实现将劳动力矩阵细分为包括职业、性别和年龄等特征的不同组别。最顶层的嵌套结构代表的是GTAP－RD模型中的总劳动力与不同行业劳动力之间的关系。

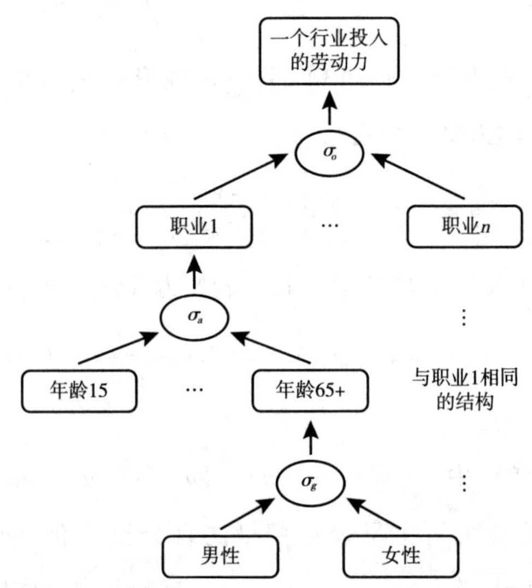

图3－8 每个行业劳动力投入的嵌套结构

在GTAP－RD中，行业 j 在年份 t 的劳动力投入 D_t^1（j）按照传统的CGE方法确定为以下几个因素的函数：行业的资本存量 K_t（j）、行业的实际税前工资率 BTW_t^1（j）和其他影响行业对劳动力需求的变量 A_t（j），包括技术和商品价格：

$$D_t^1(j) = f_j^1(BTW_t^1(j);K_t(j);A_t(j)) \tag{3-16}$$

行业j的整体实际工资率是根据该行业雇用全部劳动力类型的实际工资率平均值来确定的。

$$BTW_t^1(j) = g_j^1(BTW_t(o,g,a) for\ all\ g,a\ and\ o) \tag{3-17}$$

在行业j的劳动力输入中，按性别、年龄和职业划分的劳动力需求是通过嵌套的CES函数和成本最小化方法来确定的。假设在不同职业之间存在较低的替代可能性（替代弹性为0.35），但在同一职业的不同年龄组之间存在较高的替代可能性（替代弹性为5），以及在同一职业的男性和女性工人之间存在较高的替代可能性（替代弹性为7.5）。在本研究中，这些替代弹性仅代表了一种初步判断，更准确的取值还需要计量经济学研究来确定。

假设行业j通过选择以下方式满足其劳动力需求，其中：

D_t（o，g，a，j）指行业j的性别g、年龄a和职业o的劳动力输入；

D_t^3（o，a，j）指行业j的年龄a和职业o的劳动力输入，定义为对性别g的（o，g，a，j）投入的CES聚合；

D_t^2（o，j）指行业j的职业o的劳动力输入，定义为对年龄a的（o，a，j）投入的CES聚合，以最小化以下目标函数。

$$\sum_{o,g,a} BTW_t(o,g,a) \times D_t(o,g,a,j) \tag{3-18}$$

满足以下约束条件：

$$D_t^2(o,j) = CES_a[D_t^3(o,a,j)] \qquad o \in OCC \tag{3-19}$$

$$D_t^3(o,a,j) = CES_g[D_t(o,g,a,j)] \qquad a \in AGE, o \in OCC \tag{3-20}$$

从方程（3-18）~方程（3-20）中，可以得到以下形式的需求函数：

$$D_t(o,g,a,j) = D_t^1(j) \times h_{o,g,a,j}(BTW_t(oo,gg,aa)\ \forall\ oo \in OCC, gg \in GEN, aa \in AGE)$$
$$o \in OCC, g \in GEN, a \in AGE, j \in IND \tag{3-21}$$

可以对不同行业进行聚合，以确定职业o中（g，a）工人的总需求，如下所示：

$$D_t(o,g,a) = \sum_j D_t(o,g,a,j) \qquad g \in GEN, a \in AGE, o \in OCC \quad (3-22)$$

3.6.2.6 黏性工资调整机制

在政策模拟中，假设工资率根据以下方程进行调整：

$$\frac{ATW_t(o,g,a)}{ATW_t^{base}(o,g,a)} - \frac{ATW_{t-1}(o,g,a)}{ATW_{t-1}^{base}(o,g,a)} = \beta\left(\frac{D_t(o,g,a)}{D_t^{base}(o,g,a)} - \frac{L_t(o,g,a)}{L_t^{base}(o,g,a)}\right)$$
$$g \in GEN, a \in AGE, o \in OCC \qquad (3-23)$$

其中 *base* 表示基准预测中的数值，而 β 是一个正参数（在文中将其设定为1）。这个方程意味着，如果一项政策导致年份 t 的（o，g，a）就业市场比基准预测中更为紧张（即如果该政策导致的需求增长大于供给的提高），那么在年份 $t-1$ 和 t 之间，（o，g，a）的实际税后工资率的偏离将会增加，即在需求相对于供给增加时，实际工资将相对于基准值有所增长。

3.6.2.7 不参与劳动力市场和失业的决定因素

到目前为止，已经讨论了劳动力活动的供给（包括不参与劳动力市场和失业）以及职业需求。不参与劳动力市场的人群没有对应的需求限制，任何人希望退出劳动力市场都被完全接受，如方程（3-24）所示：

$$ACT_t(\text{"NILF"},g,a) = L_t(\text{"NILF"},g,a) \qquad g \in GEN, a \in AGE \quad (3-24)$$

根据方程（3-23）描述的黏性工资调整机制，劳动力市场不会出清，供给不会总是等于需求。因此，那些面临不同职业就业机会但未被接受的人将成为失业者。失业者包括自愿和非自愿失业者，他们在劳动力活动中起到了缓冲作用。失业人数等于性别 g 和年龄 a 的总人数减去有工作的人数（无论是什么职业），再减去退出劳动力的人数。

$$ACT_t(\text{"UNEMP"},g,a) = LOF_t(g,a) - \sum_{o \in OCC} D_t(o,g,a) - \sum_{o \in NILF} L_t(o,g,a)$$
$$g \in GEN, a \in AGE \qquad (3-25)$$

根据图3-7，这些是代表不参与劳动力市场和失业的向下倾斜的箭头。

以上为 GTAP－RD－LAB 模型的劳动力供给模块的全部描述，随后将讨论模型数据库。

3.6.2.8 莫纳什（Monash）机制的投资函数

GTAP－RD 模型采用了 ORANI 机制投资函数，其中资本增长与回报率呈正相关关系。

$$K\_GR_r = (RORC_r / RORE_r)^{\beta} \tag{3-26}$$

$$RORC_r = \psi_{RORC}(Q_r, PI_r) \tag{3-27}$$

其中，K_GR_r是地区 r 的资本增长率；$RORC_r$是地区 r 的资本回报率；$RORE_r$是地区 r 的预期资本回报率，等于全球资本的预期回报率 $RORG$；Q_r是地区 r 的资本租金；PI_r是地区 r 的资本替代成本；ψ_{RORC}是一个单调递增的函数。

如图 3－9 所示，Monash 机制投资函数具有反对数函数形式ψ_{KG}。这种投资函数的优势在于对于极端情况下的回报率，投资的反应不太敏感。例如，当回报率在极端情况时，资本增长率被限制在$K_GR_Min_r$和$K_GR_Max_r$之间，这刻画了投资者的风险规避行为。

$$K\_GR_r = \psi_{KG}(RORC_r) \tag{3-28}$$

3.6.3 劳动力数据

3.6.3.1 劳动力模块建模数据

本节描述了上述劳动力模型的数据要求。劳动力模块数据需要满足以下要求：①包含关于基准年度 2019 年 WAP 结构的详细信息；②上节描述的劳动力市场规则下的初始解；③刻画劳动力在年份 $t-1$ 和 t 之间年龄增长的转换矩阵，构建该矩阵还需要各个年龄组的死亡率；④所有职业、性别和年龄的工资信息。

模型需要描述以下内容的矩阵：基准年度期间的活动、基准年初的人口组别、人口组别与职业之间的流动以及一个刻画劳动力在年份 $t-1$ 和 t 之间

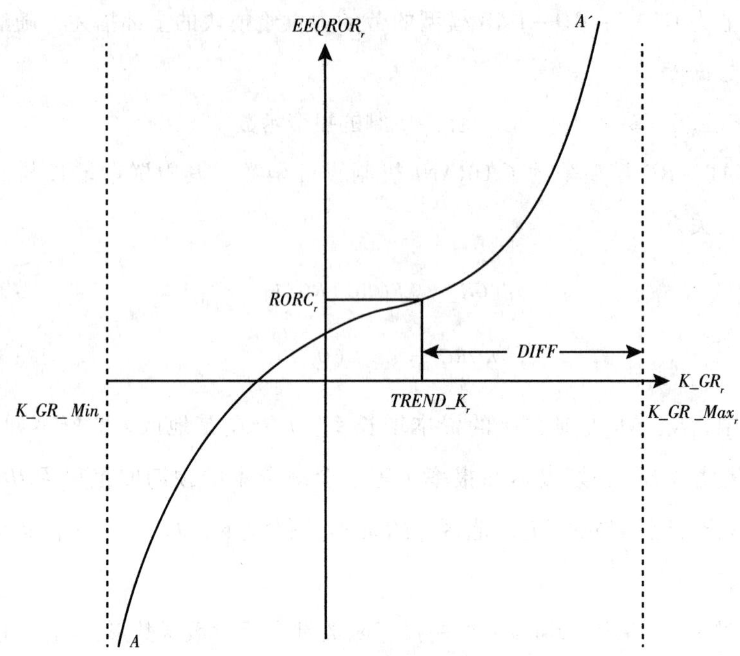

图3－9　资本增长率与回报率之间的逆向对数关系

年龄增长的转换矩阵。这些系数在表3－25中列出。每个矩阵又包含多个维度，表3－26列出了这些维度对应的集合。

表3－25　系数和参数

系数	维度	描述
$ACT(o,g,a,r)$	EUF × GEN × AGE × REG	年份 t 的活动矩阵，该矩阵指的是地区 r 中按性别 g 和年龄 a 划分的每个职业 o 的成年人数量
$ACT\_L(o,g,a,r)$	EUF × GEN × AGE × REG	年份 $t-1$ 的滞后活动矩阵。该矩阵在维度上与 $ACT(o,g,a,r)$ 相似，但针对的是前一年
$CAT(o,g,a,r)$	NEWENT × GEN × AGE × REG	t 年初，地区 r 中性别 g、年龄 a 的新参与者人数，这由人口统计和移民因素决定
$W(o,i,g,a,r)$	OCC × IND × GEN × AGE × REG	年份 t 地区 r 中职业 o、性别 g、年龄 a 的工资支出矩阵
$T(o,g,aa,a,r)$	EUF × GEN × AGE × AGE × REG	转变矩阵显示了在 $t-1$ 年时处于年龄 aa 的人口，在年份 t 初被分配到年龄 a 的比例

表 3 - 26　集合

符号	维度	描述/要素
OCC	5	①官员/经理;②技术员/助理专业人员;③服务/销售人员;④文员;⑤农业/非技术人员
UNEMP	1	失业人员
NEWENT	1	新参与者,包括国内年满 15 岁及进入市场的海外人员
NILF	1	不参与劳动力市场人员
EU	6	劳动力(OCC + UNEMP)
EUNF	8	国内人口组别(OCC + UNEMP + NILF + NEWENT)
EUF	7	国内劳动力市场活动(OCC + UNEMP + NILF)
GEN	2	男性和女性
年龄	6	①15 ~ 24 岁;②25 ~ 34 岁;③35 ~ 44 岁;④45 ~ 54 岁;⑤55 ~ 64 岁;⑥65 岁及以上

3.6.3.2　劳动力数据

劳动力模块的主要数据来源是国际劳工组织。对于加拿大则使用加拿大统计局的信息，因为国际劳工组织只提供美国、墨西哥和其他地区的职业数据。劳动力数据的参考年份为 2019 年。由于 GTAP v11 数据的参考年份为 2017 年，因此我们进行了动态运行模型，将基准数据调整到 2019 年并整合了劳动力数据（见表 3 - 27）。

表 3 - 27　2019 年不同活动及地区超过 15 岁的劳动力人口

单位：千人

	加拿大		美国		墨西哥		世界其他地区	
	男性	女性	男性	女性	男性	女性	男性	女性
技术员/助理专业人员	2235	2746	29396	31405	4451	4607	276338	224650
文员	390	1642	4592	11748	1656	1842	73954	81747
服务/销售人员	2463	3239	11299	17834	5704	6110	280079	252952
官员/经理	1485	955	10925	7266	967	504	106640	64007
农业/非技术人员	3413	488	33036	8425	22059	7479	1132861	413441

续表

	加拿大		美国		墨西哥		世界其他地区	
	男性	女性	男性	女性	男性	女性	男性	女性
失业人员	641	503	3526	2919	1199	777	121098	78354
不参与劳动力市场人员	4534	6006	40872	58439	8820	26717	684859	1568600
总计	15161	15579	133646	138036	44856	48035	2675827	2683751
失业率	6.0%	5.3%	3.8%	3.7%	3.3%	3.6%	6.1%	7.0%
劳动参与率	70%	61%	69%	58%	80%	44%	74%	42%

资料来源：根据 ILO、加拿大统计局数据计算。

从图 3－10 可以看出，在发展中国家，男性和女性之间存在巨大差距。在墨西哥和世界其他地区，超过 55% 的工作年龄女性人口不参与劳动力市场，而男性的比例不超过 30%。与加拿大和美国相比，在墨西哥和世界其他地区存在更多的农业/非技术人员，以上国家（地区）的部门劳动收入情况见表 3－28。

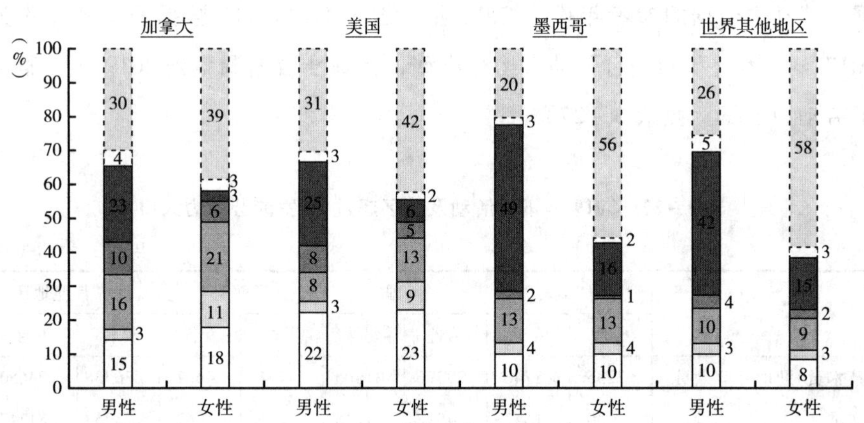

图 3－10　2019 年劳动力活动分布

表 3－28 美国、加拿大、墨西哥、世界其他地区部门劳动收入

单位：百万美元

	美国		加拿大		墨西哥		世界其他地区		总计
	男性	女性	男性	女性	男性	女性	男性	女性	
农业	73824	19547	11318	4480	30733	2798	3399915	1317585	4860200
采掘业	36283	5293	22041	3622	1351	125	125923	16185	210824
制造业	518192	168065	48222	11900	34128	15678	1878219	758041	3432447
供电和供燃气	67690	15673	6224	1827	689	152	145515	23663	261432
供水	26189	4969	461	98	1244	255	72638	18489	124344
建筑业	519693	44726	46874	5054	28541	801	1918766	125223	2689679
批发和零售	427855	216028	49642	31244	31268	18980	1763623	820726	3359367
住宿、餐饮和服务活动	170354	127243	10214	8504	8843	8808	335155	248624	917745
交通仓储	374126	100594	23402	5719	14705	1035	1226930	83105	1829616
信息通信	192403	67749	8490	4663	1621	593	220733	68412	564665
金融保险	256037	178588	24521	18492	2037	1471	232706	121870	835722
房地产活动	84466	54673	3308	1832	761	424	91489	34456	271409
商业服务	442449	241707	24125	13365	11645	4978	596954	219419	1554643
娱乐与其他服务	150847	146034	32993	19154	9601	12532	600048	560593	1531802
公共行政和国防	113670	90861	29105	42037	8284	4028	498784	194128	980896
教育	178074	318374	17330	29036	5873	7233	410208	525357	1491486
人体健康和社会工作	205305	557545	27272	38106	3171	4368	232580	427344	1495690
总计	3837456	2357671	385542	239133	194496	84261	13750186	5563222	26411966

资料来源：根据 ILo、加拿大统计局数据计算得到。

3.6.4 美墨加三国协议（USMCA）案例分析

自从1994年1月起，北美三国协议（NAFTA）在加拿大、墨西哥和美国之间生效。当时它是有史以来最全面的三国协议。该协定几乎消除了三个国家之间的所有关税，并创建了全球最大的货物和服务市场。NAFTA从根本上重塑了北美地区的经济。

美墨加三国协议（USMCA）于2020年7月1日生效。该协议旨在支持高薪就业和北美经济的增长。它包括汽车、纺织品和服装等领域更严格的原产地规则，汽车领域新的劳动价值含量要求，促进货物贸易、完善金融服务的相关条款，而且涵盖了数字贸易等新章节。

在本研究中，我们进行了一项反事实实验，以研究与“无NAFTA”相比，USMCA可能对经济产生的潜在影响。在“无NAFTA”情况下，美国退出NAFTA并继续对钢铁和铝产品征收第232条款关税。需要评估的USMCA的净增量变化包括：农产品新的关税配额市场准入，海关行政和贸易便利化以及原产地程序。

表3-29中的宏观结果显示，USMCA会对其成员国的经济产生影响①，尤其是对墨西哥。2020年，加拿大的实际GDP增长了0.51%，贸易条件增长0.45%。就业人数增加了0.79%。到2025年，由于就业逐渐趋于基准线，实际GDP增长率降至0.18%。对于墨西哥来说，尽管就业人数增长率从2020年的1.72%下降到2025年的1.06%，但资本存量增加了1.02%，为其长期GDP增长做出了贡献。墨西哥劳动力市场从USMCA中获益最多。到2025年，其实际工资增长1.97%，就业人数增长1.06%。图3-11显示了USMCA对各成员国工资和劳动力的影响。由于短期工资黏性，就业会显著增加，当实际工资上涨时，劳动力需求下降，劳动力水平会逐渐回落到新的均衡状态。

---

① 有些读者会认为影响没预想中大，主要原因是与1994年NAFTA首次通过时相比，2020年的MFN关税已经明显下调，因此2020年如果无USMCA的情况下，各国退回最惠国待遇的门槛并没有1994年那么高。

表 3－29　2020 年和 2025 年 USMCA 宏观经济效应

单位：%

	2020 年				2025 年			
	加拿大	美国	墨西哥	世界其他地区	加拿大	美国	墨西哥	世界其他地区
实际 GDP	0.51	0.05	0.42	-0.02	0.18	0.08	0.86	-0.03
贸易条件	0.45	-0.16	1.95	-0.03	0.37	-0.08	1.77	-0.03
支出端 GDP								
消费	0.93	0.04	1.38	-0.04	0.45	0.05	1.61	-0.05
投资	1.19	0.47	4.91	-0.20	0.58	0.78	6.66	-0.20
政府支出	0.55	-0.02	0.98	-0.03	0.07	-0.05	0.58	-0.03
出口	1.92	2.19	3.05	0.09	2.32	1.84	4.02	0.05
进口	3.11	2.22	7.73	-0.11	2.55	2.59	8.22	-0.12
要素市场								
资本存量	0.00	0.00	0.00	0.00	0.16	0.15	1.02	-0.05
实际工资	0.45	0.09	1.03	-0.02	0.57	0.18	1.97	-0.04
就业人数	0.79	0.16	1.72	-0.04	0.23	0.10	1.06	-0.03

资料来源：GTAP 模拟结果。

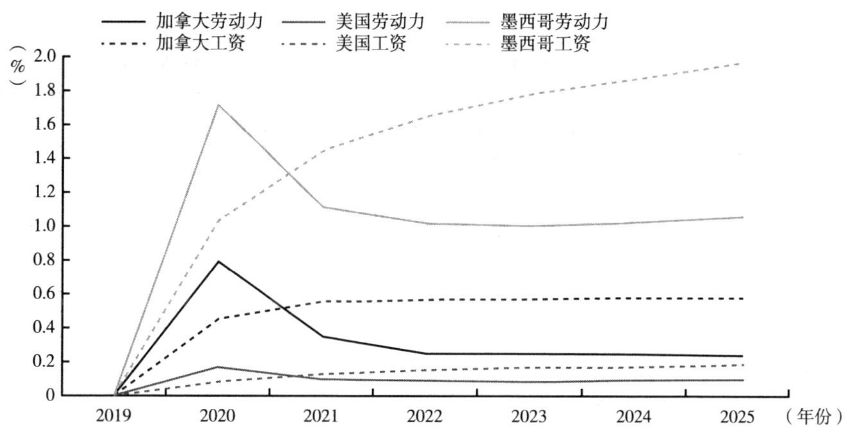

图 3－11　USMCA 对各成员国工资和劳动力的影响（较基线变化）

资料来源：GTAP 模拟结果。

表 3－30 显示，这项政策对北美地区的女性劳动力更有利，尤其是对墨西哥。表 3－31～表 3－33 显示，15～24 岁和 55 岁及以上的年龄段劳动力需求增长更明显，因为在这些年龄组中，不参与劳动的人口比例较高。这对所有的北美经济体来说同样适用。

表 3-30　到 2025 年 USMCA 对各国（地区）各职业性别组别的潜在影响

	加拿大		美国		墨西哥		世界其他地区	
	男性	女性	男性	女性	男性	女性	男性	女性
技术员/助理专业人员（人）	-224	2699	20423	29308	23192	61474	-50815	-77944
变化（%）	-0.01	0.09	0.07	0.09	0.48	1.25	-0.02	-0.03
文员（人）	-64	2985	1887	9279	7620	33721	-11514	-35356
变化（%）	-0.02	0.17	0.04	0.08	0.42	1.72	-0.01	-0.04
服务/销售人员（人）	3597	10177	7437	18128	27750	113098	-47282	-111207
变化（%）	0.14	0.30	0.07	0.10	0.45	1.73	-0.02	-0.04
官员/经理（人）	2672	2696	9333	7861	6304	7304	-20685	-22916
变化（%）	0.17	0.27	0.09	0.11	0.61	1.37	-0.02	-0.03
农业/非技术人员（人）	17703	5045	40688	14068	182213	164811	-281428	-216484
变化（%）	0.49	1.00	0.12	0.17	0.77	2.08	-0.02	-0.05
总计（人）	23685	23601	79767	78644	247080	380409	-411723	-463907
变化（%）	0.22	0.25	0.09	0.10	0.66	1.74	-0.02	-0.04

资料来源：GTAP 模拟结果。

表 3-31　到 2025 年 USMCA 对加拿大各职业年龄组别的潜在影响

	15~24 岁	25~34 岁	35~44 岁	45~54 岁	55~64 岁	65 岁及以上
技术员/助理专业人员（人）	645	391	-40	-145	851	774
变化（%）	0.17	0.03	0.00	-0.01	0.12	0.36
文员（人）	424	301	183	101	1046	866
变化（%）	0.27	0.07	0.04	0.02	0.25	0.62
服务/销售人员（人）	5255	1630	1010	879	2764	2234
变化（%）	0.38	0.13	0.09	0.08	0.32	0.72
官员/经理（人）	289	968	1119	1034	1292	665
变化（%）	0.34	0.19	0.16	0.15	0.29	0.54
农业/非技术人员（人）	3416	4018	3745	4031	5111	2428
变化（%）	0.74	0.44	0.42	0.45	0.70	1.09
总计（人）	10029	7308	6017	5901	11065	6967
变化（%）	0.41	0.16	0.13	0.14	0.35	0.69

资料来源：GTAP 模拟结果。

表3-32 到2025年USMCA对美国各职业年龄组别的潜在影响

	15~24岁	25~34岁	35~44岁	45~54岁	55~64岁	65岁及以上
技术员/助理专业人员(人)	5727	9715	9028	9243	9690	6330
变化(%)	0.12	0.07	0.06	0.07	0.10	0.16
文员(人)	3027	1231	1070	1189	2538	2111
变化(%)	0.11	0.04	0.03	0.04	0.09	0.19
服务/销售人员(人)	10218	2736	2395	2639	4031	3547
变化(%)	0.13	0.05	0.05	0.05	0.11	0.21
官员/经理(人)	858	3339	3096	3164	4199	2537
变化(%)	0.13	0.08	0.07	0.08	0.11	0.18
农业/非技术人员(人)	13438	8813	7745	8287	10847	5625
变化(%)	0.20	0.10	0.09	0.10	0.16	0.28
总计(人)	33268	25834	23334	24521	31304	20149
变化(%)	0.15	0.07	0.07	0.07	0.12	0.20

资料来源：GTAP模拟结果。

表3-33 到2025年USMCA对墨西哥各职业年龄组别的潜在影响

	15~24岁	25~34岁	35~44岁	45~54岁	55~64岁	65岁及以上
技术员/助理专业人员(人)	13167	24041	18153	13929	9572	5804
变化(%)	1.33	0.79	0.73	0.75	1.00	1.43
文员(人)	15157	10668	6174	4370	2949	2023
变化(%)	1.79	0.90	0.77	0.77	1.21	1.96
服务/销售人员(人)	43405	24291	20321	19139	20577	13116
变化(%)	1.74	0.86	0.74	0.80	1.30	1.95
官员/经理(人)	1327	3522	3094	2534	1868	1265
变化(%)	1.37	0.86	0.70	0.73	0.95	1.46
农业/非技术人员(人)	99194	57306	53424	49606	51362	36134
变化(%)	1.89	0.81	0.73	0.80	1.31	2.00
总计(人)	172249	119827	101166	89577	86327	58342
变化(%)	1.78	0.83	0.74	0.79	1.25	1.90

资料来源：GTAP模拟结果。

表 3 – 34 显示，到 2025 年，加拿大总共新增约 4.7 万个工作岗位。在就业创造方面，服装制造，建筑，批发和零售，汽车、拖车和半拖车的制造行业由于 USMCA 获益最多。另外，如果经济体退出 NAFTA，关税将回升到最惠国水平。此外，由于 USMCA 避免了对钢铁和铝产品征收的第 232 条款关税，铁合金行业也将受益。与此同时，由于整体经济活动的扩大，大部分服务行业也受益。表 3 – 35 显示，到 2025 年，美国新增约 15.8 万个工作岗位。建筑、金属制品、机械设备制造、商业服务行业在就业创造方面是最大的赢家。相反，在美国，铁合金行业的工作岗位将减少，因为对国内钢铁和铝产品生产商的关税保护措施被取消。表 3 – 36 显示，与基期相比，墨西哥多了约 62.7 万个就业岗位（其中 60% 以上的增长是女性就业）。汽车、拖车和半拖车的制造，建筑，批发和零售，服装制造行业获得了最大的增长。商业服务行业也受益于整体经济的扩大。

表 3 – 34　到 2025 年 USMCA 对加拿大各职业所在行业的潜在影响

单位：人

	技术员/助理专业人员	文员	服务/销售人员	官员/经理	农业/非技术人员	总计
农业	–105	–45	–118	–221	–1001	–1490
采掘业	–806	–192	–120	–388	–890	–2396
饮料和烟草制品	–5	–4	–15	–20	–48	–92
纺织品制造	159	138	308	366	1382	2352
服装制造	1294	965	3441	2100	8835	16635
皮革相关制品	237	230	718	362	1466	3013
木材	–44	–23	–37	–80	–462	–646
纸和纸产品	–711	–216	–323	–491	–1129	–2870
成品油和炼焦	–10	–3	–4	–21	–29	–67
化工制品	311	129	208	359	987	1994
医药化工制品	134	56	89	154	417	850
橡胶和塑料制品	570	237	381	661	1824	3673
其他采矿业	3	3	3	–1	–21	–13
钢铁	558	230	385	723	3094	4990
有色金属	152	43	82	195	614	1086

续表

	技术员/助理专业人员	文员	服务/销售人员	官员/经理	农业/非技术人员	总计
金属制品	-64	-50	-56	-99	-592	-861
电脑、电子产品制造	-373	-93	-129	-229	-478	-1302
电气设备制造	-147	-37	-51	-91	-197	-523
机械设备制造	28	10	9	11	11	69
汽车、拖车和半拖车的制造	645	233	388	820	4489	6575
其他运输设备制造	-371	-83	-89	-165	-538	-1246
其他制造业	-175	-100	-154	-219	-913	-1561
电力、燃气和空调供应	181	71	48	108	112	520
供水	5	4	3	12	7	31
建筑	749	813	388	991	6554	9495
批发和零售	462	446	4616	1084	407	7015
住宿、餐饮和服务活动	188	83	3592	236	24	4123
交通仓储	71	98	114	29	-113	199
信息通信	-206	-80	-278	-147	-196	-907
金融保险	-68	-54	-57	-156	-6	-341
房地产活动	50	36	15	9	-5	105
商业服务	36	64	32	-94	-110	-72
娱乐与其他服务	256	90	262	-76	-159	377
公共行政和国防	1029	262	788	55	-10	2124
教育	188	139	162	-37	-31	421
人体健康和社会工作	-1749	-478	-831	-371	-548	-3977
总计	2472	2922	13770	5369	22747	47280

资料来源：GTAP 模拟结果。

表 3-35　到 2025 年 USMCA 对于美国各职业所在行业的潜在影响

单位：人

	技术员/助理专业人员	文员	服务/销售人员	官员/经理	农业/非技术人员	总计
农业	7055	1645	3144	2384	5865	20093
采掘业	16	16	29	0	18	79
饮料和烟草制品	330	84	154	110	284	962

续表

	技术员/助理专业人员	文员	服务/销售人员	官员/经理	农业/非技术人员	总计
纺织品制造	4423	986	1853	1455	3655	12372
服装制造	2718	607	1137	893	2240	7595
皮革相关制品	431	97	182	142	357	1209
木材	676	160	301	226	568	1931
纸和纸产品	534	139	266	155	429	1523
成品油和炼焦	-44	-9	-17	-16	-36	-122
化工制品	1169	280	525	379	967	3320
医药化工制品	-710	-149	-281	-238	-587	-1965
橡胶和塑料制品	2548	582	1094	836	2106	7166
其他采矿业	540	128	240	168	440	1516
钢铁	-15457	-3423	-6439	-5112	-12797	-43228
有色金属	-426	-86	-170	-140	-351	-1173
金属制品	15556	3491	6570	5142	12870	43629
电脑、电子产品制造	-1645	-316	-595	-547	-1331	-4434
电气设备制造	6709	1500	2834	2212	5548	18803
机械设备制造	12509	2813	5280	4111	10344	35057
汽车、拖车和半拖车的制造	8206	1845	3462	2706	6778	22997
其他运输设备制造	1990	464	875	652	1661	5642
其他制造业	2650	725	1274	843	2197	7689
电力、燃气和空调供应	-881	-144	-287	-311	-751	-2374
供水	-8	22	22	-13	-2	21
建筑	25570	4826	10330	8949	25731	75406
批发和零售	-132	332	1082	-277	-23	982
住宿、餐饮和服务活动	-1813	-428	-678	-557	-1287	-4763
交通仓储	-2159	-250	-678	-836	-1969	-5892
信息通信	-1050	-138	-276	-448	-1035	-2947
金融保险	-5054	-1281	-1908	-1552	-3187	-12982
房地产活动	-487	-70	-69	-177	-293	-1096
商业服务	10818	3101	5698	3187	7601	30405
娱乐与其他服务	-5222	-1410	-2320	-1585	-2961	-13498
公共行政和国防	-2331	-473	-666	-755	-1396	-5621
教育	-6546	-1637	-2334	-1864	-2878	-15259
人体健康和社会工作	-10750	-2863	-4072	-2929	-4014	-24628
总计	49733	11166	25562	17193	54761	158415

资料来源：GTAP 模拟结果。

表3-36 到2025年USMCA对于墨西哥各职业所在行业的潜在影响

单位：人

	技术员/助理专业人员	文员	服务/销售人员	官员/经理	农业/非技术人员	总计
农业	-6829	-1756	-6389	-1585	-27883	-44442
采掘业	-1021	-345	-1136	-206	-4148	-6856
饮料和烟草制品	-1001	-339	-1169	-164	-3056	-5729
纺织品制造	6904	2775	9088	1110	22978	42855
服装制造	27301	10871	35720	4422	90722	169036
皮革相关制品	1027	427	1399	170	3520	6543
木材	-1070	-389	-1277	-172	-3417	-6325
纸和纸产品	-1836	-698	-2252	-306	-5959	-11051
成品油和炼焦	-43	-6	-21	-9	-76	-155
化工制品	-5324	-2020	-6612	-872	-17278	-32106
医药化工制品	6	20	67	-1	92	184
橡胶和塑料制品	109	102	339	10	599	1159
其他采矿业	1439	603	1979	229	4923	9173
钢铁	840	357	1201	132	2917	5447
有色金属	-1906	-748	-2468	-309	-6268	-11699
金属制品	-2026	-752	-2403	-334	-6334	-11849
电脑、电子产品制造	-5455	-1556	-5390	-870	-15646	-28917
电气设备制造	-12027	-4433	-14729	-1931	-38512	-71632
机械设备制造	-5104	-1906	-6427	-844	-16376	-30657
汽车、拖车和半拖车的制造	43993	17700	57818	7110	146610	273231
其他运输设备制造	-826	-316	-1044	-134	-2670	-4990
其他制造业	-3957	-1376	-4771	-652	-12612	-23368
电力、燃气和空调供应	-13	7	18	-3	10	19
供水	93	87	213	10	480	883
建筑	32251	12319	41628	6706	153352	246256
批发和零售	28594	12992	46089	4115	96378	188168
住宿、餐饮和服务活动	-5173	-1477	-4303	-763	-10118	-21834
交通仓储	-6055	-1914	-6631	-1345	-25144	-41089
信息通信	-303	-72	-263	-65	-1094	-1797
金融保险	-708	-199	-520	-115	-1786	-3328
房地产活动	33	44	181	1	291	550
商业服务	4670	2272	7741	699	17296	32678

续表

	技术员/助理专业人员	文员	服务/销售人员	官员/经理	农业/非技术人员	总计
娱乐与其他服务	-1757	87	570	-343	88	-1355
公共行政和国防	1634	942	3678	225	6422	12901
教育	-1276	-34	396	-216	-1204	-2334
人体健康和社会工作	-517	74	524	-91	-79	-89
总计	84667	41343	140844	13609	347018	627481

资料来源：GTAP 模拟结果。

3.6.5 结论及未来研究

本文将一种劳动力机制纳入 GTAP - RD 模型中，该机制使劳动力供应在细分的劳动力市场群体中内生。这些群体根据相关的劳动力市场特征进行定义，如性别、职业和年龄。这一方法不仅可以回答与劳动力市场的总体影响相关的问题，还可以研究不同劳动力类别之间的分配效应。

此外，通过引入劳动力供应，能够在模型中对劳动力市场供给进行更精确的刻画。例如，在新冠疫情期间，部分 50 岁以上的人提前离开劳动力市场。可以通过改变方程（3 - 13）中某些年龄组的偏好变量 B 来模拟这种情况。有了这种具有重叠世代（OLG）结构和详细人口数据的动态劳动力模型，就可以分析人口老龄化对劳动力市场的影响等结构性问题。除了添加更多的子群体，未来研究的方向之一是将劳动力数据库和劳动力模块扩展到更多地区，包括新兴市场等。

参考文献

2050 中国能源和碳排放研究课题组编著《2050 中国能源和碳排放报告》，科学出版社，2009。

陈文颖、高鹏飞、何建坤：《用中国 MARKAL - MACRO 模型研究碳减排对中国能源系统的影响》，《清华大学学报》（自然科学版）2004 年第 3 期，第 342 ~ 346 页。

陈锡进：《“全球经济再平衡”与中国经济战略调整——基于国际分工体系重塑视角的分析》，《世界经济与政治论坛》2009年第6期，第62~67页。

丁仲礼、段晓男、葛全胜：《2050年大气CO_2浓度控制：各国排放权计算》，《中国科学：D辑》2009年第8期，第1009~1027页。

国际能源署：《世界能源展望》，2010。

韩一杰、刘秀丽：《中国二氧化碳减排的增量成本测算》，《管理评论》2010年第6期，第100~105页。

何建武、李善同：《二氧化碳减排与区域经济发展》，《管理评论》2010年第6期，第9~16页。

姜克隽：《中国2050年低碳情景和低碳发展之路》，《中外能源》2009年第6期，第21~26页。

姜克隽、胡秀莲、刘强：《2050低碳经济情景预测》，《环境保护》2009年第24期，第28~30页。

雷达：《全球经济再平衡》，《中国物流与采购》2010年第8期，第4~10页。

李娜、石敏俊、袁永娜：《低碳经济政策对区域发展格局演进的影响——基于动态多区域CGE模型的模拟分析》，《地理学报》2010年第12期，第1569~1580页。

联合国环境规划署编《全球环境展望4：旨在发展的环境》，中国环境科学出版社，2008。

联合国开发计划署、中国人民大学：《中国人类发展报告2009/10——迈向低碳经济和社会的可持续未来》，中国对外翻译出版公司，2010。

林海：《贸易自由化与中国农产品贸易、农业收入和贫困》，中科院农业政策研究中心博士学位论文，2007。

潘宏胜、林艳红：《加强国际汇率政策协调促进全球经济平衡发展》，《中国货币市场》2009年第6期，第8~17页。

渠慎宁、郭朝先：《基于STIRPAT模型的中国碳排放峰值预测研究》，《中国人口·资源与环境》2010年第12期，第10~15页。

阮建平：《经济与安全再平衡下的美国对华政策调整》，《东北亚论坛》2011年第1期，第60~67页。

宋国友：《全球经济平衡增长与中美关系的未来》，《现代国际关系》2010年第1期，第1~7页。

宋玉华：《后危机时代世界经济再平衡及其挑战》，《经济理论与经济管理》2010年第5期，第73~80页。

孙治宇：《世界经济再平衡和美国套利》，《世界经济研究》2010年第8期，第9~15页。

王灿、陈吉宁、邹骥：《基于CGE模型的CO_2减排对中国经济的影响》，《清华大学学报》（自然科学版）2005年第12期，第34~38页。

王英凯：《全球经济再平衡下的贸易保护主义对中国出口的挑战》，《国际经济观察》2010年第9期，第97~99页。

吴凌燕、李众敏：《美国参与东亚区域合作对中国的影响研究》，《财贸研究》2007年第6期，第67~72页。

夏先良：《中美贸易不平衡、人民币汇率与全球经济再平衡》，《中国经贸》2010年第7期，第11~20页。

余永定：《美国经济再平衡与贸易保护主义》，《今日财富》（金融版）2009年第11期，第64~68页。

岳超、王少鹏、朱江玲：《2050年中国碳排放量的情景预测－碳排放与社会发展Ⅳ》，《北京大学学报》（自然科学版）2010年第4期，第517~524页。

张海森、杨军：《自由贸易区对我国棉花产业的总体影响——基于GTAP的一般均衡分析》，《农业经济问题》2008年第10期，第73~78页。

周伟、米红：《中国能源消费排放的CO_2测算》，《中国环境科学》2010年第8期，第1142~1148页。

周小川：《全球经济失衡与中国经济发展》，经济管理出版社，2006，第3~5页。

朱永彬等：《基于经济模拟的中国能源消费与碳排放高峰预测》，《地理学报》2009年第8期，第935~944页。

Aguiar, A., Chepeliev, M., Corong, E., McDougall, R., van der Mensbrugghe, D., "The GTAP Data Base: Version 10", *Journal of Global Economic Analysis*, 2019, 4 (1): 1－27. https://www.jgea.org/resources/jgea/ojs/index.php/jgea/article/view/77.

Ali A., Erenstein O., "Assessing Farmer Use of Climate Change Adaptation Practices and Impacts on Food Security and Poverty in Pakistan," *Climate Risk Management*, 2017, 16: 183－194.

Amolegbe, K., B., Upton, J., Bageant, E., Blom, S., "Food Price Volatility and Household Food Security: Evidence from Nigeria," *Food Policy*, 2021, 102: 102061.

Annabi, N. Modeling Labour Markets in CGE Models. Universite Laval Quebec, 2003.

Aragie, E., Pauw, K., Pernechele, V., "Achieving Food Security and Industrial Development in Malawi: Are Export Restrictions the Solution?" *World Development*, 2018, 108: 1－15.

Aweke, C., S., Hassen, J., Y., Wordofa, M., G., Moges, D. K., Endris, G. S., Rorisa, D. T., "Impact Assessment of Agricultural Technologies on Household Food Consumption and Dietary Diversity in Eastern Ethiopia," *Journal of Agriculture and Food Research*, 2021, 4: 100141.

Bandara, J., S., Cai, Y., "The Impact of Climate Change on Food Crop Productivity, Food Prices and Food Security in South Asia," *Economic Analysis and Policy*, 2014, 44 (4): 451－465.

Beckman, J. , Estrades, C. , Aguiar, A. , "Export Taxes, Food Prices and Poverty: A Global CGE Evaluation," *Food Security*, 2019, 11: 233 - 247.

Boeters, S. , Savard, L. , The Labor Market in Computable General Equilibrium Models. *Handbook of Computable General Equilibrium Modeling*, 2013, 1: 1645 - 1718.

Bordo, D. Michael, Historical Perspective on Global Imbalances, NBER Working Papers 10992, 2005: 54 - 63.

Bourguignon, F. , Savard, L. , A CGE Integrated Multi-household Model with Segmented Labour Markets and Unemployment. The Impact of Macroeconomic Policies on Poverty and Income Distribution: Macro-Micro Evaluation Techniques and Tools. Palgrave-Macmillan Basingstoke, 2008: 177 - 212.

Brown, M. , E. , Carr, E. , R. , Grace K. , L. , et al. , "Domarkets and Trade Help or Hurt the Global Food System Adapt to Climate Change?" *Food Policy*, 2017, 68: 154 - 159.

Burfisher, M. E. , Lambert, F. , Matheson, M. T. D. , NAFTA to USMCA: What is Gained? International Monetary Fund, 2019.

Burniaux, J. , M. , Truong, T. , P. , GTAP-E: an Energy-environmental Version of the GTAP Model, 2002, https: //docs. lib. purdue. edu/cgi/viewcontent. cgi? article = 1017&context = gtaptp.

Campbell, B. M. , Vermeulen, S. J. , Aggarwal, P. K. , et al. , "Reducing Risks to Food Security from Climate Change," *Global Food Security*, 2016, 11: 34 - 43.

CEPII, 2016. http: //www. cepii. fr/CEPII/en/bdd_ modele/presentation. asp? id = 11.

Chen, C. , C. , Shih, J. , C. , Chang, C. , C. , Hsu, S. , H. , "Trade Liberalization and Food Security: A Case Study of Taiwan Using Global Food Security Index (GFSI)," *Frontiers of North East Asian Studies*, 2015, 15: 1 - 26.

Chen, P. , C. , Yu, M. , M. , Shih, J. , C. , Chang, C. , C. , Hsu, S. , H. , "A Reassessment of the Global Food Security Index by Using a Hierarchical Data Envelopment Analysis Approach," *European Journal of Operational Research*, 2019, 272 (2): 687 - 698.

Ciuriak, Dan, Shenjie, Chen, "Preliminary Assessment of the Economic Impacts of a Canada-Korea Free Trade Agreement," in Trade Policy Research 2007, Dan Ciuriak, ed. , Ottawa: Department of Foreign Affairs and International Trade, 2008: 187 - 234.

Ciuriak, D. , Xiao, J. , "The Trans-Pacific Partnership: Evaluating the 'Landing Zone' for Negotiations," *Social Science Electronic Publishing*, 2015.

Clapp, J. , "Food self-sufficiency: Making Sense of It, and When It Makes Sense," *Food policy*, 2017, 66: 88 - 96.

Cogneau, D. , Robilliard, A. -S. , "Simulating Targeted Policies with Macro Impacts: Poverty Alleveation Policies in Madagascar," in: François Bourguignon, Luiz A. Pereira da

Silva and Maurizio Bussolo (eds.), *The Impact of Macroeconomic Policies on Poverty and Income Distribution: Macro-micro Evaluation Techniques and Tools*, 2008, 213 - 245, Palgrave-Macmillan.

Cornelsen, L., Green, R., Turner, R., Dangour, A., D., Shankar, B., Mazzocchi, M., Smith, R., D. "What Happens to Patterns of Food Consumption When Food Prices Change? Evidence From a Systematic Review and Meta-Analysis of Food Price Elasticities Globally," *Health Economics*, 2014, 24 (12), 1548 - 1559.

Cui, Q., Xie, W., Liu, Y., "Effects of Sea Level Rise on Economic Development and Regional Disparity in China," *Journal of Cleaner Production*, 2018, 176: 1245 - 1253.

Dawe, D., The Rice Crisis: Markets, Policies and Food Security, Routledge, 2012.

Denis, C., Robilliard, A., S., Simulating Targeted Policies with Macro Impacts: Poverty Alleveation Policies in Madagascar in: Bourguignon, F., Bussolo, M., Luiz, A. Pereira, da Silva (eds.), *The Impact of Macroeconomic Policies on Poverty and Income Distribution: Macro-micro Evaluation Techniques and Tools.* Palgrave-Macmillan. 2008: 213 - 245.

Dithmer, J., Abdulai, A., "Does Trade Openness Contribute to Food Security? A Dynamic Panel Analysis," *Food Policy*, 2017, 69: 218 - 230.

Dixon, P., B., Rimmer, M., T., Dynamic General Equilibrium Modelling for Forecasting and Policy: A Practical Guide and Documentation of MONASH, Emerald Group Publishing Limited, 2001.

Dixon, P., B., Rimmer, M., T., "Forecasting and Policy Analysis with a Dynamic CGE Model of Australia," Centre of Policy Studies, Monash University, 1998.

Dixon, P., B., Rimmer, M., T., A New Specification of Labour Supply in the MONASH Model With an Illustrative Application. *The Australian Economic Review.* 2003, 36 (1): 22 - 40.

Dixon, P., B., Rimmer, M., T., The US Age Labour-market Extension for the Study of Illegal Immigration. Centre of Policy Studies Monash University Australia, 2008.

Drysdale, P., "Charting a Course for Asian Integration and Security," East Asia Forum, 24 February, 2014.

Estrades, C., Flores, M., Lezama, G., The Role of Export Restrictions in Agricultural Trade, 2017, IATRC Commissioned Paper 20, doi: 10.22004/ag. econ. 256421.

E., McDougall, R., Theoretical Structure of Dynamic GTAP, GTAP Working Paper No. 17, 2001: 1 - 74.

Fan, S., "Reflections of Food Policy Evolution Over the Last Three Decades," Applied Economic Perspectives and Policy, 2020, 42 (3): 380 - 394.

FAO, Food and Agriculture Organization, Rome, 2021, https: //www. fao. org/faostat/

en/#data.

Fellmann T. , Hélaine S. , Nekhay O. , "Harvest Failures, Temporary Export Restrictions and Global Food Security: the Example of Limited Grain Exports from Russia, Ukraine and Kazakhstan," *Food Security*, 2014, 6: 727 -742.

Fouré Jean, Agnès Benassy-Quere, Lionel Fontagné, The Great Shift: Macroeconomic Projections for the World Economy at the 2050 Horizon, CEPII Working Paper, March, 2012.

Francois, J. , F. , Laura, M. , B. , " U. S. -Canadian Trade and U. S. State-Level Production and Employment," in Trade Policy Research 2004, Curtis, J. M. , Ciuriak, D. , eds. , Ottawa: Foreign Affairs and Inter-national Trade Canada, 2005: 159 - 186.

Garnaut, R. , Howes, S. , Jotzo, F. et al. , " Emissions in the Platinum Age: The Implications of Rapid Development for Climate-change Mitigation," *Oxford Review of Economic Policy*, 2008, 24 (2): 377 -401.

Gilbert, J. P. , "GTAP Model Analysis: Simulating the Effect of a Korea-U. S. FTA Using Computable General Equilibrium Techniques, in Free Trade between Korea and the United States?" in Choi, B. , Schott, J. , J, eds. , Washington D. C. : Institute for International Economics, 2004: Appendix B 89 - 118.

Gingrich, S. , Kušková, P. , Steinberger, J. , K. , "Long-term Changes in CO_2 Emissions in Austria and Czechoslovakia: Identifying the Drivers of Environmental Pressures," *Energy Policy*, 2011, 39 (2): 535 -543.

Hanoch, G. , "Production and Demand Models with Direct or Indirect Implicit Additivity," *Econometrica: Journal of the Econometric Society*, 1975: 395 -419.

Harrison, W. , J. , Pearson, R. , K. , Computing Solutions for Large General Equilibrium Models using GEMPACK. *Computational Economics*, 1996, 9: 83 - 127.

He, J. , " New Situation of Global Climate Governance and China's Countermeasures," *Environmental and Economic Research*, 2019, 3: 1 -9.

Headey, D. , Malaiyandi, S. , Fan, S. , " Navigating the Perfect Storm: Reflections on the Food, Energy, and Financial Crises," *Agricultural Economics*, 2010, 41: 217 -228.

Hertel, T. W. , "Global Trade Analysis: Modeling and Applications," *Gtap Books*, 1997.

Hérault, N. , "Trade Liberalisation Poverty and Inequality in South Africa: A Computable General Equilibrium-microsimulation Analysis," *Economic Record*, 2007, 83 (262): 317 -328.

Ianchovichina, E. , Walmsley, T. , L. , Dynamic Modeling and Applications for Global Economic Analysis, Cambridge University Press, 2012.

IMF, 2019. https: //www. imf. org/external/index. htm.

International Energy Agency Energy Statistics, 2011, http: //www. iea. org/Textbase/stats/index. asp.

Irfanoglu, Z. , B. Three Essays on the Interaction between Global Trade and Greenhouse

Gas Mitigation Agreements. Purdue University, 2013.

Izraelov, M., Silber, J., "An Assessment of the Global Food Security Index," *Food Security*, 2019, 11 (5): 1135 – 1152.

Jones, A., D., Ngure, F., M., Pelto, G., Young, S., L., "What are We Assessing When We Measure Food Security? A Compendium and Review of Current Metrics," *Advances in nutrition*, 2013, 4 (5): 481 – 505.

Kawai, M., Zhai, Fan, China-Japan-United States Integration amid Global Rebalancing: A Computable General Equilibrium Analysis, ADBI Working Paper 152, Tokyo: Asian Development Bank Institute, 2009: 11 – 18.

Lakatos, C., Walmsley, T. A., "Global Multi-sector Multi-region Foreign Direct Investment Database for GTAP," *Gtap Research Memoranda*, 2010.

Liang, Q. M., Wei, Y. M., "Distributional Impacts of Taxing Carbon in China: Results from the CEEPA Model," *Applied Energy*, 2012, 92: 545 – 551.

Liu, J., Feng, T., Yang, X., "The Energy Requirements and Carbon Dioxide Emissions of Tourism Industry of Western China: A Case of Chengdu City," *Renewable and Sustainable Energy Reviews*, 2011, 15 (6): 2887 – 2894.

Maurizio, B., Lay, J., Medvedev, D., Mensbrugghe, van der D. Trade Options for Latin America: A Poverty Assessment Using a Top-Down Micro-Macro Modeling Framework, Chapter 3 in Chapter 2 in Bourguignon F, Pereira L, Bussolo M. *The Impacts of Macroeconomic Policies on Poverty and Income Distribution*, 2008, 61 – 90.

Moore, F., C., Baldos, U., L., C., Hertel, T., "Economic Impacts of Climate Change on Agriculture: a Comparison of Process-based and Statistical Yield Models," *Environmental Research Letters*, 2017, 12 (6): 065008.

Ohara, T., Akimoto, H., Kurokawa, J. et al., "An Asian Emission Inventory of Anthropogenic Emission Sources for the Period 1980 – 2020," *Atmospheric Chemistry and Physics*, 2007, 7 (16): 4419 – 4444.

Olayide, O., E., Alabi, T., "Between Rainfall and Food Poverty: Assessing Vulnerability to Climate Change in an Agricultural Economy," *Journal of Cleaner Production*, 2018, 198: 1 – 10.

Parry, M., Rosenzweig, C., Iglesias, A., Fischer, G., Livermore, M., "Climate Change and World Food Security: a New Assessment," *Global Environmental Change*, 1999, 9: S51 – S67.

Peters, J., C., "GTAP-E-Power: an Electricity-Detailed Economy-wide Model," *Journal of Global Economic Analysis*, 2016, 1 (2): 156 – 187.

Petri P., A., Michael G., P., Fan Zhai, "The Trans-Pacific Partnership and Asia-Pacific Integration: A Quantitative Assessment," East-West Center Working Paper 119, 24

October, 2011, Updated 2013.

Reddy, A., A., "Food Security Indicators in India Compared to Similar Countries," *Current Science*, 2016: 632 - 640.

Ren, X., Lu, Y., O'Neill, B., C., Weitzel, M., "Economic and Biophysical Impacts on Agriculture under 1.5°C and 2°C Warming," *Environmental Research Letters*, 2018, 13 (11): 115006.

Ronald, M., Gunther, S., China's Financial Conundrum and Global Imbalances, BIS Working Papers, No. 277, March, 2009: 23 - 29.

Rude, J., An, H., "Explaining Grain and Oilseed Price Volatility: The Role of Export Restrictions," *Food Policy*, 2015, 57: 83 - 92.

Schmidhuber, J., Tubiello, F. N., "Global Food Security under Climate Change," *Proceedings of the National Academy of Sciences*, 2007, 104 (50): 19703 - 19708.

Taghizadeh-Hesary, F., Rasoulinezhad, E., Yoshino, N., "Energy and Food Security: Linkages through Price Volatility," *Energy Policy*, 2019, 128: 796 - 806.

Tanaka, T., Karapinar, B., "How to Improve World Food Supply Stability under Future Uncertainty: Potential Role of WTO Regulation on Export Restrictions in Rice," *Journal of Food Security*, 2019, 7 (4): 129 - 150.

Tania, F., Lakatos, C., "A Global Database of Foreign Affiliate Sales," GTAP Research Memorandum, 24 August, 2012.

Tran, N., Roos, E., Giesecke, J. A., DIAC-TERM: a Multi-regional Model of the Australian Economy with Migration Detail. Centre of Policy Studies (CoPS), 2012.

USTR, 2014, Vietnam, NTE Report.

Walmsley, T., L., Alan, L., W., Amer, A., S., Measuring the Impact of the Movement of Labour Using a Model of Bilateral Migration Flows. GTAP Technical Paper, 2007: 28.

Walmsley, T., L., Strutt, A., Trade Sectoral Impacts of the Financial Crisis: A Dynamic CGE Analysis, Paper Presented at Thirteenth Annual Conference on Global Economic Analysis, Bangkok, Thailand, 2010.

Wang, Z., H., Zeng, H., L., Wei, Y., M., et al., "Regional Total Factor Energy Efficiency: An Empirical Analysis of Industrial Sector in China," *Applied Energy*, 2012, 97: 115 - 123.

Wei, T., Zhang, T., Cui, X., Glomsrød, S., Liu, Y., "Potential Influence of Climate Change on Grain Self-sufficiency at the Country Level Considering Adaptation Measures," *Earth's Future*, 2019, 7 (10): 1152 - 1166.

Weingarden, A., Tsigas, M., Labor Statistics for the GTAP Database, 2010.

World Bank, Development Data Group. http: //data. worldbank. org/.

Wossen, T., Berger, T., Haile, M., G., "Troost C. Impacts of Climate Variability and Food Price Volatility on Household Income and Food Security of Farm Households in East and West Africa," *Agricultural Systems*, 2018, 163: 7 – 15.

WTO, Trade Policy Review: Vietnam, Report of the Secretariat, WT/TPR/S/287, 13 August, 2013.

Xie, W., Ali, T., Cui, Q., Huang, J., "Economic Impacts of Commercializing Insect-resistant GM Maize in China," *China Agricultural Economic Review*, 2017, 9 (3): 340 – 354.

Xie, W., Huang, J., Wang, J., Cui, Q., Robertson, R., Chen, K., "Climate Change Impacts on China's Agriculture: The Responses From Market and Trade," *China Economic Review*, 2020, 62: 101256.

Yi, H., Hao, J., Tang, X., "Atmospheric Environmental Protection in China: Current Status, Developmental Trend and Research Emphasis," *Energy Policy*, 2007, 35 (2): 907 – 915.

Yuan, Y., Duan, H., Tsvetanov, T. G., "Synergizing China's Energy and Carbon Mitigation Goals: General Equilibrium Modeling and Policy Assessment," *Energy Economics*, 2020, 89: 104787.

Zhang, Q., Zhang, X., Cui, Q., et al., "The Unequal Effect of the COVID – 19 Pandemic on the Labour Market and Income Inequality in China: A Multisectoral CGE Model Analysis Coupled with a Micro-simulation Approach," *International Journal of Environmental Research and Public Health*, 2022, 19 (3): 1320.

Zhang, X., Liu, Y., Liu, Y., et al., "Impacts of Climate Change on Self-sufficiency of Rice in China: A CGE-model-based Evidence with Alternative Regional Feedback Mechanisms," *Journal of Cleaner Production*, 2019, 230: 150 – 161.

Zhou, Nan, Fridley, D., Khanna, N. Z. et al., "China's Energy and Emissions Outlook to 2050: Perspectives from Bottom-up Energy End-use Model," *Energy Policy*, 2013, 53: 51 – 62.

第4章　附录

4.1　系数和变量列表

详述 GDyn 数据库和模型，我们需要大量的符号，这些符号经过我们细心的选择后很简短，但具有描述性。由于 GDyn 模型中很多变量都在标准的 GTAP 模型中用到，这个术语表仅列了这本书中用于 GDyn 模型的其他变量，这些变量在 GEMPACK 形式（GDynv34. tab）中都有对应，GDynv34. tab 列举了集合、子集、基本数据、数据的衍生品和模型用到的变量。我们希望本术语表对 GTAP 框架的初学者和熟悉它的人都有帮助，下面是一些符号的惯例。

（a）集合与系数都用大写表示。

（b）GDyn 中表示水平值的变量都用大写表示，变量的百分比变化都用小写表示（变量的线性化形式）。例如，QK（r）是 r 区域资本存量的水平值，qk（r）＝［d QK（r）/QK（r）］×100%表示它的线性化形式。

（c）GDyn 数据库仅包括（水平值的）值的动态，数据库的值都相应地以大写表示，它们都以 GEMPACK 代码中的系数表示，并在每一步解后根据商品的价格和产量的百分比变化来更新。数据库存储了最少的信息量，没有数据冗余。

（d）数据库变量的衍生品也以水平值表示，有两种衍生品：值的动态和份额。在数据库每次更新后衍生品自动更新。

（e）GDyn 模型由线性等式组成，这些等式的拥有变量都以百分比变化表示。GEMPACK 解出（内生）价格和产量的百分比变化，从而将模型再次线性化并得到新解。

在开始看术语表之前，读者可能需要回顾表 4－1，因为在引进新的收入和财富数据时，我们通过提供表 4－1 来帮助读者理解一些惯例符号的名称。

表 4－1　GDyn 模型中惯例符号的名称备份

变量	长名称*	定义	举例**
第一个字母：收入或财富			
Y	—	收入	*YQTRUST*（*yqt*）——全球信托的股本收入
W	—	财富	*WQHHLD*（*r*）（或 *wqh*（*r*））——*r* 区域家庭股本财富
第二个字母：拥有权类型			
Q	—	股本	*WQHHLD*（*r*）（或 *wqh*（*r*））——全球信托支付的股本收入
第三个字母：收入的拥有者与接收者			
H	*HHLD*	家庭	*YQHHLD*（*r*）（或 *yqh*（*r*））——区域家庭 *r* 的股本收入
T	*TRUST*	全球信托	*YQTFIRM*（*r*）（或 *yqtf*（*r*））——区域 *r* 的公司支付给全球信托的股本收益
_(下划线)		总的拥有者	*WQ_TRUST*（或 *wq_t*）——全球信托财富之和——家庭在全球信托的所有权的加总
最后一个字母：收入的投资或支付者			
T	*TRUST*	全球信托***	*YQHTRUST*（*r*）（或 *yqht*（*r*））——全球信托支付给家庭 *r* 的股本收入
F	*FIRM*	公司	*YQHFIRM*（*r*）（或 *yqhf*（*r*））——国内公司支付给家庭 *r* 的股本收入
无字母	—	总的投资	*WQTRUST*（或 *wqt*）——全球信托财富之和——全球信托投资的加总

注：* 为区分变量和系数，我们延长系数的最后一个字母，用长名称表示；** 系数以大写表示，百分比变化的变量以小写表示；*** 注意全球信托是区域公司投资的拥有者，它也同时由区域家庭拥有。

4.2　术语表

集合如表 4－2 所示。

表 4－2　集合

集合名称	含义
CGDS_COMM	资本货物（“cgds”）
DEMD_COMM	需求的商品
ENDW_COMM	禀赋商品
ENDWC_COMM	资本禀赋商品（“capital”）
ENDWM_COMM	可移动的禀赋商品
ENDWS_COMM	难移动的禀赋商品
NSAV_COMM	非储蓄的商品
PROD_COMM	生产的商品
TRAD_COMM	交易的商品

子集如表 4－3 所示。

表 4－3　子集

子集名称	所属集合
CGDS_COMM	in NSAV_COMM
CGDS_COMM	in PROD_COMM
DEMD_COMM	in NSAV_COMM
ENDW_COMM	in DEMD_COMM
ENDWC_COMM	in ENDW_COMM
ENDWC_COMM	in NSAV_COMM
ENDWM_COMM	in ENDW_COMM

续表

子集名称	所属集合
ENDWS_COMM	in ENDW_COMM
PROD_COMM	in NSAV_COMM
TRAD_COMM	in DEMD_COMM
TRAD_COMM	in PROD_COMM

以3×3（3区域×3部门）经济为例，具体集合内容见表4-4。

表4-4　例子：3×3（3区域×3部门）经济

集合名称	集合内容
CGDS_COMM	={资本货物}
DEMD_COMM	={土地,劳动,资本,食物,制造业,服务}
ENDW_COMM	={土地,劳动,资本}
ENDWC_COMM	={资本}
ENDWM_COMM	={劳动}
ENDWS_COMM	={土地,资本}
NSAV_COMM	={土地,劳动,资本,食物,制造业,服务,资本货物}
PROD_COMM	={食物,制造业,服务,资本货物}
REG	={美国,欧盟,其他国家}
TRAD_COMM	={食物,制造业,服务}

基本数据如表4-5所示。

表4-5　基本数据

系数名称	描述	维度
YQHFIRM(*r*)	国内公司支付给家庭 *r* 的股本收入	$\forall r \in REG$
YQHTRUST(*r*)	全球信托支付给区域家庭 *r* 的股本收入	$\forall r \in REG$
YQTFIRM(*r*)	区域公司 *r* 支付给全球信托的股本收入	$\forall r \in REG$

基本数据的衍生品如表4-6所示。

表 4－6　基本数据的衍生品

系数名称	描述	维度
RORGROSS(r)	总收益率	∀r∈REG
WQ_FHHLDSHR(r)	国内家庭拥有的区域公司 *r* 的股本总财富的份额	∀r∈REG
WQ_FIRM(r)	由国内家庭和区域公司投资的股本总财富的份额	∀r∈REG
WQ_FTRUSTSHR(r)	全球信托拥有的区域公司 *r* 的股本财富的份额	∀r∈REG
WQ_THHLDSHR(r)	区域家庭 *r* 拥有的全球信托的股本财富的份额	∀r∈REG
WQ_TRUST	由所有区域家庭投资的全球信托的股本总财富	∀r∈REG
WQHFIRM(r)	区域家庭 *r* 拥有的投资于国内公司的股本财富	∀r∈REG
WQHHLD(r)	区域家庭 *r* 拥有的由全球信托及国内公司投资的股本总财富	∀r∈REG
WQHTRUST(r)	家庭 *r* 拥有的投资于全球信托的股本财富	∀r∈REG
WQT_FIRMSHR(r)	全球信托拥有的投资于区域公司 *r* 的股本财富的份额	∀r∈REG
WQTFIRM(r)	全球信托拥有的投资于区域公司 *r* 的股本财富	∀r∈REG
WQTRUST	全球信托拥有的投资于所有区域公司的股本总财富	∀r∈REG
YQ_FIRM(r)	区域公司 *r* 支付给全球信托和区域家庭的股本总收入	∀r∈REG
YQ_FHHLDSHR(r)	区域公司 *r* 支付给国内家庭的股本总收入份额（国内公司的收入份额）	∀r∈REG
YQ_FTRUSTSHR(r)	区域公司支付给全球信托的股本总收入份额（全球信托的收入份额）	∀r∈REG
YQ_TRUST	全球信托支付的总收入（即支付给所有区域家庭的收入）	∀r∈REG
YQ_THHLDSHR(r)	全球信托支付给区域家庭 *r* 的总收入份额（区域家庭的全球信托收入份额）	∀r∈REG
YQHHLD(r)	国内公司及全球信托支付给家庭 *r* 的股本总收入	∀r∈REG
YQT_FIRMSHR(r)	区域公司 *r* 支付给全球信托的股本总收入份额（即公司 *r* 支付给全球信托的收入份额）	∀r∈REG
YQTRUST	所有区域公司支付给全球信托的股本总收入	∀r∈REG

变量如表 4－7 所示。

表 4－7　变量

变量	描述	维度
pqtrust	投资于全球信托的股本价格的百分比变化	∀r∈REG
qk(r)	资本存量的百分比变化	∀r∈REG
wq_f(r)	由区域家庭及全球信托投资到区域公司 *r* 的股本总财富的百分比变化	∀r∈REG

续表

变量	描述	维度
wq_t	所有区域家庭投资给全球信托的股本总财富的百分比变化	$\forall r \in REG$
wqh(r)	区域家庭 *r* 拥有的投资于全球信托和国内公司的股本总财富的百分比变化	$\forall r \in REG$
wqhf(r)	区域家庭 *r* 拥有的投资于国内公司的股本财富的百分比变化	$\forall r \in REG$
wqht(r)	区域家庭 *r* 拥有的投资于全球信托的股本财富的百分比变化	$\forall r \in REG$
wqt(r)	全球信托拥有的股本财富的百分比变化	$\forall r \in REG$
wqtf(r)	全球信托拥有的区域公司 *r* 的股本财富的百分比变化	$\forall r \in REG$
wtrustslack	全球信托的财富的富余的百分比变化	$\forall r \in REG$
xwq_f(r)	股本总财富的转移变量的百分比变化(股本由国内家庭与在区域公司 *r* 的全球信托投资)	$\forall r \in REG$
xwqh(r)	股本总财富的转移变量的百分比变化(股本由区域家庭 *r* 所有,由国内公司和全球信托投资)	$\forall r \in REG$
yq_f	区域公司 *r* 支付给国内家庭和全球信托的股本总收入的百分比变化	$\forall r \in REG$
yqh(r)	国内公司和全球信托支付给区域家庭 *r* 的股本总收入的百分比变化	$\forall r \in REG$
yqhf(r)	国内公司支付给区域家庭 *r* 的股本总收入的百分比变化	$\forall r \in REG$
yqht(r)	全球信托支付给区域家庭 *r* 的股本总收入的百分比变化	$\forall r \in REG$
yqt	所有区域公司支付给全球信托的股本总收入的百分比变化	$\forall r \in REG$
yqtf	区域公司 *r* 支付给全球信托的股本总收入的百分比变化	$\forall r \in REG$

4.3 GTAP-FDI模型的技术分析

4.3.1 GTAP-FDI模型

GTAP-FDI模型的特点是对于每个地区的每个行业来说均有两个投资者：一个国内投资者和一个国外投资者。相比之下，GTAP模型和V8数据库中每个地区仅包括一个投资者，没有区分行业和投资来源。为了将GTAP投资相关的变量拆分开，我们建立了如下基于行业和地区水平的矩阵：

——总营业盈余，*GOS*（*j*，*r*）；

——回报率，*ROR*（*j*，*r*）；

——折旧率，*D*（*j*，*r*）；

——资本增长率，*K_ Gk*（*j*，*r*）。

GTAP V8 数据库中有 2007 年的 GOS 矩阵数据。接下来，我们介绍估计其他三个矩阵的 2007 年数值的步骤。在资本 IQ 基础上，行业 - 地区的回报率、折旧率以及资本规模增长率来自企业特有的数据。接下来我们按照图 4 - 1 中的程序来描述。

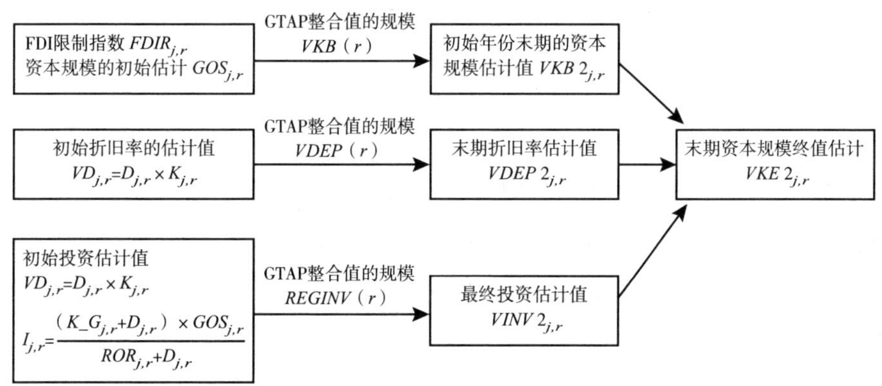

图 4 - 1　创造投资矩阵的程序

LHS 方程的由来如下。

每个行业的投资值可以从资本积累函数中得来：

$$K_1 = K_0(1 - D) + I \tag{4 - 1}$$

其中 K_0 和 K_1 分别是行业的资本规模初始值和年末终值，*D* 是行业的折旧率，*I* 是一年的行业投资值。

从式（4 - 1）中我们可以得到：

$$I = K_0(K\_G + D) \tag{4 - 2}$$

其中 *K* 是行业资本规模的增长率，$K\_G = \frac{K_1}{K_0} - 1$。

D 由官方公开数据可得，但没有针对资本规模开放和闭合情况的数据。据此，我们使用行业总营业盈余（*GOS*）以及行业特定投资中获得的

行业资本回报率的数据。

资本的净回报率为：

$$ROR = \frac{GOS}{K_0} - D \tag{4-3}$$

从式（4-3）中可以得到：

$$K_0 = \frac{GOS}{ROR + D} \tag{4-4}$$

由此可以得到：

$$I = \frac{GOS(K\_G + D)}{ROR + D} \tag{4-5}$$

除了 GTAP V8 数据库外，数据来源还包括：外国子公司销售（FAS）矩阵、外商直接投资（FDI）规模矩阵，以及 FDI 限制指数矩阵。前两个矩阵可以从 GTAP 研究文献中找到。建立最后一个矩阵的数据来自 UNCTAD 和 OECD 网站。

FAS 矩阵（$FAS^s_{j,r}$）有三种：行业矩阵、东道国矩阵和来源国矩阵。我们将来源国矩阵进行加总得到总的外国子公司在东道国 h 行业 j 的销售额。然后，我们除以总的国内产品销售额（$FAS_{j,r}$）来估计每个行业和地区的外国企业（FAS/TS）的普及率。

类似地，FDI 矩阵（$FDI^s_{j,r}$）也有三种。我们将来源国矩阵加总，然后除以资本规模矩阵（$VKB\ 2_{j,r}$）来估计每个地区和行业的外国投资者所有的资本规模百分比（FDI/VKB）。

FAS 数据中提供的外国子公司的业务信息多于国际资金流动的信息。所以，为了整合 FAS 数据集，我们应用回归模型来估计 FDI/VKB 的比率：

$$FDI\_VKB = \beta_0 + \beta_1 \times FAS\_TS + \beta_2 \times countrydummy + \beta_3 \times industrydummy \tag{4-6}$$

其中：

FDI_VKB 是 1197×1 的矩阵，表示 21 个地区和 57 部门的 FDI 到 VKB

的比率；

FDI_TS 是 1197 × 1 的矩阵，表示 21 个地区和 57 部门的 *FDI* 到 *TS* 的比率；

countrydummy 代表特有国家要素；

industrydummy 代表企业要素；

β_0、β_1、β_2、β_3 是回归系数。

我们将从式（4 - 6）中得到的调整比率和实际 *FDI/VKB* 比率（除了异常值）取均值来得到最终的国外投资者所有的资本规模份额。然后，我们采用这些比率将资本规模矩阵（$VKB\ 2_{j,r}$）拆分成初始特有资本规模矩阵（$VKB^s_{j,r}$）。

对于投资矩阵（$VINV\ 2^s_{j,r}$），我们假定国内和国外投资者所有的企业具有相同的折旧率。暂时，我们也假定它们具有相同的资本增长率，虽然这是一个限制性假定，但是我们知道国外投资比总体投资增长更快。根据式（4 - 2），我们可以计算原始特有的投资矩阵。

接下来，我们应用“影子税”的概念来冲击给定的地区 - 行业的总营业盈余，使其变为国内和国外所有的资本（$GOS^S_{j,r}$）的总盈余。FDI 进入的影子税限制不会导致收入的集聚。直观地，影子税限制 FDI 流入会使国外资本得到更高的回报率。排除影子税之后，国外资本通过增加投资来获得更高回报，因此扩大 FDI 规模。

我们建立 FDI 限制矩阵，然后确定限制系数对于 FDI 的影响。我们决定地区 - 行业资本规模的 FDI 份额会增加多少，当去除所有壁垒之后，我们用这些结果来估计每个地区 - 行业的 FDI 影子税。我们假定影子税是国内回报率与国外资本回报率之间的连接，这使我们得到总营业盈余矩阵（$GOS^s_{j,r}$）。

为了估计去除所有 FDI 壁垒后 FDI 规模增加多少，我们借助引力计量模型：

$$FDI_{j,h,s} = \beta_0 + \beta_1 GDP_{j,h} + \beta_2 GDP_s + \beta_3 GDPPC_h + \beta_4 GDPPC_s + \beta_5 GDP_{row} + \beta_6 SK2U_{j,h} + \beta_7 FDIR_{j,h} + \beta_8 TOI\ 1_h + \beta_9 TOI\ 2_{j,h} \quad (4-7)$$

其中：

$FDI_{j,h,s}$是行业j东道国h来源国s的FDI规模对数值；

$GDP_{j,h}$是东道国h行业j的产出对数值；

GDP_s 是来源国s的GDP对数值；

$GDPPC_h$ 是东道国h的人均GDP对数值；

$GDPPC_s$ 是来源国s的人均GDP对数值；

GDP_{row}是其他国家的GDP对数值；

$SK2U_{j,h}$是相对于来源国s，东道国h中的技术性劳动力与非技术性劳动力的比值；

$FDIR_{j,h}$是东道国h的行业j的FDI限制系数；

$TOI1_h$ 是东道国h的贸易开放指数（如，进口加上出口除以GDP）；

$TOI2_{j,h}$是东道国h行业j的贸易开放指数；

$\beta_1 \sim \beta_9$ 是回归系数。

在这个计量回归中，我们使用OECD网站上的44个地区，以及从GTAP V8数据库中获得的相对的44个地区的数据，所以样本大小为104544。回归结果显示关于FDI限制指数（β_7）的FDI规模弹性等于-2.246，具体结果见表4-8。

表4-8　FDI对于FDI限制指数的回归结果

系数	std.	error	t-ratio	p-value
const	—	3.714	-17.92	0***
l_GPIH	1.038	0.005	230.4	0***
l_GDPS	0.867	0.01	84.48	0***
l_GPPH	1.359	0.017	78.49	0***
l_GPPS	2.325	0.018	128.1	0***
l_GPRW	0.377	0.204	1.849	0.0644*
SK2U	0.412	0.054	7.63	0***
FDIR	-2.246	0.063	-35.46	0***

续表

系数	std.	error	t-ratio	p-value
TOI2	0	0	9.445	0 ***
TOI1	0.935	0.03	31.51	0 ***

因变量均值	−3.81135	S. D. dependent variable	5.529016
残差平方和	1141196	S. E. of regression	3.582009
R-squared	0.580324	Adjusted R-squared	0.580282
F(988942)	13665.38	P-value(F)	0
Log-likelihood	−239708	Akaike criterion	479436.8
Schwarz criterion	479530.7	Hannan-Quinn	479465.5
Log-likelihood for FDIS	99319	—	—

注：OLS，观测值 1～110352（n = 88952）；删掉缺省值或缺失观测值 21400；因变量：l_ FDIS。

例如，如果将澳大利亚的电子行业的所有 FDI 壁垒去除（FDI 限制指数 = 0.175），则这个行业的 FDI 规模将增加 38.5%。

在计算模型时，我们假定初始的影子税率已经给定，为了使国内生产者到国外生产者的单位资本的重新分配的税后回报率均衡，即便没有净收入的积累。给定 R^{row}、R^{dom}、GOS^{row} 和 GOS^{dom}，设定 T^{row} 和 T^{dom}：

$$(R^{row}T^{row})/(R^{dom}T^{dom}) = 1 \tag{4-8}$$

$$GOS^{dom}(1 - T^{dom}) + GOS^{row}(1 - T^{row}) = 0 \tag{4-9}$$

$$R^{row} = GOS^{dom}/VKB^{row} \tag{4-10}$$

$$R^{dom} = GOS^{dom}/VKB^{dom} \tag{4-11}$$

$$S^{row} = GOS^{row}/(GOS^{row} + GOS^{dom}) \tag{4-12}$$

$$S^{dom} = GOS^{dom}/(GOS^{row} + GOS^{dom}) \tag{4-13}$$

其中：

R^{dom} 和 R^{row} 分别是国内和国外资本的总回报率；

T^{dom} 和 T^{row} 分别是1与影子税 τ 的差，为 $1-\tau^{dom}$ 和 $1-\tau^{row}$；

GOS^{dom} 和 GOS^{row} 分别是国内和国外资本的总租金支付；

VKB^{dom} 和 VKB^{row} 分别是国内和国外投资者所有的资本规模；

S^{dom} 和 S^{row} 分别是国内和国外 GOS 相对于行业总的 GOS 的比例。

通过求解式（4-8）和式（4-9），我们得到：

$$T^{row} = \left(S^{dom}\frac{R^{row}}{R^{dom}} + S^{row}\right)^{-1} \tag{4-14}$$

我们将式（4-10）和式（4-11）代入式（4-14）得到：

$$S^{row} = \frac{VKB^{row}}{(VKB^{row} + VKB^{dom})T^{row}} \tag{4-15}$$

$$S^{dom} = 1 - S^{row} \tag{4-16}$$

根据以上计算，我们可得到 VKB^{dom} 和 VKB^{row}。如果我们知道影子税 τ^{row} 的值，我们就可以从式（4-15）中得到国外和国内 GOS 的份额。GTAP 数据库中给定了总的行业 GOS，所以原始特有 GOS 矩阵（$GOS^{s}_{j,r}$）可以确定。

接下来，影子税水平（τ^{row}）的变化导致 FDI 变化的计算方法，与计算 FDI 限制指数的变化导致 FDI 的变化的计算方法一致。

例如，前面我们确定了完全去除 FDI 限制将导致澳大利亚电子行业的 FDI 规模增加 38.5%。暂时假定关于税率为 0.3 的资本公积弹性值，这意味着去除 FDI 限制等同于有效税率削减大约 128%（=38.5%/0.3）。有了这个信息之后，以上方程组就可以为国内和外资部门生成影子税和回报率（国内和国外资本之间回报率的联系由于 FDI 限制的存在而实现）。

在澳大利亚电子行业，真实的国外资本回报率大约为 19%，国内资本回报率大约为 7.8%。这些估计值是在国外资本的影子税率为 56% 以及国内资本的影子税率为 6.6% 的情况下的估计值。

为了得到这个，即：

$(R^{row}T^{row})/(R^{dom}T^{dom}) = 1$

因此：[0.19×（1－0.562）]／[0.078×（1＋0.066）]≈1

影子税的去除意味着 T^{row} 从 0.438（＝1－0.562）变为 1.0，增长了 128%。

最后，从以上得到的 *VKB* 中，澳大利亚电子行业中外国资本规模大约为 35 亿美元。给定由以上程序得到的国外资本的总回报率为 19%，我们得到国外资本 *GOS* 大约为 6.65 亿美元。

4.3.2 投资函数

在 MONASH 投资函数中，资本的增长率是由投资者的供给意愿决定的，使得资本在地区 r 行业 j 中的增长（$K\_GR_{j,r}$），依赖于在那个部门和区域的资本预期回报率的变化。假定投资者是谨慎的，那么一个给定的部门和地区的资本回报率的任何变动均会逐渐消失。这导致了在模型中投资方式的相似性，即在给定年份中，投资水平均与投资调整成本成正比。然而，MONASH 模型并未将增加调整成本作为限制投资的机制，而是将投资者对风险的态度纳入模型中。因此，根据 MONASH 模型，只要他们期望的回报率高于部门和区域的历史正常水平，则第 t 年地区 r 行业 j 的资本增长率是可以相应实现的。

因此，地区 r 行业 j 的资本供给量可以用如下方程表示：

$$K\_GR_{j,r} = \frac{KE_{j,r}}{KB_{j,r}} - 1$$

$$EROR_{j,r} = RORN_{j,r} + \left(\frac{1}{C_{j,r}}\right) \times [\ln(K\_GR_{j,r} - K\_GR\_MIN_{j,r}) - \ln(K\_GR\_MAX_{j,r} - K\_GR_{j,r}) - \ln(TREND_{j,r} - K\_GR\_MIN_{j,r}) + \ln(K\_GR\_MAX_{j,r} - TREND_{j,r})]$$

其中：

$K\_GR_{j,r}$ 表示地区 r 部门 j 的资本规模增长；

$KE_{j,r}$ 和 $KB_{j,r}$ 分别是地区 r 部门 j 的末期和初始资本规模；

$EROR_{j,r}$ 是地区 r 部门 j 的预期回报率；

$RORN_{j,r}$ 是地区 r 部门 j 的历史正常回报率；

$K\_GR\_MIN_{j,r}$ 是能达到的最小的资本增长率，这等于地区 r 部门 j 的负折旧率；

$K\_GR\_MAX_{j,r}$ 是能达到的最大的资本增长率；

$TREND_{j,r}$ 是地区 r 部门 j 的历史正常资本增长率；

$C_{j,r}$ 是正的参数。

图 4-2 中展现了资本规模（K_G）和预期收益率（$EROR$）之间的图解关系。一旦我们知道预期收益率，资本规模的增长即可得知。

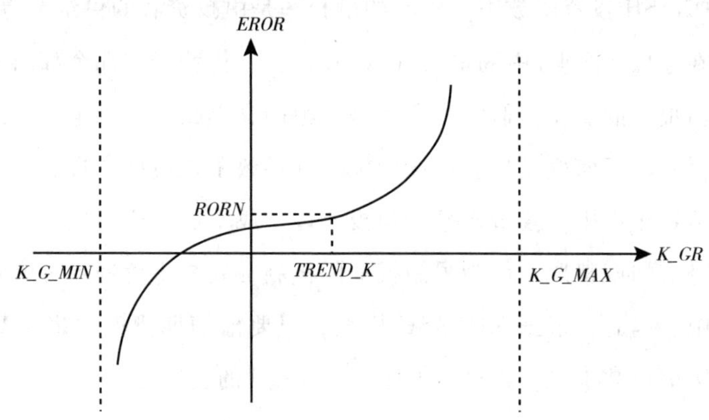

图 4-2　MONASH 中的资本-供给函数

这个方程可以这样理解。地区 r 中的企业 j 为了在年份 t 吸引大规模投资来实现它的正常资本增长率，预期回报率 $EROR_{j,r}$ 必须等于正常回报率 $RORN_{j,r}$。如果预期回报率高于（低于）实际值，那么这个地区的行业投资将通过增加（缩减）一定规模来保持实际资本增长率。

另外我们知道如下的资本和投资之间的动态关系：

$$K_{j,r}^{1} = K_{j,r}^{0}(1 - D_{j,r}) + I_{j,r}$$

其中：

D 是实物资本的折旧率，因此我们可以得到地区 r 行业 j 的投资。

致　谢

本书在模型开发、程序测试、数据整理等方面得到了国家杰出青年基金项目“能源环境管理与政策分析”（项目编号：72125010）、国家自然科学基金委专项“支撑国家双碳战略的政策建模与策略研究”课题“面向碳中和的典型区域与重点行业 CCS 技术选择与路径优化”（项目编号：72243011）、国家自然科学基金面上项目“能源效率内生对碳市场价格波动的影响机理和路径研究——基于动态技术进步 CGE 模型”（项目编号：71974186）、国家自然科学基金青年科学基金项目“能效改进对中国碳中和愿景的贡献研究：测算、成本与路径优化”（项目编号：72104014）和北京大学中央高校基本科研业务费的资助，同时本研究工作得到北京大学高性能计算校级公共平台支持。羊凌玉、李欣蓓、柳雅文、周梅芳、吕郢康等同学在文献整理、插图绘制、参数订正等方面提供帮助。肖敬亮博士、娄峰研究员和邓祥征研究员为本书贡献部分章节，特致谢意。

刘　宇

2024 年 3 月 19 日

图书在版编目（CIP）数据

全球贸易分析模型：理论与实践 / 刘宇主编；肖敬亮，娄峰，邓祥征副主编. -- 3 版. -- 北京：社会科学文献出版社，2024.6

ISBN 978-7-5228-2836-7

Ⅰ.①全… Ⅱ.①刘… ②肖… ③娄… ④邓… Ⅲ.①国际贸易-研究 Ⅳ.①F74

中国国家版本馆 CIP 数据核字（2023）第 219437 号

全球贸易分析模型：理论与实践（第 3 版）

主　　编 / 刘　宇
副 主 编 / 肖敬亮　娄　峰　邓祥征

出 版 人 / 冀祥德
组稿编辑 / 恽　薇
责任编辑 / 孔庆梅
责任印制 / 王京美

出　　版 / 社会科学文献出版社 · 经济与管理分社（010）59367226
　　　　　地址：北京市北三环中路甲 29 号院华龙大厦　邮编：100029
　　　　　网址：www.ssap.com.cn
发　　行 / 社会科学文献出版社（010）59367028
印　　装 / 三河市尚艺印装有限公司

规　　格 / 开 本：787mm × 1092mm　1/16
　　　　　印 张：20　字 数：305 千字
版　　次 / 2024 年 6 月第 1 版　2024 年 6 月第 1 次印刷
书　　号 / ISBN 978-7-5228-2836-7
定　　价 / 128.00 元

读者服务电话：4008918866